U0587737

宜興碑刻集

宜興市文體廣電和旅遊局
宜興市文物管理委員會辦公室
編

祀廟祠堂
義莊善堂
墓誌塔銘

第二册

上海古籍出版社

本册目錄

祀廟祠堂

義莊善堂

墓誌塔銘

祀廟祠堂

晉故散騎常侍新平廣漢二郡太守尋除楚內史御史中丞使持節大都督塗中京下諸軍事平西將軍孝侯周府君之碑

C-1

[簡稱]
平西將軍周府君碑

[尺寸]
高 238 釐米，寬 115 釐米，厚 21 釐米

[刊立日期]
東晉太興二年（319）正月十日初立，
唐元和六年（811）十一月十五日重樹。

[撰書人]
初刊：陸機撰，王羲之書；重立：黃
□書，華明素篆額，承仕榮鐫。

[保存地址]
宜城街道東廟巷周王廟。

[備注]
碑首高浮雕交尾雙龍，中有一穿。

[文獻著錄]

咸淳《重修毗陵志》卷第三十載：周將軍廟，在縣南東巷，前臨荆溪，即晉平西將軍周處之廟。有唐模晉碑，云"內史陸機撰，右將軍王羲之書"。字畫卑陋，文詞鄙俚，兼以其時考之，多所謬誤。按《晉書》，處於元康七年與齊萬年戰歿，今乃云"九年以疾捐館"；機於大安元年為成都王穎所害，今乃云"太興二年歸葬"，是機死已十七年。不知為此碑者果何人耶？處既死於節義，當時名士如潘岳、閭纘輩皆作詩吊悼，機與處俱是吳人，又有雅故，豈應無紀述？恐歲久淪亡，後人因附會為此耳。南唐徐鍇以祠事過邑，為廟像讚，詞頗雄健。皇朝紹興七年賜廟額曰"英烈"。

《荆溪外紀》卷之十四輯錄碑文。（錯訛頗多）

萬曆《重修宜興縣志》卷之六載：周孝侯廟，在縣治東南隅北向……再刻於唐元和間，非晉故珉也。嘉靖初年，有府倅署縣，適倉房圮，乃令稅長儲糧米廟廊，碑沉米中，米蒸碑蝕，觀者惜之。（附錄碑文，訛誤頗多）

嘉慶《增修宜興縣舊志》卷九載：周平西廟碑，一晉平原內史陸機撰，右軍王羲之書，唐元和六年義興縣令陳從諫重樹……以上十三碑並樹殿內及殿前軒左右壁。（其中四碑今佚）按：陸機碑，因

貯米蒸壞，俗呼麻碑，辨其真偽者紛如聚訟。王鳳洲云："碑後有前試太常寺協律郎黃某書，名與書俱模糊，而書字微可推。"孫月峰云："唐人碑多此真行體，蓋祖《聖教序》來。"陸機撰、羲之書俱後人偽託。據碑後字則為黃協律書，刻於唐代無疑。

［碑文］

平西將軍周府君碑（篆額）

晉故散騎常侍新平廣漢二郡太守尋除楚內史御史中丞使持節大都督

塗中京下諸軍事平西將軍孝侯周府君之碑

晉平原內史陸機撰

右軍將軍王羲之書

君諱處，字子隱，義興陽羨人也。氏胄曩興，煥乎墳典；華宗往茂，爵其簡書。啓三十之洪基，源流虞鼎；運八百之遠祚，枝葉封桐；軒盖烈於漢庭，蟬冕播於陽羨。《二南》之價，傳不朽而紛敷；《大護》之音，聲無微而必顯；山高海闊，其在斯焉。祖寶，少折節，早亡；吳初召諮議參軍、舉郡上計，轉為州辟從事、別駕、步兵校尉、光祿大夫、廣平太守。父魴，少好學，舉孝廉；吳甯國長、奮威長史、懷安、錢唐縣侯，丹陽西部屬國都尉，立節校尉，拜裨將軍、三郡都督、太中大夫、臨川、預章、鄱陽太守，晉故散騎常侍，新平、廣漢二郡太守，封關內侯。簪紱揚名臺閣，標著風化之美；奏課為能，應往路謳；亭亭孤美，灼灼橫劭。徇高位於生前，思垂名於身後；遂以卒意不違，應期出輔。洋洋之風，俯冠來葉；巍巍之盛，仰繼前賢。君乃早孤，不弘禮制，年未弱冠，旅力絕於天下，妙氣挺於人間。騎獵無儔，時英式慕；縱情寡偶，俗弊不欣；鄉曲誣其害名，改節播其聲譽。遂來吳事余厥弟，驟然受誨，向道朝聞。方勵志而淫詩書，便好學而尋子史；文章綺合，藻思羅開。吳朝州縣交辟、太子洗馬、東觀左丞、中書右丞、五官郎中、左右國史，靖恭夙夜，恪居官次。遷大尚書僕射、東觀令、太常卿、無難督。匡熙庶績，朝廷謐寧，使持節大都督塗中京下諸軍事，封章浦亭侯。國猶多士，君實得賢；汪洋廷闕之旁，昂藏寮宷之上；射獸功猶見顯，刺蛟名乃遠揚，忠烈道自克修，義節情還永布；琳琅杞梓，珪璧棟梁。君著《默語》三十篇及《風土記》，並撰《吳書》。於是吳平入晉，王渾登建業宮，釃酒既酣，乃謂君曰："諸人亡國之餘，得無戚乎？"君對曰："漢末分崩，三方鼎立，魏滅於前，吳亡於後，亡國之戚，豈唯一人！"渾乃大慙。仕晉，稍遷捴統，初入拜諮議郎，除討虜護軍、新平太守，撫和戎狄，叛羌歸附，雍土美之。轉為廣漢太守，郡多滯訟，有經三十年不決者，處以詳其枉直，一朝決遣。以母年老罷歸，尋除楚內史，未之官，徵散騎常侍，處曰："古人辭大不辭小。"乃先之楚。而郡既經喪亂，新舊雜居，風俗未一，虞敦以教義，又檢屍無主及白骨在野收而葬之，然以就徵，遠近稱歎。及居近侍，多所規諷。遷御史中丞，正繩直筆，凡所糺劾，不避寵戚；梁王肜違法，虞深文案之。及氐人齊萬年反，朝臣惡其強直，皆曰："虞，吳之名將子也。"忠烈果毅，庶僚振肅；英情天逸，遠性霞騫。陝北留棠，遂有二天之詠；荊南度虎，猶標十部之書。尋轉散騎常侍、輕車將軍，廻輪出於新平，士女揮淚；褰帷望於廣漢，雞犬摩喧。振茲威略，宣其惠和；晉京遙仰，部從近欽。是時，氐賊作逆，有眾七萬，屯於梁山。朝廷推賢，以君才兼文武，詔授建威將軍，以五千兵奉辭西討，忠懃盡節，不顧身命。乃賦詩曰："去去世事已，策馬觀西戎。藜藿甘粱黍，期之克令終。" 言畢而戰，自旦及暮，斬首萬計；弦絕矢盡，播系不救。左右勸退，虞按劒怒曰："此是吾效節授命之日，何以退為！我為大臣，以身殉國，不亦可乎！"韓信背水之軍，未遑得喻；工輸縈帶之勢，早擬連蹤。莫不梯山架壑，襁負来歸，戎士抃其封疆，農人展其耕織。秋風纔起，追戰勇於雷霆；春水方生，揮挿同於雲雨。立功立事，名臣名將者乎！元康九年，国疾增加，奄捐館舍，春秋六十有二。天子以大臣之葬、師傅之礼，親臨殯壤。建武元年冬十一月甲子，追贈平西將軍，封清流亭侯，謚曰"孝侯"，禮也。賜錢百萬，葬地一頃，京城地五十畝為第，又賜王家田五頃。詔曰："虞母年老，加以遠人，朕每懇念，給其醫藥酒米，以終天年。" 以太興二年歲在己卯正月十日，葬於義興舊原。南瞻荊岳，崇峻極之巍峨；北睇蛟川，潀清流之澄澈。娶同郡盛氏，有四子：靖、玘、札、碩，並皆至性純孝，過禮喪親。墳前之樹，染淚先枯；庭際之禽，聞悲乃下。遂作銘曰：

周南著美，岐山表靈。葉繁漢室，枝茂晉庭。皎皎夫子，奇特播名。幼有異行，世存風烈。早馳問望，晚懷耿節。頗尚豪雄，昇名禁闥。捨爵榮勳，允歸明哲。輝赫大晉，封冢多故。式揚廟略，克清天步。海濱既折，江淮亦泝。漢水作蕃，條章斯布。俗哥挼日，人謠何暮。忠貞作相，追蹤絳侯。將亭嘉茂，遽掩芳猷。潛光陽甸，返旆吳丘。舊闕雖入，鄉路宴浮。從榮制墓，終非晝遊。春墟以綠，清淮自流。深沉素幰，繚繞朱旒。玄堂寂寂，黃泉悠悠。書方易折，冢槨難留。鑴茲幽石，萬代千秋。

唐元和六年歲次辛卯十一月十五日，承奉郎守義興縣令陳從諫重樹此碑，前試太常寺協律郎黃口書，瑯琊承仕榮鑴，勾當造廟廿代孫故湖州司士息瓄、副元惜、宗錄同晁、宗典土琳、惟良與諸宗子同共構造，平原華明素篆額。

鼎義孝女碑

史貞義女碑銘

C-2

[簡稱]
史貞義女碑

[尺寸]
高 173 釐米，寬 102 釐米，厚 23.5 釐米

[刊立日期]
唐天寶十五年（756）春初刊，北宋淳化五年（994）十一月重立，民國初洗碑摹刻，碑題前添加"水因寺"三字。

[撰書人]
李白撰，李陽冰書。

[保存地址]
宜城街道東廟巷周王廟。

[備注]
碑首高浮雕交尾雙龍。
碑身右側有題記。

[文獻著錄]

《景定建康志》卷三十三載：《溧水貞義女碑》，李白文。

《至正金陵新志》卷十二載：溧陽《溧水貞義女碑銘並序》，李白文，陽冰書，宋淳化五年再刻。

弘治《溧陽縣志》卷之三載：

《貞義女碑銘》，唐李白撰（輯錄碑銘略）。

《進士董衍序》：太白斯文，遺集闕載，故世以石本為異觀，寄遺殊域，競懸屋壁，尤珍雜珮。昔寘縣之西北四十里子胥投金之涘，卑庳翳薈，訪閱攸艱，卒無庇護，以至缺泐。明府夏侯戡特以俸金重刊樂石，移置新建儒宮之右次。噫！非佳政好古旌賢，則典麗之言、貞義之跡，烏得重光惟永哉？皇宋淳化五年十一月重立。

《貞烈記》(知縣符觀撰)：周景王二十有三年，伍子胥去楚，橐載而出昭關，夜行晝伏，至於瀨水，乞餐於漂女，女食已而歎，遂自沉焉。又十八年，伍胥以吳兵入郢，還經死所，投金報之。休聲美譽，流溢無窮。唐天寶中，鄭晏來尹是邑，始得李翰林文，勒碑道傍，暴白於世，為風俗計也，切矣！歷歲久，剝裂無存。宋淳化間，夏侯戢重刊於城西學右，後復徙故址。陸子通始祀以祠。又燬於火，遺碑尚在。皇明成化間，熊達乃覆以亭，諸君皆相繼宰邑崇節敦化，以是不泯。弘治甲寅秋，余出省諸郊，即其荒基，悵歎久之。時政未洽，欲治罔暇。又三年，建二河橋梁，徙郵治塗邊江之北，往來咸通，顧視兩橋，翅分中渚爽垲，僉曰：“貞女祠宜居之。”遂倡眾構祠作像，徙至淳化碑於亭。夫乍見哀窮，仁心也；而已恥饋，義心也；兩端並見，出於天性，非有刀鋸之威、危迫之禍；捐軀就義，不辱其親，雖毋其心亦安其貞也；若謂示信全人，偉圖後功，則刺僚之謀、鞭平之慘，其於人也奚益耶？二千載後，宋運使趙淮二妾，從淮戍溧陽，遇難死之，不為賊亂，非有感於貞女之風乎？一貞二烈，照耀古今，如玉之瑩徹無瑕、劍鋒之凜然不可犯也已。鄒孟氏所謂“奮百世之上，百世之下聞者莫不興起”。里俗至於今，不踰戶閾、略無交游閨門之化厚矣哉。傳並刻於祠，以風示萬世之為人婦者。噫！弱女、妾且爾，況號為大丈夫忍喪節垢行也歟！可愧也夫！可興也夫！弘治戊午春立。

望貞橋(在貞女祠南，以是名之)、鳳凰橋二橋在縣北半里，貞女祠之左右。

康熙《溧陽縣志》卷十三、乾隆《溧陽縣志》卷十一輯錄碑銘並董衍序。

嘉慶《溧陽縣志》卷三載：《瀨水貞義女碑》，參據建康、金陵志，李白撰，李陽冰書。周必大《泛舟游山錄》云：“去縣四十里，有貞女廟，李太白題記云《瀨水上古貞義女碑銘並序》，前翰林內供奉學士隴西李白述，末有進士董衍淳化五年跋語云(略)。當淳化時，白集未備，故有闕載之語，今已見集中。紹興間，溧陽令周淙重立廟於此，徙碑還舊，此蓋故縣也。”案必大此段唐宋以來碑之原委甚明。明符觀又徙宋碑於鳳凰橋。貞烈祠今亦廢矣，文見本祠。

康熙《溧陽縣志》卷五載：渡濟橋，去縣十二里。萬曆中，知縣徐縉芳建伍相祠、文昌閣夾峙左右。(在城東南)

嘉慶《溧陽縣志》卷四載：水因庵，在渡濟橋，萬曆間知縣徐縉芳建。

光緒《溧陽縣續志》卷二載：水因庵，在渡濟橋，僧明方出資重建側屋八間。庵內舊有伍大夫廟、史貞女廟，今址重建。

《徐舍鎮志》第二十九章載：《史貞義女碑》……後又移至宜溧交界處渡濟橋水因寺內。由於長期被人拓錄，以致字跡磨滅。民國初年，宜興教師周科生、秦家斌等進行洗刻，字由秦家斌摹寫，另在碑題前印刻"水因寺"三字。1958年，芳莊人民公社建造電灌站，需要大量建築材料，貞義女碑坊被扳倒，安放在渡濟橋附近的排水涵洞上，當作板橋。貞義娘娘廟被拆毀，磚瓦用作砌電灌站。後貞義女碑被搬移至芳莊公社西湖電灌站渠道上，當作小板橋方便行人。西湖大隊胡家圩村潘盂延老人發現後，便與本村知青一同上書宜興縣文化局。1974年春，由縣文化館將碑存於周王廟內。（誤：應為先船運至亦園，樹於碑亭內，1994年移置今址）

[碑文]

貞義女碑（篆額）

（水因寺）史貞義女碑銘

　　皇唐葉有六聖，再造八極，鏡清萬方，幽剛咸熙，天秩有禮。自太古及今，君君臣臣，烈士貞女，采其名節尤章，可激清頹俗者，皆埽地而祠之，蘭蒸椒漿，歲祀罔缺。而兹邑貞義女，光靈翳然，埋冥古遠，琬琰不刻，豈前修博達者為邦之意乎？貞義女者，溧陽黃山里史氏之女也，以家溧陽，史闕書之。歲三十弗移天于人，清英潔白，事母純孝；手柔茭而不龜，身漂擊以自業。當楚平王時，王虐忠助讒，苛虐厥政，芟于尚，斬于奢，血流于朝，赤族伍氏，怨毒扐人，何其深哉！子胥始來奔勾吳，月涉星遁，或七日不火，傷弓于飛，逼迫于昭關，匍匐於瀨渚，捨車而徒，告窮此女。目色以臆，授之壺漿，全人自沉，形與口滅。卓絕千古，聲凌浮雲。激節必報之讎，雪誠無疑之地，難乎哉！借如曹娥潛波，理貫扐孝道；聶姊殞肆，概動于天倫；魯姑棄子，以却三軍之衆；漂母進飯，沒受千金之恩；方之扐此，彼或易耳。卒使伍君，開張闔閭，傾蕩鄢郢；吳師鞭屍於楚國，申胥泣血於秦庭。我亡爾存，亦各壯志；張英風于古今，雪大憤于天地。微此女之力，雖云爲之士，亦焉能咆哮烜赫、施扐後世耶？望其溺所，愴然低回而不能厺。每風號吳天，月苦荊水；響像如在，精魂可悲。惜其投金有泉，而刻石無主；哀哉！邑宰滎陽鄭公名晏，家康成之學，世子產之才；琴清心閑，百里大化。有若主簿扶風竇嘉賓、縣尉廣平宋陟、南郡陳然、丹陽李濟、清河張昭，皆有卿材霸畧，同事相協；緬紀英淑，勒銘道周；雖陵頹海竭，文或不死。其詞曰：

　　粲粲貞女，孤生寒門。上無所天，下報母恩。蓉風三十，花落無言。乃如之人，擊漂清源。碧流素手，縈波潺湲。求思不可，秉節而存。子胥東奔，乞食于此。女分壺漿，滅口而死。聲動列國，義形壯士。入郢鞭尸，還吳雪恥。投金瀨沚，報德稱美。明鄹千烁，如月在水。

唐天寶十五載之春。

前翰林內供奉學士隴西李白撰，李陽冰書。

□□□師顔、陳東成同觀

□□□□□□

劉誼、毛杲、李璵，元豐。

碧鮮庵

C-3

[簡稱]
碧鮮庵碑

[尺寸]
高 208 釐米，寬 118
釐米，厚 55 釐米

[刊立日期]
南宋咸淳四年
（1268）前

[保存地址]
張渚鎮善卷洞後洞

唐初《十道四蕃志》（梁載言撰）載：善權山南，上有石刻曰"祝英臺讀書處"。

北宋《太平寰宇記》（樂史撰）載：善卷洞，在宜興縣國山南，即祝英臺故宅也。

咸淳《重修毗陵志》卷第二十五載：廣教禪院，在善卷山，齊建元二年，以祝英臺故宅建。

咸淳《重修毗陵志》卷第二十七載：祝陵，在善權山，巖前有巨石刻云："祝英臺讀書處"，號碧鮮庵。……俗傳英臺本女子，幼與梁山伯共學，後化為蝶。其說類誕，然考寺記，謂齊武帝贖英臺舊產建，意必有之，第恐非女子耳。

咸淳《重修毗陵志》卷二十九載："碧鮮庵"字，在善權寺方丈石上。

萬曆《重修宜興縣志》卷一都穆《三洞記游》記："歲癸亥夏四月……二里達善權寺，寺在國山東南，齊建元中建，蓋祝英臺之故宅也……入三生堂，觀李曾伯書匾，右偏石壁刻"碧鮮庵"三大字，即祝英臺讀書處，而李司空亦藏修於是。"

《荊溪外紀》卷一：碧鮮庵，在善權三生堂西北石壁，舊傳祝英臺讀書處，唐李丞相亦藏脩於此。

嘉慶《增修宜興縣舊志》卷九載：《碧鮮巖碑》……按：碧鮮庵，一名碧鮮巖，今石刻六字已亡，惟"碧鮮庵"長碑三大字，字形瑰瑋，謂是唐刻。化蝶事有無不可知。碧鮮本竹名，碑刻現在，無作"薛"者，王志誤作"薛"。詩句平仄失粘，不可讀矣。華詩作"碧仙"，亦屬傳聞之誤。

第三冊 T-18《碧鮮庵碑出土題記》載："民國十年，始出'碧鮮庵'碑於寺後土中，建碑亭"。

《祝陵村志》第四章第二節載：清同治元年，善卷寺遭兵燹，唐《碧鮮庵碑》從巖壁剝落，埋入瓦礫中。1921 年，儲南強開發善卷洞時，《碧鮮庵碑》從原善卷寺西北地下一米處出土，旋移至"飛來石"南側重立，建碑亭加以保護，並在"飛來石"上刻銘記之。"碧鮮庵"每字僅 66 釐米見方，筆勢瑰瑋，深厚有力，傳為唐李蟠書刻，是全國現存最早反映梁祝文化的歷史文物。原碑下部斷裂，重立時用水泥加固，"庵"字底部已接近地面。

[碑文]

碧鮮庵

晉平西將軍周孝侯廟籤記

C-4

[簡稱]
英烈廟籤記

[尺寸]
高 192 釐米，寬 93 釐米，
厚 21 釐米

[刊立日期]
南宋紹興十九年（1149）七月

[撰書人]
胡靖記并書，袁熵題記，
潘壽松鐫。

[保存地址]
宜城街道東廟巷周王廟

[備註]
碑身中部斜裂成三截。

[文獻著錄]

嘉慶《增修宜興縣舊志》
卷九載：周平西廟碑……一
紹興己巳胡靖撰……以上
七碑並樹廟門及西廊壁（其
中一碑今佚）

常州宜興縣英烈廟籤記（篆額）

晉平西將軍周孝侯廟籤記

生為人傑，死則廟食。自古英雄，亦或閒見，至使故里之人若子弟事父兄，踰八百年，靈爽不（昧），又設教詔之方，後人因禍福為避就，而約以歸禮義，誠有父兄之道，而無愧於廟食者，其惟周平西乎！靖建炎□□客此□□□□侯□于祠下，越五季而廟有籤，百里內外，競往決疑，若問答然，無不曲盡其意。問籤所來，曰："邑士周先民撰。"一日，與周公容問之，則曰："靖康過祠下，嘗欲捨觀音籤。未幾，兵革家難相仍，不復為念。歲次庚戌，夢人授二籤，曰：'聞君有喜抡意，願求解釋。'一題'寅中庚射虎，一辰中壬斬蛟'字畫顯明，如晴日中見也；寤而莫曉，惟以靖康之念為疑。詰旦，詣祠，謝不敏，請如初約，使□者求神意，不許。願易道籤，又不許。先民平日所知，惟此二籤，皆不許，則不知所為矣。懼而出，遇舊識道士，語之故，曰：'寅中庚，辰中壬，迺以十二支加臨十干，余嘗收此課書，自正月寅中甲，至十二月丑中癸，凡百有二十。'先民始悟之，殆使我撰此籤邪！作射虎斬蛟二籤，卜抡神，則莫不協律。於是澡神滌慮，研精覃思，仰求神意，參考課書，盡加臨之。其每成一籤，皆七言二韻，每章成，必啓神而卜之，可則定，否則易，有七易而後定者。"靖然後知平西寓意於周，假手□□□辭，而為教詔之方也。初成之夕，周夢客謝且使避諱，明日徧閱，則觸侯諱者三十有奇，盡易之，迺置於侯前，敕□□□□□閒。邑人矜其異，詫其詞，包羅天地人物，推測陰陽鬼神；於父子宗族，惟孝惟慈；抡君臣上下，惟忠惟謹。□□而戒殺，奨善而誅過；溫然如慈親良傅，肅然如嚴霜烈日；解其惑昭若日月，定其信堅若金石。嗚呼！休哉！嚴君平，成都隱君子也，假卜筮進人於三綱五常之道，班孟堅尊之，光輝照後世。矧如平西，生有慷慨功名之心，死有大德于鄉邑，千古想望其風采，凜然有生氣者邪？！求其籤，當知寓教詔，而不止為一時可否，則侯之意得而習俗益美矣。至於宦游客食舟車往来者，因籤以知教，則侯之仁厚，豈直一邑哉！廣之天下可也。琅邪王令以功賜地，迺宅侯之丘壟旁，歲時謹祀事，如其後人。於籤無不神驗，聞靖說，請書而刊石于祠，先民信畏且誠，故為侯所藉云。

紹興己巳歲秋七月庚辰。

江都胡靖記并書。

右故諸王宮教授胡公所撰記，時則有王路分令者願刻諸石，公既為書蠟紙矣。會令卒，不果就，公之子本保藏之。公惟揚人，自少以行義藻翰取重州里，建炎南渡，来居義興，年纔廿年，而一時名公貴人皆敬愛之，義興素號多士，士亦翕然師尊焉。惟周侯自放心既歸從，而不苟忠孝大莭，傃道而行，故其廟食昭示神靈者，以教人而納□□為主，視他祠之出威變以驚怖流俗者，為有間矣。胡公教人者也，心與神契，故為發明。時淳熙丙午歲，中山平撲至祠虔□□靈，籤應如響，撲悚感起敬信□□，謹克自敕厲，以銷悔於念，有以顯揚神休。見本所藏記，欣然輸財，命工伐石鐫刻。遂以紹熙甲寅季春立諸廟廡，自是□□墨本四出，凡見聞者興起□□率歸於善。惟侯與公，若本若撲，其有功德扵民，則一致也。碑成見告，俾志歲月，焴少年實從公遊，每念公行義藻翰過人，數等而不得大施于時，少垂扵後，嘉本能成父之志，而撲能闡神之德，故喜而從之。奉直大夫新知嚴州軍州事賜紫金魚袋袁焴書，潘壽松鐫。

重修英烈廟記

C–5

[簡稱]
重修英烈廟記

[撰書人]
蕭德藻記，趙伯津書，徐益、張明刻。

[尺寸]
高 199 釐米，寬 100 釐米，厚 17 釐米

[保存地址]
宜城街道東廟巷周王廟

[備注]
碑身中部斜裂成數塊，下部剝蝕斑駁。

[刊立日期]
南宋淳熙三年（1176）九月初十

[文獻著錄]

咸淳《重修毗陵志》卷第二十九存目。

《荊溪外紀》卷十六輯錄碑文，雖有錯訛，可資校補。

嘉慶《增修宜興縣舊志》卷九載：周平西廟碑……一淳熙三年蕭德藻撰，趙伯津八分書，甚古質……以上十三碑並樹殿內及殿前軒左右壁。

（其中四碑今佚）

重修英烈廟記（篆額）

侯廟食本末，厥既有考，不復枝出，吳興沈德遠言：“乾道八年夏，自樞密院撿詳去國，屏居家山之中堂；十一月望，拜守秀州命，越三夕，夢謁侯廟，周視壁間，畫列宿天人及斬蛟象。寤而思之，獨安興人廟侯耳，非吾新命之地，且平時足跡未嘗至，意念亦不及此，胡爲乎神交其間哉？已而改命守常州，十二月入對便殿，即之官。道松江，振風驅，湖浪舂，舉平陸，漫溝塍，高下洶闖，聲撼雲空，碎舟蕩骸者相屬，吾舟亦敗，怔營有禱焉。舉室數十口、常之吏卒亦百輩，躍出驚波中，相與保道旁中舍，牽皆無苦。既至常，延見吏屬，從容問安興長吳千乘侯廟壁畫，略如吾夢中所見，且言廟久不繕理，迺以二十萬錢授千乘，俾歸新之。邑人相勸輸財力樂成。不踰時，輪焉奐焉，益張厥靈，益大厥聲，廟之復盛，骫折蓋如此。方欲伐石大書，復遷太府少卿，總領淮東軍馬錢糧，遂不果。”後二年，德藻故人丹丘陳時中爲常州，德藻過焉。曰道德遠語，時中曰：“德遠若有待也，吾常多侯，子遂書此，吾爲子碑之。”德藻惟前事雖似瀕神怪，然忠義之氣，在天地中常獨皦然於汗瀁，不可測知之、際同焉者應不問今古，若陽燧之召火、方諸之召水，端倪了不容索。侯少時里居，搏蛟庯如犪蟻虱，蓋古俗所喜道者，此在聖人之門亦猶有貶焉。晉惠帝朝爲何等時，侯官中執法擊司馬肜不少貸，尋隷肜爲將，討齊萬年，侯顧不知肜之將逞憾也哉？！自常情言之，死君命固其分，死大臣怨容可自列。侯以肜借君命置我於死地，所借者我所當死也，尚何辭？吙寡敵衆，矢殫弦絶，蹈白刃義不還顧，英烈凜凜，跂蹩爲奮。鄭伯有馮，三世卿族，其精爽猶足吙動國人。侯忠義貫幽明，能感發其類於百世之下，理固應耳！吾迺今有虞於二君子哉？德遠名祖德，時中名庸。

淳熙三年九月十日。

長樂蕭德藻記，浚儀趙伯津書。徐益、張明刻。

斬蛟射虎

C-6

[簡稱]
斬蛟射虎碑

[尺寸]
高 142 釐米，寬 90 釐米

[刊立日期]
南宋淳熙四年（1177）六月
十五日

[撰書人]
裴相如篆，謝舉刊。

[保存地址]
宜城街道東廟巷周王廟

[文獻著錄]

嘉慶《增修宜興縣舊志》卷九載：周平西
廟碑……一斬蛟射虎碑，豹隱居士裴相如篆書，
四大字，筆力雄雋……以上十三碑並樹殿內及
殿前軒左右壁。（其中四碑今佚）

[碑文]

斬蛟射虎

淳熙四年歲次丁酉六月望日，英烈廟住持
賜紫道士蔣善治立。

江左豹隱居士裴相如篆，郡人謝舉結緣刊。

英烈廟置田檀越題名記

C-7

[簡稱]
英烈廟置田檀越題名記

[尺寸]
高 174.5 釐米，寬 80 釐米，厚 11.5 釐米

[刊立日期]
南宋寶慶元年（1225）五月初五

[撰書人]
□□亭刊

[保存地址]
宜城街道東廟巷周王廟

[備注]
碑首斜裂，碑身剝蝕斑駁。

[文獻著錄]
嘉慶《增修宜興縣舊志》卷九載：周平西廟碑……一寶慶元年《置田檀越題名碑》，道士劉守和立石，書法流逸，惜多殘缺……以上十三碑並樹殿內及殿前軒左右壁。（其中四碑今佚）

英烈廟置田檀越題名記（額）

英烈廟

竊惟忠武公廟食荊谿，垂及千載，比因神廡頹圮，鳩工興造，翕然響應，不日落成，廟貌載肅，邦人尊敬，有加無已。但本廟素無常住，乞食於人，殊未稱崇奉香火之意。今欲置少田租，為永遠計，仰仗大檀越樂施，無所從出，依願神靈借□短疏遍扣英豪，□冀喜捨，成茲佳事，幸甚。伏以丹楹刻桷，眾欽廟貌重新，塵金羞□，誰念食輪未轉，若使營求□供誠□遠生涯，因無常產，是無常心，既要活人必求生計。欲瓣做黃糧高士，湏先尋白水真人，仰憑神力之□靈，頻覬大賢□□買田陽羨，俾安香火緣報德平西，□衍歲時之祭，謹疏。今月 日廟門疏。募緣焚修道士劉守和，勸緣□□郎、新特差幹辦御廚莊堯夫。

忠翊朝新特養幹辦□□□□□捨官會貳伯阡，忠訓郎□特□□藏庫門莊堯又捨官會壹□，修職郎新紹興府上虞縣主簿莊夢□捨推米貳碩圓斗，承信郎權充淮西提刑司准備差遣莊鉉捨官會伍拾阡，吳宮教媳婦莊氏全男朴相捨推米壹碩陸斗官□□，趙知宗卜提宮善□全男汝治捨推米三碩，戍忠郎前兩浙轉運司准備差遣楊彥□捨官會壹伯□，開寶鄉第二都蔣青同弟成捨園田推米肆碩，□政郎趙□礼捨官會叁拾阡，□義郎趙□□捨推米貳碩叁斗，惠殿丞知府位十六宣教公洽捨推米壹碩肆斗□□□□，朝奉郎前通判岳州軍州事李□□捨推米貳碩，迪功郎新南康軍星子縣主簿趙□捨官會貳拾阡，周六將仕千拾捌宣教宗說捨推米貳碩□斗，清津鄉故知縣將仕男□□黃□□捨官會貳拾阡。

今具本□□□□□推米鄉□□號畝角如后：

□□□□□□□□月拾貳日，置到張□官人名經開寶鄉□□□□墅推田柒號己字□伯叁拾捌肆伯丹□□□□□伯捌拾叁癸□□伯陸拾肆玖□陸□□□□□□□□□□□□□□登步推米共玖貳斗□□□□錢貳□柒□□□。

一 契嘉□□□□捌□拾捌□□□□柒拾宣教□□開寶鄉劉墓村推田壹號辛字叁伯伍拾伍肆畝貳□步實趂推米□□□。

一 契寶慶元年賦月□拾□□□主簿捨到開寶鄉七里莊推□□□□字貳□□□拾陸癸字陸伯陸拾壹貳壹角□□肆步□□□□□□貳斗。

一 契□□□□元年貳月□□肆日，吳宗教四宣教位捨到□□□胥村□□□□□號庚字壹阡伍佰玖貳□貳拾步推米□□陸斗，此項與滆湖□□。

一　契寶慶元年陸月初柒日，開寶鄉□□都蔣□□捨到□泉鄉陸拾叁都私□瀆圍田壹號□□□□貳拾號　等圍田捌畝叚內將東際肆□□□□南止毛□瀆，北止本號肆畝共趂推米□碩。

一　契寶慶貳年正月拾捌日，趙陸判院捨到□□鄉貳等推田辛字伍伯肆拾玖號□□□□拾柒步陸分在餘蕩東，東北止本產西吳□□□□米貳碩叁斗。

一　契寶慶貳年肆月捌日，知府十六宣教捨到成任鄉安定村丙壹伯拾叁號肆　肆畝壹拾步，東止本產西邵南周潘今趂推米壹碩肆斗辛伍伯玖拾壹號軫村捌等田叁畝壹角，東止張西□南許北於兩壹阡捌拾肆壹阡捌拾號吳林村陸等田肆畝叁角伍拾步，東止吳西許南□吳□壹阡捌拾柒號吳林村伍等菱蘆湖玷地叁角，東吳西湖南小□北吳肆係皂吳林村田并地併在涺湖鄉□界。

一　契寶慶貳年柒月念柒日，前通判岳州李朝奉捨到成任鄉蕭莊村癸叁伯玖拾肆叁伯玖拾號□等田伍畝叁角叁步，東止裴及本產西□□及郭北止蔣□內撥東際叁畝貳角貳步推米貳碩。

一　契寶慶叁年正月初拾日，周陸將仕郎阡拾捌宣教捨到元置惠知府拾陸官人開寶鄉柒里莊甲字陸伯陸拾伍號貳□□地貳拾□步□□□東止本產西瀆南許甲字陸伯陸□□□□□田內□□貳伯貳拾叁步壹尺同虜東□□□□□□□□□□貳碩□斗。

寶慶改元五月五日。

焚修道士劉守和立石，□□亭刊。

雲龍風虎

C-8

［簡稱］
雲龍風虎碑

［尺寸］
高 166 釐米，寬 82 釐米

［刊立日期］
南宋淳祐四年（1244）三月十五日

［撰書人］
趙孟譓書，余文燁刊。

［保存地址］
宜城街道東廟巷周王廟

［文獻著錄］

嘉慶《增修宜興縣舊志》卷九載：
周平西廟碑……一《雲龍風虎碑》，
淳祐甲辰趙孟譓草書，四大字豪宕
可與裝篆相配……以上十三碑並樹
殿內及殿前軒左右壁。（其中四碑
今佚）

［碑文］

雲龍風虎

淳祐甲龍季春圓日立石，陽羨吏
隱青田趙孟譓書，余文燁刊。

英烈廟新殿記

C-9

[簡稱]

英烈廟新殿記

[尺寸]

高 183 釐米，寬 93 釐米，厚
25 釐米

[刊立日期]

元惠宗至元四年（1338）三月

[撰書人]

汪澤民撰并書，泰不華篆額，
錢德潤鐫。

[保存地址]

宜城街道東廟巷周王廟

[備注]

碑身上部橫裂。
碑首浮雕瑞獸朱雀紋。

[文獻著錄]

　　嘉慶《增修宜興縣舊志》
卷九載：周平西廟碑……一
至元四年總管府推官汪澤民
撰……以上七碑並樹廟門及
西廊壁。（其中一碑今佚）

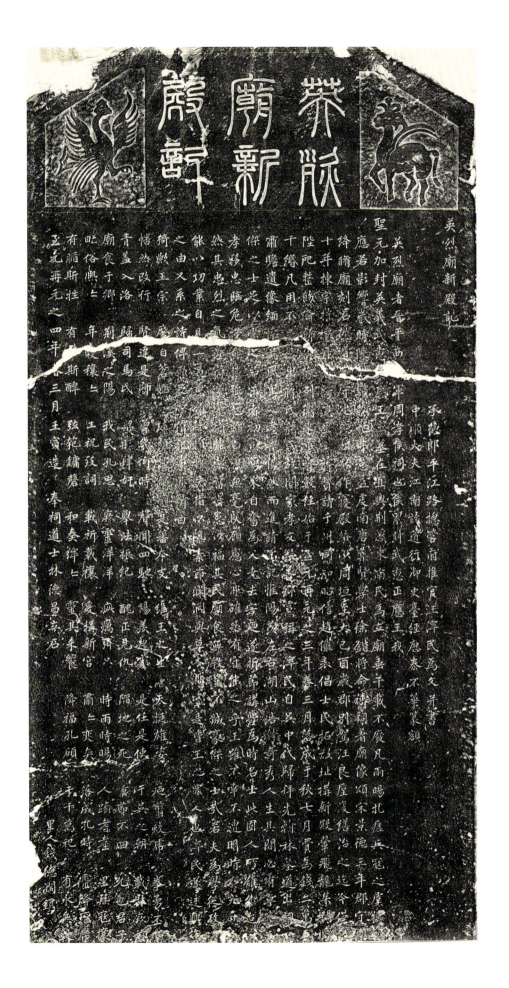

英烈廟新殿記（篆額）

英烈廟新殿記

承德郎平江路總管府推官汪澤民為文并書

中順大夫江南諸道行御史臺經歷泰不華篆額

英烈廟者，晉平西將軍周孝侯祠也。侯累封武惠正應王，我聖元加封英義武惠正應王。王墓在宜興荆溪東南，民為立廟，垂千載不廢。凡雨暘扎瘥，兵寇之虞，禱之應若影響，歲時陳□幣報祀，弗怠益虔。南唐集賢學士徐鍇將命禱祠，著《廟像頌》；宋景德三年，郡守□絳脩廟刻石；乾道中，守□□□始作寢殿，繚以周垣；至大己西歲，郡別駕汪良臣復繕治之。迄今僅三十年，棟宇摧壞，丹石湮漶，里士蔣賫請于州同知昭信趙儼，表倡士民，拓故址，構新殿，翬飛靚深□□陛呢整飭俗飾，塑像列衛，采章有數。經始于至元再元之三年春三月，落成于秋七月，費為錢二萬五千緡，凡用不足，其出蔣氏。蔣氏故聞家，孝友樂善，鄉黨稱之。澤民自吳中代歸，拜先翰林墓，道出祠西，肅瞻遺像，緬懷英風，里之耆老儼然而進，請為記。惟陽羨左右湖山，浩瀚奇秀，人生其間，必有卓犖英傑之士足以當之。若王者，初以勇果自奮，為父老去害，廼遂折節講學，為時名士，此固人所難能。迨以孝移忠，臨危受命，摧強寇、蹈白刃，無毫髮顧慮，心非確然有守，能之乎？王雖不幸，不遭明時，以究厥□，然其忠烈之氣，旁礴□□，猶能禦菑捍患，以福其民，廟食無斁，豈不誠豪傑之士哉？！若夫為學從政而能以功業自見，一遇患難，輒隕獲失措，以隳素莭，潤潤與草木漸盡，是皆王之罪人也。澤民遂述興作之由，又系之詩，俾歌之以侑祀事。其辭曰：

猗歟王宗，肇自蒼姬。珪組□□，寔蕃本支。維王之生，天挺雄姿。廼勦蛟虎，拳勇丕□。幡然改行，賢達是師。曾幾何時，聲聞四馳。陽羨起家，是任是使。于吳之朝，載敹厥慈。青盖入洛，歸司馬氏。梁肜（肜）肆奸，舉法振紀。醜正見仇，陷地之死。秉莭不囘，允也君子。廟食于鄉，荆溪之陽。我民孔思，厥靈洋洋。疵癘弭只，時雨時暘。人躋耆耈，里無寇攘。旺俗熙熙，年穀穰穰。工祝致詞，載祈載禳。爰構新宮，肅肅奕奕。落成孔時，靈降瑤席。有腯斯牲，有□斯醳。弦匏鏞磬，和奏繹繹。靈其來饗，降福孔碩。于千萬祀，有永無斁。

至元再元之四年春三月壬寅造。

奉祠道士林德昌立石，里人錢德潤鎸。

重修周將軍祠宇記

C-10

［簡稱］
重修周將軍祠宇記

［尺寸］
高 192 釐米，寬 93 釐米，
厚 22 釐米

［刊立日期］
元至正十二年（1352）三月

［撰書人］
曹復亨撰，蘇天爵書，吳
鐸題額。

［保存地址］
宜城街道東廟巷周王廟。

［備注］
碑首浮雕瑞獸朱雀紋。

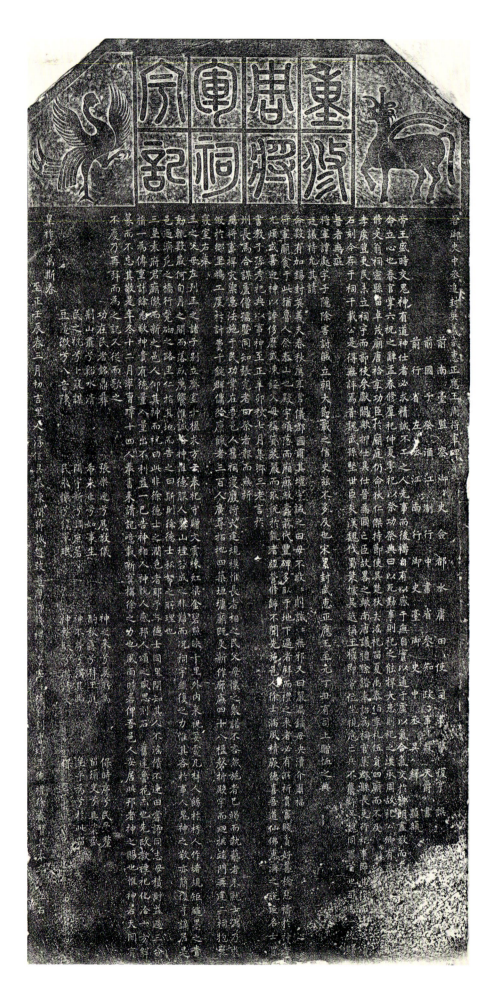

《荊溪外紀》卷十四輯錄碑文，雖有錯訛，然碑右下角損泐，可資校補。

嘉慶《增修宜興縣舊志》卷九載：周平西廟碑……一至正壬辰南堂監察御史曹復亨撰……以上七碑並樹廟門及西廊壁。（其中一碑今佚）

［碑文］

重修周將軍祠宇記（篆額）

晉御史中丞追封英義武惠正應王周將軍碑 有歌

前南臺監察御史僉都水庸田使司事曹復亨譔

前國子祭酒江淛行中書省參知政事蘇天爵書

前行省左丞江南行御史臺御史中丞吳鐸題額

帝王盛時，交鬼神有道；神仕者，必求精誠不二之人，先事而後禱。自有以感于無，自實以通于虛，以氣合氣，交扵神明，盡敬而不祈福，為斯民立命立心也。春官掌六祝之辭，孟春修羣祀，仲夏雩祀，以祭功，《祭典》曰：“以死勤事，則祀之；能捍大患，則祀之。”漢承周故，祀公卿有益於民者，故蜀郡修文翁祠，密縣留卓茂廟。唐祫享功臣扵廟庭，仍命狄仁傑持節使吳楚；狄去淫祀，留夏禹、泰伯、季札、伍員四廟而不及孝侯，豈吏民未立祠宇而部使參獻闕歟？抑仕吳仕晉為國亡臣，故畧之歟？南唐議禮，徐鍇奉詔為祠官，集郡縣長吏行祀事，即其像而為之頌，石刻今存于祠，千載公是，得無評焉。昔魏武、孫堅世臣炎漢，魏伐蜀，策據吳越稱王、權即帝位，坐視危亡，兵不襲許，吳、魏同罪首也。司馬一統，歸晉者無疵。將軍諱處，字子隱，除害討賊，立朝大節，載之信史，茲不多及也。宋累封武惠正應王。至元丁丑，有司上贈恤之典，廷議特允其請命，數有加錫，封“英義”。夫春秋薦亨常儀，郡國肅其壇宇，誠之曰：“毋不敬，敬則誠，誠無邪。”又曰：“嚴肩鑴，毋央瀆，介爾福。”將軍廟食于此，猶魯人祭泰山也。殿宇傾落，而廡廊敝蠹，前代豐碑，多臥于地下；過者拜而禮之，來者必有所祈，貴富賤貧，好善稔惡，禱於神者尤煩；或喜迎神以誇侈靡，或凍餒父母稱貸裝嚴而取悅扵觀者，經營修飾不聞先施。邑人徐士淵夙積厥德，喜吾道仙佛惠濟之說，延名士買書教子孫，考祀典以事神。至正辛卯秋七月，集鄉三老言扵州長馬合謀盧僧儒，暨同知張完者曰：“祭者報而無祈，周將軍捍災禦患，法施于民，功業在吾邑人。舊祠寖廢，將大建規模，惟長者相之，民父母懷之。”衆諾不斉，然施者已竭而執藝者未就；士淵乃求假扵鄉里，鳩工度材，計費千錠，群備給廩餼者三百人，廣尋拓地，四築垣墉。廟既更新，作廊廡四十八楹，磬折殿宇而廻拱；端門再建二祠，抱翼寢室，右奉王之父母，左列王之諸子；別立齋室十楹，求方士奉祀守贈文。雲棟虹梁，金碧照映，千里外內，來祝妥靈。凡梓人飭材、杇人作堵，規矩神墨之責，動輒數歲，何旬月之間而落成。薦饗惟誠，格神惟德服人，鑿山堙谷，成之非囏，而況祠宇繼復之力，惟其吝於事人，鬼神之敬亦簡。復亨謫居是邑，過濟危之橋，行甃砌之路，里仁指其地而告之曰："斯則徐德士私帑之所理也。"三皇袁府君廟徹而新之，邑人仰其神而祝曰："此非徐德士之潤色者耶。"予與德士同里閈，知其人不淫債、不連田，嘗語同志："毋積財，益過三分損一，為傳重計，餘悉敬神，貴有德，量入量出，不利益一己。告神相人，神悅人感。"邦人頌之，咸思刻石。舊達魯花赤也先，政教禋祀，化洽一方，解篆而不忘其敬，是年冬十二月，率曺璋十四人奉書來請記。噫！載新寶構，徐之力也；風雨時若，俾吾邑人安居此邦者，神之賜也。惟神若天，罔有不慶，乃再拜而為之記，又從而歌之：

功在民者銘鼎彝，張樂迎兮展敬儀。神之來兮奚所為，保時序兮民受釐。荆山肅兮谿水清，希來止兮如事生。酌秋露兮拜王庭，畱須臾兮具粢盛。民之祝兮卜疑謀，閟宇新兮調庶羞。神不勞兮燭其幽，皇乎為兮於此畱。豆籩徹兮八音陳，民永懷兮鑱翠珉。神鰲馭兮游清旻，保皇祚兮萬斯春。

至正壬辰春三月初吉。

里人：湯信、吳恭、陳潤、蔣誠、趙致道、唐悌、錢禮、蔣景安、汪德、劉釗、曹璋、吳德禮、徐齊賢、吳本立立石。

常州宜興縣重修晉平西將軍周公廟記

C-11

［簡稱］
重修平西將軍周公廟記

［尺寸］
高 224 釐米，寬 99 釐米，
厚 25 釐米

［刊立日期］
明正統九年（1444）六月廿
六日

［撰書人］
趙琬撰，蔣守約書，程南
雲篆，史迪、史敬錄刊。

［保存地址］
宜城街道東廟巷周王廟

［備注］
碑首綫刻雙龍紋。

《荊溪外紀》卷十六輯錄碑文，有錯訛。

萬曆《重修宜興縣志》卷六載，門廡間列古今碑勒凡二十六座……一記於國朝正統間趙琬。

嘉慶《增修宜興縣舊志》卷九載：周平西廟碑……一正統九年趙琬撰，蔣守約書……以上七碑並樹廟門及西廊壁。（其中一碑今佚）

［碑文］

常州宜興縣重修晉平西將軍周公廟記（篆額）

宜興縣重修晉平西將軍周公廟記

承德郎國子監司業郡人趙琬撰

中順大夫太常寺少卿邑人蔣守約書

中順大夫太常寺少卿兼翰林院侍書廣平程南雲篆

正統七年冬，常之宜興縣新脩晉平西將軍周公之廟成；其明年秋，縣丞鄱陽李晅以公務至京師，徵琬記之，且曰：“當時建廟有碑，歷代脩復有記；歲月滋久，文字剝缺，漫不可省，而廟亦日久傾圮。晅深懼其壞，不足以揭虔妥靈，乃謀於知縣樂安鄒旦、縣丞武林陸潤、主簿襄城崔冕、典史清江劉九淵，各捐俸貲，曰舊為新；而邑之士庶，感慕而信施者，無問於遠邇。遂命道士張惠然、耆民張安、萬壽恩、信哀聚，以佐土木之費；由是衆工齊事，惟月若日，工告訖功。殿寢門廡，塗塈丹青，威儀像座，嚴奉惟謹，願紀成績，垂示將來。”惟宜興於琬為隣邑，隣邑之大夫士庶敬公若是其至，琬敢無言乎？！謹按：公諱處，字子隱，古家陽羨，今宜興是也。公自幼勇於為義，嘗感父老之言，入山射虎、赴水斬蛟，為鄉里除害。既而從吳郡陸機兄弟學為文，有思致，嘗著《默語》《風土記》，及撰集《吳書》以自見。平生履德清方，才量高出，歷守四郡，安人立政，後為廣漢太守，以母病罷歸。未幾，徵拜散騎常侍，累官至御史中丞。元康七年，氐人齊萬年反，命公討之。時梁王肜為征西大將軍，都督關中諸事，而以宿憾，絕公後援，公遂力戰以歿。追封平西將軍，謚曰“孝”。鄉人之戴公非丁(一，誤刻)日矣，於是即公家原為藏衣冠，又為立廟以祀。公凡水旱疾疫，有禱必應，且嘗著靈異，廕庥鄉邑。宋宣和間，睦寇將犯境，其徒有傅臬者，至長橋，忽覩金甲神告曰：“我平西將軍也，境不可犯。”寇遂遁去。紹興七年賜廟額曰“英烈”；未幾，封忠惠侯，忠惠之號既累加“仁勇兼利義濟”六字。嘉泰初，遂進爵為公，更號“忠武”，再加“赫義昭靈”，而更號“仁勇”，累封英義武惠正應王；廟不以名其額者，曰初封之號也。夫公爲國討寇，在戎致身，見危授命，其英聲茂實，赫赫而不可蓋者，固不繫於封號廟祀之有無。然公在家為孝子，居鄉為義士，事國為忠臣，有德扵人，有功於國，祭法所謂"以死勤事與夫能禦大菑、捍大患"者，公皆兼之。而邑之有官君子所以致力扵公之祠事，彌乆而弗懈者，又祀典所謂"有其舉之而莫敢廢也"，豈若古俗謟祭徼福者比哉？！然則鄉之父兄子弟亦將視公為鄉先達，面（而，誤刻）為臣依扵忠，為子依扵孝，相率奮藂而為道德之歸矣！故併書之以為記。若夫公之始終大節，具載《晉書》列傳及郡志，可以互見者，兹不贅焉。

正統九年歲次甲子六月廿六日。

儒學教諭石首蘇燮、訓導候官陳泉、平陽章雲伯、道會談景真同立石，金淵史迪、史敬錄刊。

新建祠堂記

C-12

[簡稱]
新建徐氏祠堂記

[尺寸]
高 166 釐米，寬 85 釐米

[刊立日期]
明弘治五年（1492）二月初二

[撰書人]
徐溥記

[保存地址]
宜城街道東廟巷周王廟

[備注]
漢白石。
碑首及碑身右下角殘缺。
碑首高浮雕雙龍戲珠紋。

[文獻著錄]
《洑溪徐氏世珍集》卷三
輯錄碑文。

（新）建祠（堂）記（篆額）

新建祠堂記

　　惟我徐氏，為宜興望族，自唐宋以來，代有顯者，入元隱虡田里，而積德益深。至國朝，先祖瓊州府君始復出仕，而為循吏，德政所被，斯民戴之。先考漁隱府君以冢子承家，克拓故業，乃定居㴞溪之上，是生溥兄弟四人。溥藉遺休，獲登甲科，列職禁近，夙夜兢兢，惟以辱先訓、不能繼先志是懼。蓋先考長厚好義，為鄉邦推重，且天性孝謹，於奉先之禮，惟恐弗至，嘗曰：「祠堂之制，朱子家禮之所首載者也，吾家於是，顧獨未稱。」因即所居門外擇地以建。後以其地阻於池水，歲時祀事弗便，且於禮制不合也，始更擇地。當正寢之東，爽塏深廣，於祠堂為宜。時溥歸省，將上京師，乃以其事託弟濟輩。工未及興，不幸先考見背，勉襄大事，因循不果，所以不能繼志，其懼益深。比歲節縮祿俸所入，命次子元相特任其事。以弘治三年七月十日興工，木石精良，不計財用，凡為堂三間，後復為屋三間，兩廡十間，固以重門，繚以周垣，其規制皆先考之所講畫而求合於家禮者也。明年十月十二日工完，乃卜吉辰，命長子元楷奉安四代考妣神主于中。適溥忝以尚書秩滿，仰荷聖天子錫誥，加贈先祖、先考並資政大夫禮部尚書兼文淵閣大學士，妣並贈夫人。恩光所臨，堂宇增煥，祀事載舉，神靈妥焉，庶幾先志於是乎繼、而私心亦於是乎遂矣。初欲構祠池上，謂得魚利可當祭田，溥慮不可久也。惟先考舊畫神安鄉小旻圩常稔田二百一十二畝，以資給溥者，今幸祿俸且厚，不敢自私，凡牲醴庶品，悉於是乎給，或歲入有餘，兼為修治祠堂之費焉。爰且敘其事，刻石祠下，俾後子孫世守之勿替。工完之又明年二月二日，孝玄孫、太子太傅、戶部尚書兼武英殿大學士溥謹記。

重刻蜀山草堂記

C-13

[簡稱]

重刻蜀山草堂記

[尺寸]

高 220 釐米, 寬 95 釐米

[刊立日期]

明正德元年（1506）十月

[撰書人]

徐一夔撰

[保存地址]

丁蜀鎮東坡路 88 號東坡書院

[備註]

碑身中部橫裂，且有殘缺。

[文獻著錄]

《荊溪外紀》卷十六及萬曆《重修宜興縣志》卷一輯錄碑文，雖有訛誤，今據之校補。

重刻蜀山草堂記

杭州府學教授徐一夔撰

太湖之陰，川回而野迴，有清曠之適，是曰陽羨。異時東坡先生始領第，錫宴瓊林，與蔣魏公接席，魏公極言其地之勝，先生遂有買田築室之意。崇寧初，先生歸自海南，因告老於朝，而居陽羨，酬前志也。去陽羨而近，有山隆然，拔地而起，盤桓數百畝，旁無聯附，號曰獨山。先生愛之，嘗築書堂其坳，且曰："吾本蜀人，而茲山不宜姓獨，宜去犬喦蜀，更姓山曰蜀云。"陵遷谷變，其阯入於金陵保寧之官寺久矣，遂為寺之別墅。今敏機師以純行粹學來主保寧之席，間至茲山，紺壤疏潤，碧泉流動，上緣丹厓，白雲勃勃起自履下，望見太湖黏天無壁，而銅官諸山聯翩而来，如列大屏，以障巨浸，葢亦奇矣。師因歎曰："先生之所以盤桓扵此而不忍去者，以此也夫。"乃作草堂其處。而師亦以先本蜀人，自宋季之亂，徙家吳興，每有所自出之想，故亦姓山曰蜀，而不復其舊云。嗟乎！師之心，即先生之心也。人亦有言："適異域者，見似人而喜。"以其類也。蜀在數千里外，茲山雖小，苟其心有所屬，安知其不若岷峨、太白之高大哉？！是宜師與先生同有此心也。或曰："先生家本蜀也，自葬其父文安府君後出立朝，以至崎嶇嶺海而歸，未始一日還蜀，夫寜不有鄉土之思？師之先雖亦蜀人，生長東南之日久，且桑門是託，殆將盡空色相，今而惓惓扵所自出之地，夫亦有所執著也邪？"予謂："不然。凡出家者以求道也，而身也者，道之所寄也，安有求道而不念其身所自出哉？君子謂師爲知本矣，如曰師雅嗜吟茲堂也，瀟灑絕塵，可縱吟事，夫豈知師者哉？"是為記。

大明正德元年歲次丙寅冬十月吉日。

文忠公祠堂記

常州宜興之刺溪有蜀山本獨山也悲撫綠定文忠公既行學士之奇同榜進士買田卜築于茲山之麓於是易獨為蜀按爾雅山獨者曷...

刺之土芳如酥荊之米蒼如珠其所如...

特進光祿大夫左柱國少師兼
太子太師吏部尚書
華蓋殿大學士知
制誥同知
經筵事
國史總裁長沙李東陽撰

正德六年正月　日立石

蘇文忠公祠堂記

C–14

[簡稱] 蘇文忠公祠堂記	[撰書人] 李東陽撰
[尺寸] 高 299 釐米, 寬 96 釐米	[保存地址] 丁蜀鎮東坡路 88 號東坡書院
[刊立日期] 明正德六年 (1511) 正月	[備注] 碑身右上角及下端殘缺。

[文獻著錄]

　　《荆溪外紀》卷十七、萬曆《重修宜興縣志》卷六及李東陽《懷麓堂文後稿》卷八（《蘇軾與宜興》輯）均輯錄碑文，今據之校補。

［碑文］

蘇文忠公祠堂記

常州宜興之荆溪有蜀山，本獨山也。志稱："蘇文忠公與蔣學士之奇同舉進士，買田卜築于兹山之麓，拎是易獨為蜀。"按《爾雅》："山獨者皆為蜀。"志又稱："愛其名而居之者。"理則然也。公嘗欲作亭種橘，預名曰"楚頌"。後上表乞居常。及歸自嶺南，卒于州邸，其弟文定公以其喪去，葬于潁上，其家亦不復至常。當是時，蓋有所謂東坡書院者，尋輒廢。越七十年，郡守晁子健擇州學旁地，建祠祀公。元僧敏機因山為祠，為之居守，晁公武、徐一夔皆有記。今常州祠尚存，而蜀山祠廢已久。弘治庚申，縣人沈公暉自南京工部侍郎致仕歸，以告巡撫都御史彭公禮、巡按御史王君憲，暨知府連君盛、知縣王君鏔，僉議既協，鏔躬訪遺址，悉為居民所據，贖而歸之，得地三十餘畝。一時好義者争割田山，捐金帛，以益之。士人具綸輩，鳩材督工，國子生王永實相其役，經始于辛酉之四月，至十二月而成。為堂六楹，肖公像其中寢，稱之為左右二亭，一刻公《楚頌帖》及諸詞詩，一刻興造之碑，東西廡及門各四楹，廳館、庖湢諸室為楹者以十數，其外則甃石為周垣百二十丈，視州祠深廣畧稱，而偉麗過之矣。既乃用表忠觀故事，命道士謝允昂居之，歲奉祀焉。夫天下之論名臣碩輔者，或原于嶽降，或歸之地靈，文章氣節，亦以為得江山之助，固也。及乎遐陬僻壤，一丘一壑，或有所憑藉，亦足以不朽于世。是所謂人與地者，恒相須以顯而亦不能不相為重輕。若君子去父母之道，則遲遲其行；越在他國，則觸物感事，懷思顧戀，而不能已，是蓋存乎人而物不與焉。會稽之東山，以謝傳名，其在金陵，亦築土以象之。天下之為東山者何限，而非其人莫之名也。公之自蜀入洛，隱然重京師，父子兄弟之名，遂擅天下，則公乃天下之人，俗傳"三蘇生，而眉山之草木皆枯者"，妄也。及其流離貶竄，不能歸其鄉，卜居兹山，託名以寄意，潁之山名曰"峨嵋"者，亦此意耳。後雖其體魄在潁，而魂氣之無不之者，安知不徘徊眷戀于兹山也邪？！且公所謂"不待生而存，不隨死而亡"者，將流行充塞于天地間，而況其經過寄寓之地哉！公之文章氣節，天下莫不尊之，是雖不得與于天下之祭，揆之鄉，先生社祭之義，有過而無不及。獨山之為蜀也，其社之類乎？然則是祠之設，固耆民俊士、衣冠俎豆，所宜周旋而傾注焉者也。夫使文章不如公、氣節不如公，則蜀之王萬亦嘗榜鄭邸為蜀舍，而朱俊民、劉跂為之記銘，然亦不顯。東陽楚人而燕產，嘗因贈太師徐文靖公之約，買田兹鄉，而遽罹家難，竟莫之遂，工部以其跡頗相類，而不知其文之弗稱也。請為記祠事之成，予拎是亦誠有感焉，因用楚語，作迎送神辭，其亦《橘頌》之遺意也夫！其辭曰：

橘之樹兮如蓬，鬱青葱兮間玲瓏。彼亭兮在中，信吳邦兮楚風。橘之樹兮如盖，采芳鮮兮薦甘脆。

我公兮来歸，神陟降兮如在。公之樹兮荒莱，公之亭兮但空苔。植我兮構我，望遊魂兮歸来。公歸来兮恍不可以見，渺惆悵兮悠哉。荆之土兮如酥，荆之米兮如珠。山有荼兮溪有魚，生不足兮沒有餘。公去此兮何居？楚之調兮欽歙，蜀之山兮盤紆。神徃復兮無定所，聊為此兮踟蹰。生不為世所容兮，沒將恣其所如。鑿余井而得泉兮，又安窮其所扵！彼亭常存兮樹常實，持以薦公兮，願少駐乎須臾。

特進光祿大夫左柱國少師兼太子太師吏部尚書華蓋殿大學士知制誥同知經筵事國史總裁長沙李東陽撰。

正德六年正月　日立石。

重修孝侯廟記

C-15

[簡稱]
重修孝侯廟記

[尺寸]
高 162 釐米，寬 79 釐米，
厚 18 釐米

[刊立日期]
明正德九年（1514）五月

[撰書人]
王述祖撰文，卜章書丹并
篆額。

[保存地址]
宜城街道東廟巷周王廟

[備注]
此碑或採用古碑磨刻而成，
故下端尚存未磨淨的"固
邑力謹得必莫"字樣。

[文獻著錄]

嘉慶《增修宜興縣舊志》
卷九載：周平西廟碑……一
正德九年王述祖撰……以上
十三碑並樹殿內及殿前軒左
右壁。（其中四碑今佚）

重修孝侯廟記（篆額）

重脩孝侯廟記

邑人王述祖撰文

卜章書丹并篆額

振古烈丈夫者，懋德懋功，仰靖邦家，俯奠兆民焉。則生旣爵禄之，死尤廟食之，斯固在公報□□常也。若乃随其所産所經歷之地，莫不永懷而欽崇之，尤非鄉人之諂也；固其平生所爲，有以闗繫乎人心之民彝天理，而自不能已耳。吾鄉先正周孝侯者，以身殉國，抹撥大患，當代報其功而酬其德，爰建矦廟。自廟以來，千有百餘年，中間廢而葺、葺而又廢者，凡幾矣；夫屢廢屢葺，而人心無射者，矦德無射於人，而人固樂從事也；不然，力者寧非所惜，財者寧非所吝，顧乃脩葺數數然無憚煩也？嗚呼！矦德百世如見，□無賴於廟；然因廟而仰瞻矦像者，則生氣凜凜在目，不尤慊景仰之私乎？兹廟之所以宜脩也。□邑丞盧溪李君諱廷珏、字聯璧，由貢入仕，下車拜侯，即以爲太山、北斗，悼廟之漶漫陊剥，弗足妥靈，力矢葺治。乃於正德癸酉之十一月，遴選里之能者王緯任其事，而道士黃顯榮亦以勤□行，與肅籛設盟，先自勞勩以率衆，謂必循其序則事可成，必先其易則功可進；材必索其良，工必較其能。由三門以徂兩廡以迄於獻殿，鱗次敷治，秩秩就緒，丹漆黝堊，極當觀視。凡厥所費，莫非丞之俸資、民之財力，蓋不踰歲而落成者。夫落不踰歲固易也，抑孰知其廢尤易甚，前所□者，旣嘗不乏：國朝正統甲子，邑丞李暅脩之；後燕室則弘治癸丑住持周源濟修之；正殿則丙辰邑令張偉修之；曾未數載，而又不能不煩今日之脩。豈惟可以知當時脩者之力，而益可以慨土木之易於頽也？□然，矦在當時折節遷善，速如轉丸；捐生取義，甘如啖飴；初非爲一廟而然也，後世慕乎矦者，不得不存心於矦之廟也。要當知夫矦亦人耳，胡可徒以能脩侯廟而止哉？！宜興縣知縣鍾卿寗，縣丞李廷珏、魏達、劉暹、謝九臯，主簿唐潔，典史楊朗，儒學教諭吳時俊、劉禺，訓導丁鈜、黃麒，助工民人陳鑰，道士歐玄珪、蔣玄璽。

大明正德九年歲在甲戌五月吉旦立石。

謁東坡祠詩四首

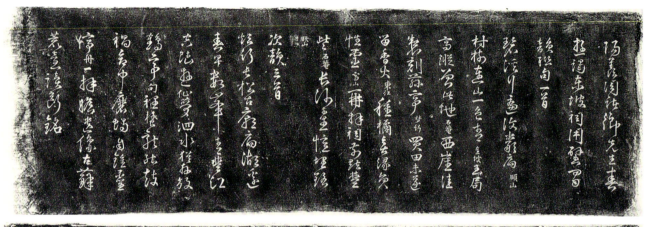

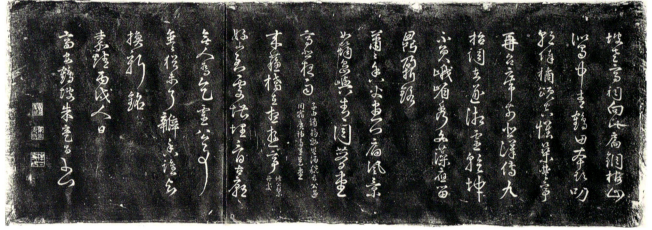

C–16

[簡稱]
謁東坡祠詩四首

[尺寸]
第一石高 29.5 釐米，寬 92.5 釐米；
第二石高 28.5 釐米，寬 91 釐米。

[刊立日期]
明嘉靖五年（1526）正月初七

[撰書人]
朱寔昌書

[保存地址]
丁蜀鎮東坡路 88 號東坡書院

[備註]
草書。刊分兩石。

陽羨同諸鄉先生春遊，謁東坡祠，用壁間韻聯句一首

碧溪行遍復巖扃（頤山），村樹連山一色青（崔坡）。玉局高蹤曾此地（石菴），西崖佳製刻蓀亭（梦竹）。買田未遂留香火（東江），種橘無緣負性靈（高山）。再拜祠前弦楚些（石菴），長沙千里憶埋銘（頤山）。

次韻三首

煩竹長松古廟扃，湖邊春早數峯青。楚江空賦遊仙夢，泗水猶存放鶴亭。句裡蟄龍能鼓禍，命中磨蝎自鐘靈。停舟一拜瞻遺像，古蘇荒臺讀斷銘。

坡老齋祠向此扃，銅棺山似蜀中青。鶴田本欲叨朝俸，《橘頌》空惟築楚亭。再召席前悲漢傳，九招詞在逐湘靈。乾坤不負峨嵋秀，文藻應留鼎鼐銘。

蕭蕭香火晝門扃，風景如筠島嶼青。同夢堂高悲夜雨（子由謫均州盐酒稅長，公過同宿廣福寺有芝堂），來蘇橋在想遊亭（坡公系舟虜）。好山到處堪埋骨，古廟無人為乞靈。公事虽虽猶未了，瓣香誰知換新銘。

嘉靖丙戌人日。

高安鶴坡朱寔昌書。（印：鶴瑕、朱士光氏、林下史印）

晉平西將軍周孝矦誄

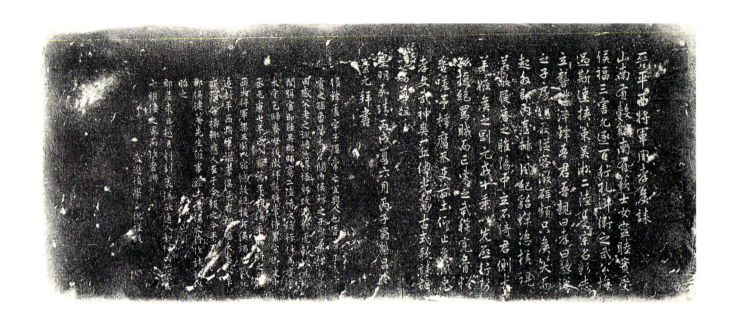

C-17

[簡稱]
周孝侯誄

[撰書人]
冷宗元書，白悅跋。

[尺寸]
高40釐米，寬94釐米

[保存地址]
宜城街道東廟巷周王廟

[刊立日期]
明嘉靖五年（1526）六月

［備注］

嘉慶《增修宜興縣舊志》卷九載：周平西廟碑……一孝侯誄辭，嘉靖丙戌常州知府夏某撰，冷宗元書，白悅跋……以上十三碑並樹殿內及殿前軒左右壁。（其中四碑今佚）

光緒《宜興荊谿縣新志》卷十載：《周孝侯誄石刻》，冷宗元書，白悅跋。舊志碑刻注云"常州知府夏某撰"，今按：石刻冷侯署名云"嘉靖丙戌夏六月丙子，（知常州府事）蜀榮昌冷宗元拜書"，則常州知府即冷侯也。舊志作"良某"者，蓋以白氏跋中有"今年夏，吾郡侯健菴先生蒞事斯土，景侯之行，作誄詞以昭之"，所稱"健庵"即冷侯字，舊志不案，乃以"夏"字下"吾"字漫漶，"郡侯"上又空一格，疑此二字為郡侯字號，而並以"夏"字為郡侯姓也。又嘉靖丙戌為五年，考陳玉璂（康熙）《府志》，正德十年，常州府同知有冷宗元，嘉靖四年知府為申綸，六年知府為張大綸，而五年知府冷宗元不載，蓋以隸任一載，歷時未久，或係權篆，遂從其略。古人謂金石文字可以補史乘之闕者，此也。

民國《光緒宜荊續志》卷十二載：周孝侯廟石刻，冷宗元誄詞，《新志》署名上有"知常州府"四字，原刻無之，誤。

［碑文］

晉平西將軍周孝侯誄

山南有穀，谿南有蕨。士女盍睦，實受侯福。三害允逐，百行孔淑。衛之武公，悔過斯速。挾策吳淞，二陸是宗。名彰志立，礱璞淬鋒。吾君吾親，曰孝曰恭。漢之子房，□履從容。徵辟頻只，莞笑而起。外郡內臺，赫赫風紀。貂蟬恣橫，視若敝屣。唐之睢陽，中立不倚。君側犬羊，嫉侯之剛。元戎十乘，以先啟行。勢孤援絕，罵賊而亡。宋之武穆，冤骨猶香。嗟予樗腐，忝吏茲土。仰止侯風，忠孝文武。神爽一丘，休光萬古。式歌誄詞，以薦尊俎。皇明嘉靖丙戌夏六月丙子，蜀榮昌冷宗元拜書。

侯諱虜，字子隱，常之宜興人也。晉廣平太守賓之孫，番陽太守關內侯魴之子。少勇悍好武，因感父老之諷，幡然悔悟，躬跋涉，射虎斬蛟，為鄉閭弭害，即往吳郡師事二陸，博文脩行。仕為廣漢太守，乞歸養母。後徵拜散騎常侍，累官御史中丞。元康七年，氐人齊萬年叛，侯率師討之，時征西大將軍梁王肜以宿憾故絕援兵，侯竭力戰死，追封平西將軍，謚"孝侯"。邑有祠墓久矣，水旱疾疫，每禱輒應，人至于今賴之。今年夏，吾郡侯健菴先生，蒞事茲土，景侯之行，作誄詞以昭之。郡侯來且越月，劃則裒偽，政通人和，境內帖服，蓋亦繼侯之風而作者與？武進後學白悅謹跋。

重建周孝侯廟記

C-18

[簡稱]
重建周孝侯廟記

[尺寸]
高 188 釐米，寬 86 釐米，厚 86 釐米

[刊立日期]
明嘉靖四十五年（1566）七月十六日

[撰書人]
萬士和撰，董良史書丹并篆，楊準篆額，黃岳鐫。

[保存地址]
宜城街道東廟巷周王廟

[備注]
碑身上部橫裂。
形制罕見，呈方柱體，碑首正面淺浮雕雙鳳朝陽紋，其他三面淺浮雕雙鶴雲紋（未拓）；碑身一面刻銘，四邊剔地平雕雲紋，其餘三面光素。

[文獻著錄]

萬曆《重修宜興縣志》卷六載：至嘉靖間，道人史普海募資創建前殿，改立石柱、兩院、寢室，並加脩葺。萬士和記（錄文錯漏頗多）。

嘉慶《增修宜興縣舊志》卷九載：周平西廟碑……一嘉靖四十五年萬士和撰，董良史書……以上七碑並樹廟門及西廊壁。（其中一碑今佚）

重建周孝侯廟記

　　吾邑周孝侯廟，創自晉；人蓋舉以死勤事、禦災捍患之典也。厥後屢修屢圮，或出於公，或出於私；若宋董純儒、沈德遂之再新侯廟，其始蓋行之夢寐間，豈侯精神之感召固如此哉？今道人史普海、朱明恩者，止因初裝一念，遂不可遏；然創易石柱且木植磚甓務為堅久，工鉅而費不貲；普海至以身繫鐵索，不能償所負商賈，蓋久之而始完，其勤如是。余目擊其事，感而嘆曰：陽羨溪山洞壑勝甲東吳，然人物之魁奇瓌瑋者，上下數千年間，寥寥然一孝侯而已！侯少年任俠跅弛、不就繩墨，一旦曰父老之言，洗涮舊習，挺身與猛蛟惡獸戰於深山大澤之中，搏而除之；自古改過之勇，其有如侯者乎？！及其師事二陸，學問過之；歷官漢荆，忠信明斷，人心歸附；入為中丞，按梁王肜不法。遡侯平日所為，心地洞達，無纖芥私曲；蓋其氣剛勁果決，不但嫿婉閃縮之態不作於心，即覺知思慮之用，或當機而回互，或應物而有遷，侯一無是焉，此勇者至道之效也；侯之表見千古、感召人心者，其在茲與？至於臨陣死戰，非侯之所難也。余嘗謂人心之靈、意之所動，鬼神淂而知之，匹夫匹婦淂而知之，有不可掩者。侯平生心事，大與關雲長相類；二公死後，人咸傳其為神；雲長之靈遍有顯應，而侯之保祐吾邑者不一而足。此其事近迂，然千萬人之所嚮慕者，即神之所在也；二公彊直壯勇之氣，鬼神知之，匹夫匹婦知之。語曰“千人所指，無病而死”，聚億兆之精神於一人而曰無感召者，無是理也。然曰感召而尊侯，則其知侯也淺；曰精神而淂侯，則其知侯也深。故普海之裝念，不過修侯之廟貌；而我輩之裝念，且欲追侯之為人。彼知過而不改也，改而不勇也，心術之邪曲回護也，與人不信而臨事不忠也，持此以追侯之為人，遠矣！而我輩往往自蹈此弊，無勇敢直前之氣。則是普海知侯之淺者，以身繫鐵索，期於必成；我輩知侯之深者，竟不能勇迅激昂，以期于有成也，此其志與普海何如哉？嗚呼！以陽羨之勝，上下數千年而寥寥然唯一孝侯，吾輩可以愧矣！故記之以志吾感。重建之年月始於嘉靖庚戌，畢於丙寅。耆民趙果協力助工，三年不輟，亦普海之流，已故。道會蔣玄璽及其徒蔣用冲，皆助工力與倡此舉，例宜淂書。

　　大明嘉靖四十五年歲在丙寅秋七月既望。

　　賜進士出身都察院右副都御史前翰林院庶吉士邑人萬士和謹譔，吳郡董良史書丹并篆，賜進士出身福建布政使司左叅政邑人楊準篆額，住持黃純元，黃岳鐫。

重刻晉周孝侯碑

C-19

[簡稱]
重刻周孝侯碑

[撰書人]
陸機撰，王羲之書，周天球摹，萬士和、吳馭等識，吳應祈刻。

[尺寸]
高 185 釐米，寬 111 釐米，厚 21 釐米

[保存地址]
宜城街道東廟巷周王廟

[刊立日期]
明萬曆十年（1582）六月

[文獻著錄]

萬曆《重修宜興縣志》卷六載：萬曆壬午，邑人吳詹薄馭過吳門，購得宋拓唐刻舊本，丐善書周天球摹勒於石，為亭樹之。萬士和跋（錄文雖有訛誤，幸可資校補）。然元人據《晉史》與碑載事跡多所舛異，及侯之死與作碑年月先後不次，並其文與字兩病之，遂疑其贗。邑人王升因為之考（略）。

嘉慶《增修宜興縣舊志》卷九載：周平西廟碑……一周天球重書陸機文，碑字多缺……以上十三碑並樹殿內及殿前軒左右壁。（其中四碑今佚）

重刻晉周孝侯碑（篆額）

晉故散騎常侍新平廣漢二郡太守尋除楚内史御史中丞使持節大都督

塗中京下諸軍事平西将軍孝侯周府君之碑

晉平原内史陸機撰

右軍将軍王羲之書

君諱處，字子隱，義興陽羨人也。氏胄曩興，煥乎墳典；華宗往茂，囂其簡書。啓三十之洪基，源流之鼎；運八百之遠祚，枝葉封桐；軒盖烈於漢庭，蟬冕播於陽羨。《二南》之價，傳不朽而紛敷；《大護》之音，聲無微而必顯；山高海闊，其在斯焉。祖賔，少折節，早亡；吳初召諮議參軍，舉郡上計，轉為州辟從事、別駕、步兵挍尉、光禄大夫、廣平太守。父魴，少好學，舉孝廉；吳甯國長、奮威長史、懷安、錢唐縣侯，丹陽西部属國都尉，立節挍尉，拜裨将軍、三郡都督、太中大夫、臨川、預章、鄱陽太守，晉故散騎常侍，新平、廣漢二郡太守，封關内侯。簪綬揚名臺閣，標著風化之美；奏課為能，應往路諞；亭亭孤美，灼灼横劭。徇高位於生前，思垂名於身後；遂以卒意不違，應期出輔。洋洋之風，俯冠来葉；巍巍之盛，仰繼前賢。君乃早孤，不弘禮制，年未弱冠，旅力絕於天下，妙氣挺於人間。騎獵無儔，時英式慕；縱情寡偶，俗弊不欣；鄉曲誣其害名，改節播其聲譽。遂来吳事余厥弟，驟然受誨，向道朝聞。方勵志而淫詩書，便好學而尋子史；文章綺合，藻思羅開。吳朝州縣交辟，太子洗馬、東觀左丞、中書右丞、五官郎中、左右國史，靖恭夙夜，恪居官次。遷大尚書僕射、東觀令、太常卿、無難督。匡熙庶績，朝廷謐寧，使持節大都督塗中京下諸軍事，封章浦亭侯。國猶多士，君實得賢；汪洋廷闕之旁，昂藏寮宷之上；射獸功猶見顯，刺蛟名乃遠揚，忠烈道自克修，義節情還永布；琳琅杞梓，珪璧棟梁。君著《默語》三十篇及《風土記》，並撰《吳書》。於是吳平入晉，王渾登建業宫，釃酒既酣，乃謂君曰："諸人亡國之餘，得無戚乎？"君對曰："漢末分崩，三方鼎立，魏滅於前，吳亡於後，亡國之戚，豈唯一人！"渾乃大慙。仕晉，稍遷捴統，初入拜諮議郎，除討虜護軍、新平太守，撫和戎狄，叛羌歸附，雍士美之。轉為廣漢太守，郡多滯訟，有経三十年不決者，處以詳其枉直，一朝決遣。以母年老而罷歸，尋除楚内史，未之官，徵散騎常侍，處曰："古人辭大不辭小。"乃先之楚。而郡既經喪亂，新舊雜居，風俗未一，處敦以教義，又檢屍無主及白骨在野，收而葬之，然以就徵，遠近稱歎。及居近侍，多所規諷。遷御史中丞，正繩直筆，凡所糺劾，不避寵戚；梁王肜違法，處深文案之。及氐人齊萬年反，朝臣惡其強直，皆曰："處，吳之名将子也。"忠烈果毅，庶僚振肅；英情天逸，遠性霞騫。陝北留棠，遂有二天之詠；荆南度虎，猶標十部之書。尋轉散騎常侍、輕車将軍，廻輪出於新平，士女揮淚；褰帷望於廣漢，雞犬靡喧。振茲威略，宣其惠和；晉京遙仰，部從近欽。是時，氐賊作逆，有眾七萬，屯於梁山。朝廷推賢，以君才兼文武，詔授建威將軍，以五千兵奉辭西討，忠槩盡莭，不顧身命。乃賦詩曰："去去世事已，策馬觀西戎。藜藿甘粱黍，期之克令終。" 言畢而戰，自旦及暮，斬首萬計；弦絕矢盡，播系不救。左右勸退，虜按劍怒曰："此是吾效莭授命之日，何以退為！我為大臣，以身殉國，不亦可乎！" 韓信背水之軍，未遑得喻；工輸縈帶之勢，早擬連蹤。莫不梯山架壑，襁負来歸，戎士扞其封疆，農人展其耕織。秋風颸起，追戰勇扵雷霆；春水方生，揮插同扵雲雨。立功立事，名臣名將者乎！

元康九年，日疢增加，奄捐館舍，春秋六十有二。天子以大臣之葬、師傅之礼，親臨殯壤。建武元年冬十一月甲子，追贈平西將軍，封清流亭侯，謚曰"孝侯"，禮也。賜錢百萬，葬地一頃，京城地五十畝為茅，又賜王家田五頃。詔曰："虜母年老，加以遼人，朕每懇念，給其醫藥酒米，以終天年。" 以太興二年歲在己卯正月十日，葬扵義興舊原。南瞻荆岳，崇峻極之巍峩；北睇蛟川，濬清流之澄澈。

娶同郡盛氏，有四子：靖、玘、札、碩，並皆至性純孝，過禮喪親。墳前之樹，染淚先枯；庭際之禽，聞悲乃下。遂作銘曰：

周南著美，岐山表霊。葉繁漢室，枝茂晉庭。皎皎夫子，奇特播名。幼有異行，世存風烈。早馳問望，晚懷耿莭。頗尚豪雄，昇名禁闕。捨爵榮勳，允歸明哲。輝赫大晉，封豕多故。式揚廟略，克清天步。海濱既折，江淮亦泝。漢水作蕃，條章斯布。俗哥挭日，人謠何暮。忠貞作相，追蹤絳侯。將亭嘉茂，遽掩芳猷。潛光陽甸，返斾吳丘。舊闗雖入，鄉路冥浮。茇榮制墓，終非書遊。春塘以綠，清淮自流。深沉素幰，繚繞朱旒。玄堂寂寂，黃泉悠悠。書方易折，冢楬難留。鐫茲幽石，萬代千秋。

[題跋]

周孝矦生與士衡、逸少同時，死得陸文、王書，真千載不朽盛事。余少過荆溪，拜侯祠下，讀其碑，辭多舛誤，書復蠢俗，心疑之。甞檢陸集，文不類見，而附綴集尾，內載"弦絕矢盡，効莭授命"，下又云"元康九年，奄捐館舍"，抑何前後不相蒙如此？侯陣歿之年，盛被郵典，而追封孝侯，則在建武之初，時陸已及成都王穎之難，□□□□□□□□或出偽撰，尚俟博雅者考之。王書鑒定裒集《蘭亭》《聖教序》諸帖字成之，謂自右軍手筆，□□□□至唐元和間，邑令陳從諫重刻晉體，故□□□□□刻乃仍右軍之名，易□□□□□□□憾。吾友荆溪吳詹簿馭□雅好□購得宋搨唐刻善本為粥洞庭堅珉，属人雙鉤填廓付良工刻之，蓋□□□□孝侯之祠□□□□□□□□□□□□尊尚晉體，而此刻書法具存，完整可誦，嘉惠學者，當不在《聖教序》□□，萬曆辛巳□□□□□□。

《周孝侯廟碑》跋：

語云："玉蘊山輝，珠含澤媚。"夫珠玉猶然，而況文獻之至寶乎？地靈以人傑增重，山川以文字煥發，若羊叔子堕峴山之淚，顏魯公磨浯溪之崖，二地曰以著名，此其為寶，豈珠玉可比哉？吾宜，古陽羨地，峰巒洞壑之奇，澗溪巨浸之勝，山水聚焉。然上下數千年，人物寂寥，獨周孝侯崛起晉紀，有改過徙義之大勇，有嗣父死君之大節，蓋出類離群烈丈夫也。至今兒童牧豎，皆能誦之，凜凜猶有生氣。孝侯之死，陸平原為之碑，王右軍為之書，平原卓冠一時，右軍獨步千載，此其文翰亦豈易得。廟中有是，可謂二絕，其為陽羨之光，不既多乎？碑舊置兩廡壁間，失於愛惜，年深筆畫漶漫，幾不可辨，宮簿少溪吳君馭惻然曰："此邑寶也，何以至是！"乃往吳門求得墨刻初本，筆跡如新者，乞騷客周君天球手摹一過，付之良工，重勒于石。周君以書擅吳下，故能纖毫不失右軍意，宮簿君復作亭以蓋之，期于永久。嗚呼！照乘之珠，夜光之璧，寶矣！然欲得之者尚可求也，即求得之，何關於地方輕重？豈若茲文獻之珍，何處可求為地方之光彩哉？宮簿可謂知所寶矣。萬曆壬午季夏，邑人萬士和識。

周孝侯有功於宜興，文獻可質，其陸平原碑、王右軍書，世尤重之，碑已再易，不但喪真，且將毀矣。余至吳下，偶得宋搨全帙，即求周公瑕摹勒登石，鋒毫秀整，法意俱存，煥若神明，頓還舊觀，復乞宗伯萬履菴公跋後，以永其傳，以彰吾邑盛事，謹識於後，邑後學□□□□。

姑蘇吳應祈刻。

移建英烈坊碑銘

C-20

［簡稱］
移建英烈坊碑

［尺寸］
高 227 釐米，寬 85 釐米，厚 23 釐米

［刊立日期］
明萬曆二十年（1592）八月

［撰書人］
徐顯卿撰，周國寶書丹并篆額，王炤鐫。

［保存地址］
宜城街道束廟巷周王廟

［備註］
碑首高浮雕雙龍戲珠紋，四邊綫刻花草紋。

［文獻著錄］

萬曆《重修宜興縣志》卷二載：英烈坊，改廢。

嘉慶《增修宜興縣舊志》卷九載：周平西廟碑……一萬曆二十年徐顯卿撰……以上十三碑並樹殿內及殿前軒左右壁。（其中四碑今佚）

移建英烈坊碑銘（篆額）

移建英烈坊碑銘

余少赴都，土陽羨，蓋數謁周孝侯祠；登厥丘，裹回焉，古木高森，嘅焉吊其故跡，孤城莽莽，長橋如帶，極目南山，則為之愴然，思已，又惕然省曰："嗟！余今迺知吾道頓漸之旨云。"昔孔子告問仁屢矣，獨扵顏氏子曰："一日克己復禮，天下歸仁"□□頓教也。孔子天縱，其自敘十五逮七十聖功不驟，然他日曰："朝聞夕死，可矣。"抑何頓也？自古忠臣烈士，雖曰難得，顧亦無代蔑有，獨孝侯大勇自新，劃然兩截。譬若陰霾甚霧蔽空，颯爾大風震蕩，一瞬之頃，白日光被；譬若蒙不潔者，□□不于盤盂，不于潢潦，猛自濯于江漢滄海、橫流迅湍之中，蕩滌無餘，此非亙古今之大勇不能也。何以故？語曰："理□□□事□漸脩。"今也頓其理，并頓其事；黎明路大昕，濟頓之時義大矣。假令侯在七十子列，則季路哉？余自萬曆五年買田陽羨，七年館吳氏，所逾三載，還朝十六年，請假扶侍太淑人歸，始于長橋南折而東定居。曁開府周君繼、侍御李君堯民，謂不佞顯卿，天子講幄臣也，檄有司建坊表宅，余謝主臣："歲大侵，吾不敢以私故費財，重壆我邑中父老子弟，敢辭。"兩使君曰："□饑民□食不亦惠乎。有司賑饑不費，饑民以代耕也，奚憚壆勞，是不足辭。"則又謝，則又請，固以辭。則邑大夫且出令庀材鳩工，□余迺寓書兩使君曰："重拜命之辱，唯是陽羨蕞爾，僻在一隅，而長橋名滿天下，則以周孝侯故嘗斬蛟處，當此風俗澆靡，有能慕孝侯萬一，庶幾頑廉懥立哉。今祠宇荒落，過瞻興嗟，合無移建孝侯廟門之外，仍前代賜額曰"英烈祠"，大厥觀焉。自茲當有葺其堂廡、新其廟貌者，威靈如在，足以砥礪人心，是大有造茲邑。且不佞獲竊附姓名識歲月，是終拜使君之惠也。"兩使君報可。越明年，厥功告成，系之銘曰：

赫赫侯名，奕奕侯祠。天風肅揚，侯之遐思。巉彼南山，混彼長橋。蛟何蟠孽，虎何魗虓。斬之殪之，匪力則驍。烈士心競，三害斯蕘。日不再蝕，萬古為昭。侯伐西戎，旌旗煇煇。疊鼓闐闐，聲聞于天。矢身成身，其直如弦。侯兮歸矣，靖我故土。下上星辰，激而風雨。有培松柏，有嚴伏臘。欻其長虹，光排閶闔。伐石崔嵬，伐木櫹槮。天半穹坊，弭節逍遙。望而可即，即而彌高。

萬曆二十年歲次壬辰仲秋吉旦，賜進士出身通議大夫吏部右侍郎兼翰林院侍讀學士國史副總裁記注起居經筵日講官長洲徐顯卿譔，本邑舉人署桐鄉縣儒學教諭事周國寊書丹并篆額，時年八十有二。鎸人王炤、住持道士□□□。

雲䍐周氏祠堂記

C-21-1

[簡稱]
雲䍐周氏祠堂記

[尺寸]
高 302 釐米，寬 124 釐米，厚 28 釐米

[刊立日期]
明萬曆三十八年（1610）三月

[撰書人]
潘守正撰文，陳則書丹，戴龍光篆額。

[保存地址]
環科園西汍路 89 號汍龍國際大酒店二樓，宜興周處文化
博物館（籌）。

[備注]
碑首高浮雕洞石花鳥紋，四邊剔地平雕花草紋。雙面刻銘，
背面為《雲䍐周氏第五分世系圖》。
碑原立於高塍鎮宋瀆村雲䍐周氏宗祠，建國後，因祠堂臨
河，村民以之栓繫修理船隻，碑倒地斷為兩截。2018 年 8 月，
由宜興市周處文化研究會移運今址，并拼接重立。

周氏祠堂之記（篆額）

雲簹周氏祠堂記

昔孝侯之死忠也，百世血食未艾，而國山周廼其後裔也。由蒲墅徙居雲簹，自離南公諱宗廉、國陽公諱宗廕始，其後分徙，若宋瀆、南門、□□，散處不一，今里居者，國陽公之後第五子瀋祥公諱文亨一支，其人咸親遜雍睦，屢世間未有以浮薄之習聞者，吾邑稱良族云。余婿翁鳳儀公更思維持之術莫急於□□，于今上之癸卯，與後泉儵丸公等□議，□族人□□□□，因為之序名，以辨分勒，戒以飭規，圖垂不朽。自是歲時致享，靈爽憑依，洋洋如在上矣！薦馨飲惠，子姓咸集，油然一本之敦敘矣。且其成材有教，貧困不支者有助，宣淫越志、犯上凌尊有懲，雍雍釀仁，讓之淳風矣！余竊聞其事而慨慕鳳儀公誠繼述賢丈夫哉！然吾尚謂僅足明今日之繼述，猶未足償累代之世澤也。嘗讀《平西將軍傳》，想其精忠節義亙天壤而昭日月，豈徒廟食茲土，後不乏祀，遂可彰善報，是（百）世著閥、閱代有簪纓，所謂培植厚而發祥弘者。然按其世譜，唐、宋間固多隱君子，自宣和進士薦惠公葵後八世至國陽公廕，國陽公徙至今，又歷十世，□□□□□□□，積善之家，必有餘慶，屢代□□，其後必昌，當必有峥嵘卓犖、掀揭乾坤如孝侯其人者，更恢而大之矣！余觀周氏之宅於雲簹者，崇儉敦厚，以仁讓相先，能不失孝侯遺意，茲且英英濟濟，蔚為多才，豈非天實篤生之？而所望與孝侯相暉映者其在斯乎？祠成乞余記，余無能為記，弟以所聞國山世系者，實出自孝侯，特為揚而誌之。今祠以別子為祖，則國陽公始；以繼別為宗則自瀋祥公始。雖不及上祀孝侯，而孝侯有後若此，其精神血脉亦可卜其不隔矣！斯舉也，萃渙合離，孝思誠遂，然有倡之而基始肇，必有繼之而業益光。今當事者協力振作，為族粲先，嗣茲而增修令緒，無忝前人，并以望後之君子。

時萬曆三十八年歲次庚戌季春吉旦。

賜進士出身奉訓大夫南京户部福建清吏司員外郎邑人潘守正撰文，莊村陳則書丹，濶陽戴龍光篆額，族長縈等、宗孫中立同建。

雲靄周氏
第五分世系之圖

C-21-2

[簡稱]
雲靄周氏第五分世系圖

[撰書人]
陳則寫

[備注]
碑首高浮雕雙鳳朝陽紋，四邊剔地平雕螭龍及花草紋。

［碑文］

周氏世系之圖（篆額）

雲靄周氏第五分世系之圖

萬曆庚戌暮春，莊村陳則寫。

一世：宗廕（與兄宗廉同自蒲墅徙居雲靄，是為始祖。宗廉係前分，其世系另叙，不在此圖）公配盧氏，生五子：文乾、文元、文俊、文傑、文亨，分為五支，因不合祠，凡不在祠内者不叙，惟文亨一支俱叙圖内。

二世：文亨，宗廕第五子，配蕭氏。

三世：遂榮，文亨長子，配王氏。

四世：鉞，遂荣長子，配李泰女；鑕，遂荣次子，配徐氏。

五世：山，鉞長子，配塘門劉太女；葑，鉞次子，配張氏；崙，鉞季子，配吴氏，繼孫氏，又張氏；岩，鑕子，配戴氏。

六世：相，山長子，配宋瀆吴氏；檄，山仲子，配塘門陸鶴女；林，山季子，配黄干杜炤女，繼青氏；棟，葑長子，配趙庄徐氏；植，葑次子，配滆南王氏；樌，葑三子，配蒋氏；懋，葑四子，配潘氏，繼余氏；楠，葑五四，配尹氏；格，崙長子，配白塔蒋莔女；楊，崙二子，配塘門陸鵠女；柱，崙三子，配北門許章女；梯，崙四子，配宋瀆錢氏；檠，崙五子，配亳村吴啟隆女；椟，崙六子；檯，岩子，配尹氏。

七世：勳，相長子，配黄干杜焜女；于德，相次子，武庠生，配敕贈奉議大夫俞仕女，繼吴氏；于誠，相三子，配李、梁氏；杰，相四子，配溧陽葛橋女；烈，檄長子，配黄干杜禮女；于仁，檄次子，邑庠生，配城塘蕭輝女；于義，檄三子，配祝陵邵氏；于禮，檄四子，配城塘吴氏；于紀，檄五子，配王氏，繼陳庄丁氏；于藩，檄六子，配伏溪徐氏；于詢，檄七子，府庠生，配庠生梅村王與封女；于忠，林長子，配邵氏；于信，林次子，配亳村吳懋謙女；于熙，林三子，配塘門陸之奐女；于訒，林四子，配黄干杜準女；謙，棟子，配蒋氏；鰲，植長子，配陸氏；熹，植次子，配俞氏；于経，樌長子，配郭氏，與弟維、純俱徙彭庄；于維，樌次子，配蒋氏；于純，樌三子，配吳氏；于敬，懋長子，配湖頭史氏；于遜，懋次子，配尹氏；彝，楠長子，配蒋氏；叙，楠次子，配陸氏；于禎，楠三子；于紳，楠四子；于正，格子，配陸氏；于讓，楊長子，配曽氏；于詳，楊次子，配畢氏；于瑞，楊三子，配黄氏；于訥，楊四子，配黄干杜氏；于道，柱子，配許氏；于煒，梯長子，配亳村尹氏；于煌，梯二子，配陸氏；于炳，梯三子，配杜氏，于烶，梯四子，配錢氏；于用，檠長子，配亳村陳氏；于福，檠次子；于儉，椟子；炯，檯子，配亳村吴氏。

八世：中立，勳長子，太學生，配西門屠道成女；中行，勳次子，配蕭氏，繼黄干杜莊女；中孚，德長子，配城塘吳氏；中睿（德生），誠嗣子，邑庠生，配亳村貢生尹伸女；中欽，誠次子，配百瀆庠生杭立政女；中啟，杰長子，配陳庄府庠生丁域女，又黃氏；中敏，杰次子，配杜氏；中一，杰三子，配瀆南黃應祥女；中復，烈子，配夾山王氏；中明，仁長子，府庠生，配西關萬杲女；中偉，仁次子，配亳村庠生吳朝聘女；冕，仁三子，聘吳氏；中坦，義長子，配戴氏；中翰，義次子，配吳氏；中裕，義三子，配單氏；中良，義四子，配陸氏；中穎，義五子，聘陸氏；中晶，義六子，聘蔣氏；憲明，禮子，府庠生，配亳村尹氏；中振，紀長子，聘張氏；中發，紀次子；中省，紀三子；暹，于藩長子，聘汾水里王化育女；晟，于藩次子，郡庠生，聘南庄庠生呂元調女；昂，于藩□子；鎬儒，信生，忠嗣子，配水西王思竇女；鎬彥，信長子，聘高城蔣氏；鎬寔，信二子，聘塘瀆談氏；鎬師，信三子，聘黃干杜氏；中允，訒長子，聘狄溪庠生徐紹淮女；中貞，訒次子，聘寺前圩□垂孝女；中望，謙長子；中接，謙次子；中益，謙三子；中國，鰲長子；中華，鰲次子；中卿，熹長子；中定，熹次子；中興，熹三子；中積，経子；中睦，維子；中尚，敬子，聘許氏；中御，遜子；中湛，彝長子；中凝，彝次子；中吉，叙長子；中慶，叙次子；中昇，正長子，配蔣氏；中選，正次子，配蔣氏；中慧，讓長子；中愿，讓次子；中應，讓三子；中愈，詳長子；中恕，詳次子；中愍，瑞長子；中慰，瑞二子；中慈，訥長子；中悉，訥次子；中志，煒長子；中惠，煌子；中愨，炳長子；中慜，炳次子；中茚，烱子，配蔣氏。

九世：京，立長子，廩生，配户部員外潘守正女，子化溥；亮，立次子，配貢生堵應科女，子化洽；方，立三子，聘黃干杜華芳女；雍，立四子，聘狄溪庠生徐紹瀛女；兗，立五子，聘孝廉桂塘陳景源女；永，立六子；新，行長子，邑庠生，配白茫潭許用章女，子化淳；襄，行次子，聘在城太學生吳正學女；玄，孚長子，配趙庄徐氏；郊，孚次子，聘孫允文女；育，睿長子；斌，睿次子；裔，欽子；竑，啟長子，丁氏生；端，啟次子，黃氏生；靖，敏子；度，復長子，聘水西王允中女；廣，明長子；廣，明次子；俞，偉長子；頌，偉次子；康，坦子，聘吳氏；序，翰子；袞，裕子；祚，憲子。

宗孫中立建。

琅玕曹氏鄉科歲貢題名匾

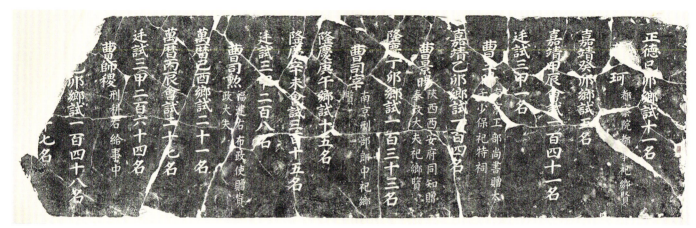

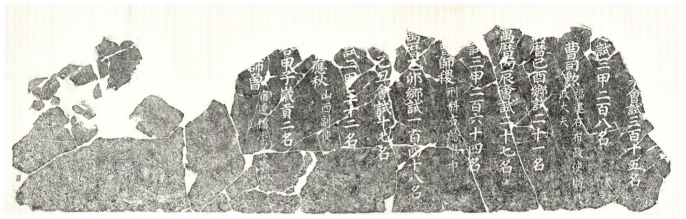

C-22

[簡稱]
琅玕曹氏鄉科歲貢題名匾

[保存地址]
楊巷鎮英駐村瑯玕馬燈陳列館

[尺寸]
高 58 釐米，寬 198 釐米，
厚 19.5 釐米

[備注]
破碎百餘塊，且有殘缺，2019 年
8 月 26 日修復。
雙面刻銘，殘缺匾文依據萬曆、
天啟年號推算校補。

[刊立日期]
明天啟五年（1625）後

正德己卯鄉試十一名曹珂，都察院都事，祀鄉賢。

嘉靖癸卯鄉試五名、嘉靖甲辰會試一百四十一名、廷試三甲一名曹三暘，南京工部尚書、贈太子少保，祀特祠。

嘉靖乙卯鄉試一百四名曹景暘，陝西西安府同知、贈奉政大夫，祀鄉賢。

隆慶丁卯鄉試一百三十三名曹司宰，南京刑部郎中，祀鄉賢。

隆慶庚午鄉試十五名、隆慶辛未會試三百十五名、廷試三甲二百八名曹司勳，福建右布政使、贈資政大夫。

萬曆己酉鄉試二十一名、萬曆丙辰會試二十七名、廷試三甲二百六十四名曹師稷，刑科右給事中。

（萬曆）乙卯鄉試一百四十八名、（天啟乙丑會試）十七名、（廷試二甲三十二名曹應秋，山西副使。）

背面：

（隆慶辛未）會試三百十五名、（廷）試三甲二百八名曹司勳，福建右布政使、贈資政大夫。

（萬）曆己酉鄉試二十一名、萬曆丙辰會試二十七名、（廷）試三甲二百六十四名曹師稷，刑科右給事中。

萬曆乙卯鄉試一百四十八名、（天啟）乙丑會試十七名、（廷）試二甲三十二名（曹）應秋，山西副使。

（天啟）甲子歲貢二名（曹）師曾，宿遷儒學教諭。

立碑孫男靖

C-23

[簡稱]
□靖立永守房產碑

[尺寸]
高 148 釐米，寬 68 釐米，
厚 26.5 釐米

[刊立日期]
明崇禎三年（1630）四月

[保存地址]
宜城街道東廟巷周王廟

[備註]
上端及兩邊緣剔地平雕卷
草紋。
2012 年 5 月，宜興市文管
辦於丁蜀鎮徵集。

立碑孫男靖

　　祖父諱相，字良臣，號後菴，娶亳村陳氏，生五男：長鰲，次魚，三羔，四黔，五點。吾父點，字世明，號小菴，娶城塘吳氏，生三男：長素，邑庠生；次表；三靖，鄉賓儒士。素生子銳明，表生子銘新，靖娶龍亭王氏，無子，立鰲伯次孫公錫為嗣。父建業創造廳堂樓房壹所，約價貳千餘金，分授兄弟三人。不幸兩兄蚤世，貽授二侄，乃二侄少不更事，將祖貽房産輕棄。靖痛念先人數十年勤勞，二侄遂傾于一旦，靖維勤維儉，極力謹守，獨存壹分，庶不墮富豪吞併之謀。年近八旬，慮後紛爭，靖同親族公議，將房産分授三人，另立分闋，各執為照。內止存圓堂壹間、後堂正間壹間，為祖父及四位親伯公祠。其分授房産，止許三人永遠世守，不許變賣。如有不肖子孫，違命盜賣，致祖宗無血食之需、神主無棲佇之所，先靈抱恨于泉下，許諸人告官懲治，逆賊即時逐出，亦為五分公□。能遵命而守成者，照舊安居，毋得波及無辜，以彰善惡之報，樓路亦為公業。計開：唐氏膳田壹拾貳毗柒分伍厘，待唐氏終年，其同歸于本祠，三人輪年收管，永脩每年春秋祭掃之儀。不許兒孫輩欲速利産，妄生議論，逼逐唐氏。如有此等，即為逆論，其四分子孫神主毋擾入。

　　峕崇禎三年歲次庚午清和月吉旦立。

周淳誥命碑

C-24

[簡稱]

周淳誥命碑

[尺寸]

高 258 釐米，寬 106 釐米，厚
24 釐米

[刊立日期]

明崇禎五年（1632）四月三十日

[撰書人]

周家謨附識

[保存地址]

宜城街道東廟巷周王廟

[備注]

碑首高浮雕雙龍戲珠紋。

[文獻著錄]

康熙《重修宜興縣志》
卷八有周淳傳。

奉天誥命（篆額）

　　奉天承運皇帝，制曰：瀰天之霖，蒸於膚寸；連雲之構，托於崇基。故夫來哲有興，則椒條賦其蕃實；前徽未墜，則瓜瓞追其本初。未有孫謀，不緜祖烈。爾原任河南開封府太康縣知縣、累贈光禄大夫、柱國、少保兼太子太保、戶部尚書、武英殿大學士周淳，乃光禄大夫、柱國、少傅兼太子太傅、吏部尚書、建極殿大學士延儒之祖父，古遺直臣，民眞父母。聞道最蚤，主賓師友，聚乎東南，作吏無他，忠孝廉節，洌之左右，本諸窮理，所以宜民。而世慕折腰，人推疆項。繭絲非貴，誰知撫字之心？龍性難馴，更得委蛇之適。惟三黜以還初服，乃再世而發孫枝。天際看碑，卒應填金之字；殿前作賦，終成畾硯之期。勿論膏在中州，預兆商巖之霖雨；即其狀懸東壁，宛傳黃閣之清風。今幸六符漸平，五辰就撫，有如親承其嘉績，恨□□□其幽馨。爾惟天爵有餘，何愧爲伊家之祖？朕幸儒風未泯，更欣得董子之孫，有開必先，無德不報。茲用加贈爾爲光禄大夫、柱國、少傅兼太子太傅、吏部尚書、建極殿大學士，錫之誥命。發魏喜之故笏，埒彼甘棠；遡杜氏之寶田，睠茲豐芑。

　　崇禎五年四月三十日。

　　此前明益齋相國之大父誥命碑也，向有專祠，燬於兵火，暫移於此，將來祠宇重修，仍當遷去。壬寅三月，侯裔家謨附識。

旌表杭烈女傳

C–25

[簡稱]
杭烈女傳

[尺寸]
高 172 釐米，寬 76.5 釐米，厚
33 釐米

[刊立日期]
明崇禎十年（1637）十二月

[撰書人]
陸完學撰并書，陸卿鴻識，陸
卿鵠識并書，朱士松鐫。

[保存地址]
周鐵鎮分水村杭氏宗祠。

[備注]
碑文行書，分成五段排列。

[文獻著錄]

萬曆《重修宜興縣志》卷七載：杭校，嘉靖二十年貢。卷八有杭烈女傳。

康熙《重修宜興縣志》卷八載：萬曆戊午，杭氏壻陸完學言於朝，奉旨旌表。又二十年，完學作《烈女傳》，其子卿鴻、卿鶚勒石。

《分水村志》第十二章輯錄碑文（附識略），有多處錯訛。

[碑文]

旌表杭烈女傳

均，女師也。唱随久而髦髦是矢，猶情摯所鍾；若未儷遇變而從容自決如杭烈女者，尤奇矣。杭，宜興聞族也；女父貢生，名校；以女字武進前埠楊墉之子鎮。楊業中消，復相攸於錫山華氏，女年甫十二，已曙不更二之旨。墉訟之蔡兵使，判女歸楊，而墉竟懣於訟，旋卒。女潛衣縞素，盖為楊婦持楊喪，弗二志也；後父欲受華聘，女容悒志堅，乃令依外家祝陵邵氏居。女聞華聘，度身弗死則弗免；先一夕以笥鑰貽邵母曰：“甥服種種，頗足御，恐為婢輩匿，乞收之。”母初不解。旭旦復告母，登樓焚香大士前，少延，呼之進糜，已投繯几跗矣。於時脋懷明鏡，水盈軍持，香烟猶裊裊拂蓮座，舉家驚慟。比啓笥，則賣衣楚楚畢具，始解其授鑰意。里戚衿绅争具詞匄旌典，杭恐碍父功名，遂掩其芳。後夫列子衿，亦懕控當事，苦無援而馳逐，終身志竟弗展。丁未，余淂雋，嘱同譜錢司字曰：“李官寔司風化，如烈女而未光旌典，非當世一缺陷乎？！”錢亦身任，而余適涖東萊，楊力綿弱，杭諸子孫又以親諱撓之，幽光幾耀而復晦。余晋夏曺，每與同舍萧大茹輩扼腕此事。後萧秉憲，吾常力任褒典，諸杭口猶喃喃也。余思，褒其女、疵其父，女心何安？余屬呈云：“父懷愛女之心，故辭貧而就富；女堅守貞之志，遂甘死以捐生。若非由父之愛，誰成女烈於當年？倘得旌女之復，亦慰父心於地下。”此丁巳九月廿二日邞刻也，稿成，早起向杭氏諸舅查女生死年月，孰意此畢稿時即女年命時，若是其巧遘哉！余嘆曰：“機緣到矣！”按院王、学院毛據呈，両疏両報“可”；宜興童令公將構坊而未逳，余為立貞珉焉。烏呼！烈女遇余亦奇矣。女砥節時，余未生也。生六歲，偶於篋笥中見先宮保聚岡公乞旌公牘，女若有靈使余心戚。先君素重名教，慨慕杭中丞嫂溪公好修，而諸孫中見溪公尤不墜家聲。因為余委禽，余後访女墓拜之，墓在中丞公諭塋偏左；時雖未旌，而一方人已素稱為“烈女墓”矣。傷哉！马鬣荆蓁，芳骨獨瘞，霜露届期，曾未有一盂黍及者。當年曹侍御慨齋公吊云“死後甘為無嗣塚，生前空負有夫名”，信矣！慘矣！余低廻愴懷，默矢曰：“余倘邀一命，必為發幽光以成先人之志！”

詎意屢舉屢輟，將百年而事乃成，則知正氣英靈終不泯也。紳衿歌詠累累，尚當梓之以示風勵，謹志。

疏畧云："杭氏玉為神骨，鐵作心肝；貞烈淳之性生，丹崖積雪；奇芳絲扵天植，紫畹生風。痛父欲寒盟，乃依棲乎舅氏；悲翁死非命，遂畢志扵所天。從容就死佛前，千秋可泣；慷慨含笑地下，萬古為昭。一點良知，能令丈夫遜席；両間正氣，豈同匹婦自経？久欝孤芳，宜昭特典；既経勘實，應賜旌揚。"奉聖旨："是，禮部知道。"賜進士出身、光禄大夫、太子太保、協理京營戎政、兵部尚書陸完學撰并書。

崇禎十年歲在丁丑季秋吉旦，錦衣衛堂上僉書陸卿鴻、廩生卿鵠立石。（印：陸完學印、鳳台、青宮太保之章），宛陵朱士松鐫。

嘗聞先端惠年未亂，見先大父請旌呈藁，即惻然扵衷；稍長，聘吾母杭夫人，遂扵媒氏詢烈女顛末，默以闡幽為己任。崇尚節義，吾父蓋性生之，□今余家三世，碑記始成，幽光顯晦，久而益奇。以是知烈女之遂旌，吾母寔為之緣；而吾母之歸陸，未必非烈女英靈作之合也。杭陸世姻，特情誼而已哉？！卿鴻謹識。

先大父聚岡公為杭烈女請旌未竟，先端惠暨先母杭夫人扼腕四十餘年，至萬曆戊午始邀俞旨，祇以闡幽芬成先志為快懷耳，豈知是載鵠生仲女，字趙未嫁，堵殀矢守，克成其節；溯厥生年，不自其先，不自其後，詠歌之者多云報施，不爽宜然。蓋先世之成吾女者，遐且深矣！卿鵠附識併書。

雲靄周氏祠規

C-26

[簡稱]
雲靄周氏祠規

[尺寸]
碑首高 74 釐米, 寬 116 釐米, 厚 32 釐米

[刊立日期]
清順治四年(1647)夏至

[撰書人]
周鼎識

[保存地址]
環科園西汆路 89 號汆龍國際大酒店二樓, 宜興周處文化博物館(籌)。

[備注]
碑首高浮雕魚躍龍門、鳴鳳在竹圖案, 另一面為三鶴雲紋。碑身雙面刻銘。
碑原立於高塍鎮宋瀆村雲靄周氏宗祠, 抗戰期間被日寇飛機炸毀, 僅存碑首、碑座, 2018 年 8 月, 由宜興市周處文化研究會移運今址。

[文獻著錄]

《國山周氏世譜》卷四十八輯錄碑文。

[碑文]

雲靄周氏祠規（篆額）

規引

家道維新, 必本世德, 氏族久遠, 必繇禮教, 自古迄今, 未有改也。德始於一人, 禮傳諸奕世, 相需以淑, 先後之道, 迺庶幾矣。故名公卿、賢士庶醲謹內行, 門風卓朗, 誠汲汲乎慎所厚也。世遠則渙, 先儒爰謹宗法, 溯本支, 俾統苗裔而下, 氣脈渺續之人, 僾乎如聞, 肅乎如見, 則尊尊親親一本未散耳。余家大父母、父母植德勤慎, 孝友睦卹, 生而親炙之也, 澤溉于今。余恐流風難久, 築祠萃先式詒我後廟, 不逮古祭, 亦從時, 雖未暇深考, 禮也。若夫祖宗詒穀之意, 不敢不敬述以與子姓, 期恒言曰: "願生好人, 願行好事。" 嗚呼! 兩言蔽之矣。服古食力, 不辱親, 不毀身, 相惇以禮,

相教以義，親者無失其親，長者無失其長，我祖宗實嘉賴矣。子若孫自為家世慮，獨無勤乎。列規數則，略舉大端，為之後者，有能充益大義，精合古禮，余旦暮厚望焉。丁亥長至日，鼎識。

[碑文]

雲霄周氏祠規（篆額）

祠規十四則：

一　宗法

放古小宗法從其立廟者，以為祭主，則宗子自此始。

一　神位

室中正四代，餘從旁兩室，左右以次位置，長幼無亂。

一　進主

禮：既葬之後，進主于祠，謂祔于祖，凡應進神主，先期數日告之廟，徧啟知尊長及子弟輩，屆期畢集，本家備祭禮及各神主祭禮，祭畢飲福，是日即納銀十兩為祠祭費，家貧以次議減。其殤夭無繼者，不許入祠，其父兄在日，子弟不得入祠，兇惡罪犯不許入祠。

一　祭期

從俗，清明、冬至二節，其常也。先一日，長幼畢集，治具，黎明行禮。除公事遠出疾病外，不到者罰。是日凡通祠中有素行不良，背倫犯非者，不論長幼，許呈白，主祭分長當即處分懲治。有賢行循理好善，共白之，分長親禮以酒，並給賞示勸。

一　祭禮

先一日，具執事子弟名單呈閱主祭，粘示淨室，備器用，饗堂設几。祭日詣寢室，齊揖請神主，即席啟櫝，長幼行四拜禮，贊禮二人進香、讀祝、傳盞，致羹者起。初獻、亞獻、三獻，酒及湯點，次飯，次茶。中四代主祭獻，左右二室，分長者分獻。獻畢，齊出，至階下，闔門片時啟焚紙，齊揖辭神徹。

一　祭席

用一豕、一羊、五牲花，一路糖果，一路枯水果，一路乾濕點，一路各席用果五色、菜十色，必獻時鮮，所用豕、羊、牲、菜必適禮，菲惡不恭者罰，祭畢，飲福分胙。

一　常儀

除夕、元旦，香燭供養凡三日，每朔望集長幼，灑掃、香燭、進揖、獻茶，長幼亦共集揖坐一茶而退，即鎖閉，無任閒雜人出入。

一　明倫

父子、兄弟、夫妻、長幼，相愛相敬，家之道也。家有嚴君，父慈而義方是矣。五刑莫先不孝，苟屬心知，豈忘大訓。至凡我叔姪，凡我昆弟，均之一體，或因氣忿，或因財爭，長上欺陵卑幼，卑幼侵犯長上，或狗妻子，或私奴婢，積嫌成怨，禍斯作矣。凡長上須律己公正，禮教子弟，訓其不逮，理其不平，勿庇私，勿怙強。子弟首習醇謹，舉動必稟命父兄，責訓順受，無犯輕狂，蔑長險健不遜，是名不類。其有夫義不明，婦順失教，媳忤舅姑，姒娣搆釁，犯禮傷化，法在必懲。

一　禁非

讀書力田，尚矣。次及工商，無非本分。生理間有敗類，或遊手好閒，從事花酒賭博，或貪取非義，至於蕩檢敗名，甚或流為盜賊姦淫，為害滋巨，子孫犯此，必盡法治之，以毋貽祖宗辱。

一　掌管

祠中有田若干，銀兩若干，租稅由人每年輪擇二人催討收貯，本祠造清數，每分長處交一本，冬至對算明白清交。次年如遇荒歉，議減租，必須會同各分長看明，公定分數。其租米銀兩餘者，不許借名生息，挪移乾沒。隨公用外，量增祭田。遇祭日，買備祭儀及諸費，俱係掌管料辦。子孫五歲添丁，十歲外能禮與祭，每丁納銀二錢。遞年造人清數，間有罰銀，亦如之。其掌管有侵沒怠慢者，罰其田戶役，臨年再公議，能者同幫掌管。

一　勸進

凡子弟補庠生，給賀銀二兩，科舉給路費銀二兩，登科賀銀十兩、晏一席，會試路費銀十兩，登甲賀銀二十兩、晏一席。

一　議助

凡貧弱孤苦，遇婚喪不能自給者，公議給助，量其人貧之甚否為多寡。遇災荒，貧無以活，眾議公米給借，還不取息。

一　會課

二祭先一日，集子弟課文二首，送閱，次第賞，以次減，文藝不完者罰。

一　將孝

凡子孫登甲榜，輸祭祀銀伍拾兩，鄉榜輸銀貳拾兩，明經仕宦輸銀十兩。其有顯仕厚祿，願廣孝思，即農商起家，慕義樂助者，聽。雖登仕籍，貪穢不法，及起家非分，不齒鄉里，即擯斥之毋納也。

重修美樨宗忠簡公祠碑記

C-27

[簡稱]
重修美樨宗忠簡公祠碑

[尺寸]
高 168.5 釐米，寬 85 釐米

[刊立日期]
清康熙二十九年（1690）
四月

[撰書人]
周弘撰，李起麟書

[保存地址]
徐舍鎮美栖村美東自然
村宗氏宗祠舊址（曾改
為美栖小學，今廢棄）

[備注]
碑首佚。
兩邊及下端剔地平雕纏
枝牡丹紋。

余遊荆溪，適美槿里，謁忠簡公祠，不覺慨然興嘆，曰："天之報施忠臣，固宜使之廟食百世也。"
夫公諱澤，字汝霖，浙省義烏人也。其五世孫芳溪公，諱訓貞，官扵宜，生四子：長曰瑰，次曰瑋，曰瓊，
曰玖。瓊居興化，方城先生其後裔也，崇祀鄉賢；瑰仍居義烏；玖遷建平；瑋號慕溪，因兵亂，隨父任，
卜居兹土，此美槿宗氏所由來也。其族肄業詩書，多遊黌序，婚喪飲食皆中禮節，父與子咸孝慈扵其
家，少者代長者提携扵道路，里之君子，恒樂與為隣焉。先朝鶴湖公，諱廷美，登賢書；嶺南公，諱鈇，
係成化年間進士，其豐功盛烈，所以銘彝鼎而垂竹帛者，乃邦家之光，不特閭里之荣也，非祖考之盛德，
豈易幾此者乎。己巳歲，雲翁等公議增廣祠宇，通族子姓殫力經營，不數月而廟貌巍然，廊廡蠱起。美哉！
宗氏之祠，洵可以世祀忠簡、慕溪矣。然事不患於不成，而患扵易壞；作者未始不欲久存，而継者常
至於殆廢。使後世子孫皆如始作之心，則世世守之，永傳弗替，孝思其曷有既乎？此宗氏所以深思遠慮，
而欲有允扵後也，扵是乎書。

司建公祠名列于左：

明德、永鉉、彪、明選、明瑚、天麟、作鼎、明倫、作礪、永錠、明諤、作士、亮績、猶龍、楹、
世求、士瑚。

同建祠丁：

嘉隆、嘉球、廷鏈、有基、毓禧、明全、明孚、善賡、明敬、永欽、明息、永和、永清、明琦、明佐、
善晋、明進、明伯、天章、明心、明元、一政、彙、永鏈、永祚、明性、善康、彝、鵬、明述、顯聞、
永録、顯著、明麒、作霖、明遇、天鉉、明傲、一鳳、天禄、樛令、明麟、作會、明理、作謀、作垣、
善榮、善徵、善章、作新、好修、好義、胤佳、仕芳、好信、天育、仕榮、善政、明衍、天培、胤修、
顯形、作蕭、作服、天寵、天眷、好學、仕顯、明衢、作翼、士耀、善益、寿令、天籙、作舟、明衡、
天覆、久齡、仕華、作藩、作輔、仕達、善德、明璽、善長、之秀、啟龍、鼎和、炳乾、鳳翔、日乾、
枝祥、立常、秉柟、之鳳、立身、秉桂、鼎玉、之泉、仲鼎、秉柱、震乾、應麒、秉梧、枝羽、亮采、
秉桓、鼎榮、億、治乾、枝發、啟乾、應麟、立正、鼎緒、鼎耳、鼎尚、秉榮、鼎新、之屏、之元、顯祖、
叔鼎、啟瑞、元齡、之富、枝栢、秉乾、鼎腹、楣、焕乾、鼎昇、季鼎、枝蘭、承先、秉植、立擎、鼎乾、
人龍、枝郤、枝成、枝標、鼎足、順齡、鳳魁、秉移、鼎岐、士龍、子庚、枝菉、嶂祖、枝繁、鼎揚、
秉相、桂芬、秉福、紹祖、世奇、秉棟、枝順、鼎亨、起揚、秉震、鳳奇、耀祖、荣祖、鼎佽、秉坤、
巇祖、立孝、承烈、越祖、鶴祖、振揚、應龍、榑、桂彬、榛、世龍、枝鄙、鼎泰、燦乾、枝慈、枝穗、
鼎寿、秉巽、秉樑、桂蔭、枝寧、文龍、夔龍、秉豫、秉禄、秉文、立壤、起都、超祖、鼎崐、角志、

世俊、世英、攀龍、子龍、化龍、承基、承緒、華祖、枝椿、枝蕙、漢文、秉泰、萬安、興貴、枝鄭、枝郿、耀乾、亦成、亦思、坤隆、坤毓、開臣、開泰、開定、成玠、士璜、魁元、一清、二雅、坤寧、成文、三畏、士瑗、成武、坤載、士琦、坤起、聖麟、四維、成璣、坤廣、坤宏、坤位、坤偉、觀文、觀史、成衡、坤振、啟戒、啟文、啟武、九重、坤經、坤慶、坤泰、鄞仙、仁麟、五典、士珍、坤實、坤雄、坤佐、成珪、成琰、坤綸、啟宙、文義、九有、坤昂、慶麟、孝元、三友、少元、坤英、成靈、九德、士琬、士瑾、四佑、坤綱、三仁、士璉、坤胤、坤晟、安麟、三德、坤㶡、士珩、六爻、玉驥、玉駿、大興、再興、中興、玉驕、玉驊、玉騆、玉驂、元位、鼎餘、朝桂、峘祖、峴祖、坤綉、漢臣。

幼丁：

世傑、從龍、峋祖、漢英、漢傑、秉謙、秉兌、漢武、鳳祖、西龍、乾龍、天齡、國鼎、承僖、承祉、世鼎、鼎鎮、鼎鏗、鼎崔、枝英、念祖、思祖、世名、坤龍、萬定、萬全、亮祖、崑祖、繼祖、懷祖、枝全、枝昌、枝郇、枝喬、枝楚、鼎連、安龍、秉恒、鼎貴、漢俊、鼎峙、培祖、幹祖、漢藝、立言、岡陵、枝挺、秉夬、光龍、煥龍、□龍、覲龍、丕祖、鼎孝、觀政、觀書、觀樂、觀經、鄰仙、祁仙、晉錫、嶽、觀周、觀易、觀礼、三益、坤保、坤豪、坤傑、坤盛、坤昌、種麟、文藻、秉式、亦振、亦茂、寅生、卯生、臨生、成珍、立位、坤厚、成珊、成琳、成璋、奕昌、成玨、文元、慶元、祿元、曰德、九疇、鳳峻、鳳鳴、坤超、孟齡、仲令、朝用、成瑛、成瑤、成珂、成璵、坤一、玉驜、玉馳、玉騋、玉駽、玉章、永夬、孟夬、順夬、岳夬、員九、象九、錫九、鼎九、玉潔、玉清、玉潤、復夬、元德、元貞、元祐、元音、元良、元吉、元陟、毓芝、毓蘭、元衡、育夬、惠夬、元亨、元振、克勳、克恭、克信、坤㬊、際盛、士瑤、祥麟、繼芳、雲龍、萬亨、承業。

康熙歲次庚午孟夏穀旦。

十八世孫明德、宗子必昌百拜謹立。（印：明德之印、值槐艸堂）賜進士及第中奉大夫右春坊右庶子兼翰林院侍讀學士年家眷弟周弘頓首拜譔。（印：周弘之印、雪園主人）邑庠生眷侄李起麟頓首拜書。（印：李起麟印）

三忠閣碑記

C-28

[簡稱]
三忠閣碑

[尺寸]
高 190 釐米, 寬 82 釐米

[刊立日期]
清康熙三十五年（1696）二月

[撰書人]
王鳳岐書, 吳□刻。

[保存地址]
芳橋街道龍眼社區忠孝園

[備注]
碑身有數道裂痕。
碑首綫刻菱格紋, 兩邊剔
地平雕卷草紋。

三忠閣碑記（額）

三忠閣碑記

凡祀典上符天道，始足以□服輿情，下合□□□□□□□□□□□逆之□封為□□□□□□□□義□甚□□□□□□□□□□□□□□□□□之士下而不疑，質之天人而不愧，無□□□□□□□□□□得□□□周公。周公虜者，西晋之一人也，其□□□□公□□□□□□□□□□立政八司百僚，貞蔀不撓，在我□□見危授命，時論□其執□不回，謚曰"孝侯"。□俗所傳射虎斬蛟、平西拜斗，距可令語去祀□□□□□□□□□□□□之忠□姚公言者，恢□帝域以衛臨安，當城□日固守臨安□日□危以至首□□岐，使孤城為血戰第一，忠勇所激，使闔郡為蒔義第一，叔□□□□□有心□能合萬姓之心為一心，而今人竟□□為桑梓賢豪則何也。又五百年而忠烈盧公象昇起焉，視民如子，愛君猶父，以郡守而勤王入衛，以監□□保□□邦，督一省則流寇不得肆其毒，涖三鎮則強鄰亦□戢其威，至平臺獨對、隻干擎天、奸樞熌瑻、群謀下石，猶能衛陵寢、清畿甸，功成而驅敵出境，餉絕援絕而□衣烈斃。鮮乎！三賢之靈爽在天，三賢之肝膈在人，筆舌何能殫述？！予純以耄耋之年領鄉約之任，思惟教民興行，莫□於忠孝。惠成師，緇流也，深知忠孝為生民之本，募建文昌之閣，並設三忠神位，竭力營繕，越五年而工成。先以其事告之邑侯文公諱超靈，文公稱善；久之，嘆曰："予將歸田，恨不能歲時拜奠，今匾其額曰'三忠閣'，幸得書名於閣之上，足矣！"乙亥春三月，學師楊公諱綠同司官張桂炅覩士女之雲集，童叟之歡呼，拜祝而告曰："有是哉，魯生之□□而諸同人之好善有成也。" 表前哲即所以啓將來，并列堵王兩公於其側，惠成請書本末以傳之不朽，□為記。

康熙叁拾伍年歲次丙子二月吉日立，後學儒生王鳳岐謹書。

邑庠生邵智錫入庵田壹畞，□成置麗字四十五号庵田二畞柒分。

助緣人：周士華、韓鼎臣、許瑞鳴、袁本、許文燿、王世通、王世道、王希仁、王宇祥、袁應瑞、樊廷華、錢克明、夏國惠、寶聖師。

開寶、洞上兩鄉約正魯純、約副周遇入田一畞，約贊長郭景颺、史懋錦、宗盟、□□。

約講生員：謝旭、朱新斗、吳書、范龍、史宗澤、史肇對、謝方瑜、謝方玠、郭起華、歐□遠、吳宸梧、吳宸楨、周旦勳、周映□，徐琰、徐黎照、周映薇、周賢、陳士麟、周學範、許之韜、仇上臣、徐宏、陳元勳、郭起渭、許秩翺。

約講鄉耆：黃裳、朱鑑、史廷□入田一畝五分、史廷楨、周懿、吳宗祥、□淑、邵霽、邵雷、邵讚、邵續、許□□、郭景颯、翟官鑒、王文顯，□□，史鴻緒、史濟龍、吳徵、程湛、蔣震封、史懋鑣、翟兆掄、翟宮錦、史之銘、戴秉忠、周有加、周孟龍、史□禮。

緣首：邵士選、邵士蓮為母薛孝魯氏助銀三兩、助銀五兩，裴騫、許鼎玉、許承儒、魯克脩、陳天裕、陳宸訓、魯光陞、蔣昭德、陳宣時、黃□、徐焜震、任秉文。

烈女：胡門周氏助銀式兩，曹門史氏助祭田壹畝式分、金門李氏助式兩、周門姚氏助祭田壹畝、許門潘氏一兩、金門□氏一兩。

周姚盧□□樂助：周祥、周復、周彬、周□、周彩、周雲、周祐、周知賢入田一畝、周應冕、周應晟、周祚偉、周贄、周宏、周厚、周文智、姚商建、周茂、周瑞、周世鎬、周烈勳、周永、周呂勳、周士英、周玉章、周文謨、周文丕、周文訓、周式輔、姚宗典入田一畝、姚應建、姚奇建、姚賓穆、姚能祥、姚能義、姚□□、盧以載、堵天成、堵□、堵紹聖、盧珍璵、盧珍璲、姚應時、姚覲典。

石工吳□刻。

新修周孝侯祠記

C–29

[簡稱]
新修周孝侯祠記

[尺寸]
高 145 釐米,寬 80 釐米,
厚 20 釐米

[刊立日期]
清康熙五十四年(1715)
四月初八

[撰書人]
潘宗洛撰

[保存地址]
宜城街道東廟巷周王廟

[備註]
碑首佚,碑身下部剝蝕斑
駁,右下角殘缺。
兩邊及下端綫刻卷雲紋。

[文獻著錄]
　　嘉慶《增修宜興縣舊志》
卷九載:周平西廟碑……一
康熙五十四年潘宗洛撰……
以上七碑並樹廟門及西廊壁。
(其中一碑今佚)

新修周孝侯祠記

天地山川精華英特之氣，其凝結蘊積扵千百里間者常歷千百年，而後篤生一豪傑、一聖賢，□□□□□□□其所樹立亦異，聲名垂扵無窮，神氣久而不朽，庶幾乎與天地山川同其長久，若是者何哉？□□□□□□□永也，吾鄉為晉義興郡，幅員廣袤五百里，表以荆岳環以五湖，山水秀麗甲扵江左，雖知□□□□□□□，（千）載而上千載而下，必以周孝侯為稱首。斯人也，其殆天地山川精華英特之氣所凝結蘊積，而後□□□□□名家子，少壯時以膂力勇敢，推萬人敵，及感扵父老一言，而從游二陸，折節讀書，竟以文藻著述顯名扵□□□卜莊刺虎之勇，而為子路聞過之喜。嗚呼！公非徒豪傑也，進乎聖賢矣；仕晉以後，直言敢諫，彈劾不避權貴，□□死綏，忠貞可貫天日。嗚呼！公非徒豪傑也，真進乎聖賢矣！其祠在墓之北、蛟橋之南，歲時伏臘、祈晴禱雨，奔走□公者至扵今不衰；蓋吾鄉先達能與天地山川同其長久者，必公也。公之後又千餘年矣，豈無弋高位、享厚祿、□令終、福澤遂勝扵公？而其歿也，如草木榮華之飄風，鳥獸好音之過耳，生時□□，歿則已焉；其生之也不難，其留之也不永，無惑乎其未可與之比也。公祠修葺在明成化朝，歷二百餘年，□□□□邑人周之綱、邵懋德、莫士基等偕道士馬世英矢願更新之，多方勸募，衆皆踴躍；工始於庚寅，落成於（乙未），□□□寢，□制煊赫，有踰扵舊。請為紀其□月扵石。宗洛為鄉後進，不敢以不文辭，且思鄉先生歿而可以□□□□以其立德、立功、立言，足為後進矜式，而非以其膂力勇敢推萬人敵也。今日名家壯年之士，有入廟而□□□者，吾願其□艷稱斬蛟射虎之事，而唖誦讀其《默語》《風土記》，穆然如事其人，如聞其提命，則幾乎道矣，抑亦可以慰先達於九京矣。是為記。

康熙五十四年孟夏八日，邑後學右副都御史潘宗洛薰沐拜撰。

緣首：邵懋德、周之綱、莫士基，周廷璜、馬小超、周元盛、陳位忠、薛起梅、徐炳詩、徐天士、李彪、張桂馨、談承善、陳起鳳、周世璋、許宗明、姚樹勳、李國正、王廷秀、王卿、吳永禮、錢雲璋、余敬、□□□、□□□、□□□、□□□、□□□、□□□、□□□、□□□、□□□、沈□□、□□□、□□□、□□□、□□□、□□□、□□□、□□□、□□□、□□□、張□昌、吳□祖、強□益、顧□昌、史□俊、吳□德、錢□祥、石□瑞、羅□秀、羅□章、張亂岳、周思明、趙允恭、李繼良、許世培、潘鵬餘、閔伯宗、莊一敬、楊士隆、王章、王宗震、胡增、徐丕基、韋士忠、道士□、馬世英。

新河村潘氏宗祠碑記

C-30

[簡稱]
新河村潘氏宗祠碑

[尺寸]
高155釐米，寬74釐米，厚15釐米

[刊立日期]
清康熙六十年（1721）六月

[撰書人]
潘擇行撰并書

[保存地址]
宜城街道東廟巷周王廟

[備注]
兩邊綫刻卷草紋。
新河村隸徐舍鎮。2011年9月，宜興市文管辦於丁蜀鎮徵集。

新河村潘氏宗祠碑記

嘗聞萬物本乎天、人本乎祖，誠能還念所生，各起尊祖敬宗之誼，而子若孫，未有不乃熾而乃昌，匪云邀福於先人，實亦理之可信、而數之足憑者。我祖瓊公自萬家圩徙居於此，垂今捌代，生同里、葬同穴，分門割戶僅數十年，而子孫蕃衍，凡蒼顏白髮者、總角而成立者、幼孩而提抱者，已及百餘人。假令更閱數傳，其眾多之象，自難悉算也，豈非根之茂者其實遂乎？康熙丁酉春，予族人構造寢室五楹，在日美公所創舊祠之後，約計所費不減五百餘金。是一瓦一椽，無非為祖宗靈爽式憑地也。倘非人人起愛敬之思、動栖愴之感，安能若是告竣之速哉！然歲久則其事易湮、其功弗著，後之人即欲訪其顛末，而故老無傳，凡祠之建于某年、成於某月，皆為徃跡，幾幾□莫可考而知，豈不惜哉？因此勒石於堂側，以垂不朽，庶千百世而後，子姓弟姪輩撫時而修祀典，入□□勤拜跪。從此仰瞻榱桷、俯視几筵，時時敦木本水源之情，不至如陌路之弗相識，斯真不忝乎同根共蒂之義者矣。

長同元、元榮、元臣、元立、元華、皓元、元洪、元孝，姪文彥、道儒、文儒、孟文、恂儒、遇文敬立，十二世孫擇行謹撰並書。

大清康熙陸拾年歲次辛丑季夏月穀旦。

澗橋蔣氏祠堂碑記

C-31

［簡稱］
澗橋蔣氏祠堂碑

［尺寸］
高 192.5 釐米，寬 82.5 釐米，厚 34 釐米

［刊立日期］
清雍正十年（1732）四月

［撰書人］
蔣錫震撰，蔣汝誠書并篆額。

［保存地址］
新街街道水北村蔣氏祠堂

［備注］
1964 年，水北村興修水利，此碑用作抽水泵過梁，2010 年收歸原處。

［文獻著錄］
　　《澗橋蔣氏宗譜》卷六輯錄碑文，今據之校補。

［碑文］

澗橋蔣氏祠堂碑記（篆額）

澗橋蔣氏祠堂碑記

家之有子，猶國之有臣也。臣焉而不供若事，則凶；子焉而弗克厥家，則悖。故忠孝者，臣子之大閑也，然未可望之人人。苟有任其責者矣，旁伺者又往々心害其能，而莫之或繼，且利其無成，以為之辭。《記》云：“小人毒其正，君子痛之”。我澗橋蔣氏，傳自宋咸平四年始遷，故忠貞之胤也，至扵今七百有餘歲，支属頗衍。而安山公特為一祠，不與他相隸，士農耑業。然其間曾無有貴人巨公，發聞扵時，宣力扵國。若又不能克家，振舉綱維，收拾廢墜，而専委不肖數輩将迎旁午，毀棄廉恥，剥丧真元，秏蠹無厭，綿々延々，日就凌替，位序侵軼，氣象荒頹，裸薦不恭，牲酒狼籍，神吐姤怨，其何以見扵宗廟！康熙歲次壬辰，錫震始與衆協議，推族兄巒修為宗幹，吾從叔天球、族再叔方荣副之，惣攝祠事，經費有條，出納惟允，春秋奉荐，以殷祀事。僉曰：“汝諧而不肖犄張，囂呶未已”。越雍正辛亥，前後凡二十年，增置山田若干畆、房屋兇所，遂撤祠宇而新之。扵是有寢有堂，有塾有唐，門廡儼雅，带以修廊，庖湢静潔，位不易方，丹塗黝堊，焕乎有章。已廼大饗合樂，子姓畢来，伸虔登俎，神綦康哉。族長者曰：“是當有記，用張前劳，永貽後觀”。伐山礲石，以命小子錫震，錫震謹再拜，載筆而書曰：“是役也，巒修兄領其事，幼卿再叔、天章叔扶病監督，公錫叔、紫綬、之綱兩弟與奔走焉。惜天球、方荣辛勤十數年，志欲就緒，會已前殁，未及覩其成。而囂呶不已者、不肖者也沒其名，當自知之，且庶幾其改諸！經始扵雍正八年庚戌秋八月，越明年辛亥秋七月訖工，凡費緡錢兇百千，畧具顛末如右。因為峻其周防，堅明約束，衆言朋興，近乃稍定。家國同揆，惟忠惟孝者，能自執其柄。雖然，吾聞君子之謀國也，不憂其身之老而憂其國之衰。家亦如國，悠悠日月，孰競惟人。目眇眇扵来者，懼後之莫吾繼也。扵是復歌詩以繫之，庶来者悲其志。詩曰：

安山之麓，南澗之濱。天祚蒋氏，九族以因。歷年七百，此惟與宅。誦詩讀書，越阡度陌。繼序其皇，允也不忘。珠含玉韞，畫焉心傷。如何蟊賊，病我黍稷。薨薨羣游，廿我飲食。烈烈炎火，秉畀舀悅。上帝甚神，有沘其穎。日月環照，神人協從。剔頑攘垢，子孫其逢。爰契我龟，庇工宅土。巖巖奕奕，神之攸宇。繕垣葺墻，手足瘁止。莫跡烏鼠，罔及犬豕。譬彼稼穡，往田甫田。肯播肯穫，後先仔肩。毋恬爾蠢，或訛或寢。毋厚爾忍，乃諺乃瞑。憫我劳矣，敬保爾室。曾是不思，託天與直。

安山九耑孫錫震齋沐頓首拜譔，男汝誠沐手書并篆額。

附記外分祔入本祠緣由。謹按《魯渠公譜》舊稱：“識祖綱公三子：旭、相、枉。旭，吾祖也；相，為竹簀橋枝祖。旭生三子：皐、泰、質。質為安山公，而皐為新方前分，泰為新屋分。" 故吾安山公實為專祠。前明崇禎十四年三月，竹簀橋枝亨、乾、憲、錫四股，每股願捐山十七畝，合得六十八畝有奇；又合捐銀二兩五錢五分，以為合祭椿樹墳錢、大墓之費，當有議单存據。并補入分祖以下所缺神主，然自有限制，未許任意凌亂也。其後允軋貧乏，立契得價，退山一股；允亨分內見岳，亦仍例退山五畝，實存山十二畝二分；憲、錫二股，合實存山三十四畝三分，其間多寡不均，恐後人不能盡曉其故，々絛著之，此竹簀橋枝入祠之本末也。而本祠四房分希通，亦許入黃嶁山五十畝、徐家圩田二畝，時同具議中，然拎今按之，了無可考，未詳所以。康熙二十一年修譜，皐公枝下修之蒞次助銀二十兩；康熙三十六年，雲球入銀六兩；雍正五年，雲祥入銀四兩，致主入祠。康熙三十六年，泰公枝下君調、申錫各入銀十兩，亦與進主，然其後均不准混入，此皐、泰二枝入祠之本末也。據譜，吾安山公列居幻行，子孫不得伸獨尊之敬，拎心缺然。然事久相沿，勢難竟已，但書其緣起，傳示後人。俾知前日，勉為同堂公食者，所以隆一本之誼，而茲不憚引繩批根者，將以嚴內外之防。

皇清雍正十年歲次壬子孟夏穀旦。

蔣母胡孺人獨建宗祠碑誌

C-32

[簡稱]
胡孺人獨建蔣氏宗祠碑

[尺寸]
高 136 釐米, 寬 65 釐米

[刊立日期]
清雍正十二年（1734）十一月

[撰書人]
湯亨咸撰

[保存地址]
屺亭街道學圩村上塘自然村蔣氏宗祠舊址

[備注]
碑首綫刻雙鶴雲紋，兩邊綫刻卷草紋。

[碑文]

獨建宗祠碑記（額）

蔣母胡孺人獨建宗祠碑誌

甲寅之歲，予戚蔣乘龍向予語云："譜以序世系，祠以安神主，両者蓋均重矣。"其先考天吉公輕財好義，勤學敏行，延脩譜牒，有志建祠，未逮而歿。其母胡孺人年高鶴算，節秉松筠，不忘夫志，克繼前猷，命男乘龍，卜地買宅，爰立址基，其美輪美奐，祠宇聿新。至於庀工飭材，丹楹刻桷，一皆孫男廷樞等董治其事，是歲冬月告闕。猗歟休哉！若胡孺人者，上以承先志於□□，下以垂奕葉於靡窮，殆較天吉翁脩譜之功，更有足稱者，洵所謂女中傑士也哉。且其建祠之費瓦石木，實皆出諸胡孺人膳田之餘資，扵本支之派及族中俱無涉焉。落成之日，孺人曰："本支之祖考妣安矣，其如各分之祖考妣何。一族之中，雖支分派別，皆祖先之一脈也。或有願貼銀進主者，毋論其多寡，悉注明于碑右。"由是各分之祖考妣得安，而本支之祖考妣益安矣，一族之祖考妣俱得安。而天吉蔣公修譜敦倫之績始著，蔣母胡孺人建祠睦族之誼愈顯矣。不可以不誌，扵是乎書。

江寧鄉試補行癸卯正科中試舉人候選知縣年家眷姻弟湯亨咸頓首拜撰。（印：亨咸之印、松期氏藏）

旹大清雍正歲次甲寅仲冬穀旦，蔣母胡孺人獨建宗祠立，男世濟全建，孫男廷樞董成。

計開：東溪公分內六世孫天秩、天錫、七世孫世瑛等存祠屋價銀四兩，外又貼神廚銀一兩，七世孫元亨、八世孫文質等貼銀四兩五錢，七世孫元興、元立等貼銀四兩；佐溪公分內六世孫天□、七世孫元禎等貼銀陸兩，七世孫元盈貼銀弍兩；臨溪公分內六世孫天明貼銀四□。

胥堂談氏祠堂碑記

C-33

[簡稱]
胥堂談氏祠堂碑

[尺寸]
高 121.5 釐米，寬 60 釐米，厚 14.5 釐米

[刊立日期]
清乾隆元年（1736）十二月

[撰書人]
談夫就撰，談士鳳書。

[保存地址]
原存徐舍鎮胥藏村胥堂談氏祠堂舊址
現存新街街道歸徑社區談氏宗祠

[備註]
上端剔地平雕雙鳳朝陽紋，兩邊剔地平雕卷草紋，下端剔地平雕蓮瓣紋。

　　嘗竊觀諸營建，豈一手足之烈哉？有創始者、有述継者、有成終者，此固無分後先無分難易，要其志相同而其功適埒也。我族自廓，廓祖由宣而宜，支分派析，延亘十数村，村各有祠堂。我胥堂涓公入贅王氏，因世居之，而其後又析為三，故遂有三祠。東祠七世祖廷公於熙朝二十年清明掃墓與子姪輩為建祠計，時與祭丁簿共二十一人，留存餘銀二両許。至二十八年，公年八裘，適舉典族，公年弥邵而志弥堅，又恐後之不能終厥事，因設議単一紙，囑其子姪孫輩。嗣後允昌公持籌総理，與維賢、上桂諸公約：嚴立簿書，務慎出納，權衡子母，不得私狗，不容虛假，悉除諸獘。十餘年，遂積至數百餘金。於三十五年定基址、估物料，創建寢堂；於四十五年又建門亭，規模大定，已二十餘載矣。今歲丙辰，元麟、惟周、士龍等慨思修緝祖廟，又力為營辦，暨塗丹臒，煥然一新。愚嘗往觀稱慶，公等囑余作碑記。余思誼不可却，又思余年已七十有八，凡前後諸公苦心竭力，謀建祠宇，皆愚所目擊而心識者，因畧次其實，録以示後人，至文之工拙，何暇計焉？是為記。

　　大清乹隆元年歲次丙辰季冬穀旦。

　　涓公第十世孫夫就沐浴拜撰，士鳳拜書。祠宇內凡宣力效勞者，悉登名於石，餘不及書。計開：宗长澄廷公、惟初、惟敬、舜齡、科齡，分长九世孫惟邦立。

嚴莊大宗祠祭田記

大宗祠維新之六年壬子始置田瞻公事家孫長祿捐其說於家乘之端兢兢焉應夫事兄弟旦用也

今年春繪以次執爸祀祠下周覽堂宇旁塵垣墉黝堊黑白瞬焉猶新閒之曰再葺兵觀其外隅水面勢

有廉有隅既翠且安亦雄以偉問瓷石丑力飲何曰貫錢工十萬問敢諸眾飲们曰無有問役眾力幾何

曰無有然則糞由曰出於田租之入蓋自壬子以來田之增廣者倍而于是有慕義田之說者請而書田數於石從孫祖修乃進言曰事莫艱見族姓之艱難見族姓之艱難

不救矣者以為先事勸於文宣而偕雲龍於創始而常壞於有成制其宜斯行諸久遠而

族之說者請而書田備譜之後伯父培元肩厥事觀族姓之艱難田之故自伯父

是宜書以為建祠備譜之役宜伯父姓遠來者需款接之供是祠需膳需葺春秋獻需

革能體伯父之力也是宜書以為將來法繼自今宗與桃需別立家乘需修祠需葺春

八莚器用子姓遠來者需款接之供若夫菁莪造殖之多宜商之赢餘又置田瞻伯餘

助婚嫁賜粟麦以待孤婺課試者給賞飲者尚所望於維起之滋

培賢後之發憤而後出其力以蹉城之非冷日兩宜謂也緒既是祖脩言乃告於眾而為記

壬子捐田

大矛英俾歙以上共入田券拾貳號

三矛道濟永熙飲敬四矛武縮翁餘又置田瞻伯餘自士子至本年新綸歙置武臧

自士子至本年新綸歙置武臧

二十二世孫宗長宏綸
百拜誌

乾隆十一年歲次丙寅夏五月

主持建祠修譜

輔理建祠修譜

培元

三益 象山 文鈺
志益 文輪
雲龍 文翰
世勲 文元

新管祠田

總管祠田

在水，佩惠
子丸 宗翰

族長宏綸
宗綸維錦
正鳴尚
陶萬勒石
後學珞萱書丹

嚴莊大宗祠祭田記

C-34

<table>
<tr><td>［簡稱］
嚴莊大宗祠祭田記</td><td>［撰書人］
嚴宏綸撰，路宇書丹。</td></tr>
<tr><td>［尺寸］
高 148 釐米，寬 77 釐米，厚
25 釐米</td><td>［保存地址］
萬石鎮南漕村嚴莊大宗祠舊址</td></tr>
<tr><td>［刊立日期］
清乾隆十一年（1746）五月</td><td>［備注］
碑首佚。
兩邊及下端剔地平雕卷草紋。</td></tr>
</table>

［文獻著錄］

《萬石鎮志》第十九章輯錄碑文（田畝、人名略），略有錯訛。

［碑文］

嚴莊大宗祠祭田記

二十二世孫宗長宏綸百拜譔

大宗祠維新之六年壬子，始置田贍公事，冢孫長禄揭其說於家乘之端，兢兢焉慮夫事冗而弗足用也。今年春，綸以次執爵祀祠下，周覽堂宇，旁歷垣墉，黝堊黑白，爛焉猶新。問之，曰："再葺矣。"觀其外臨水面勢有廉有隅，既聱且安，亦雄以偉，問："甃石工力幾何？"曰："費錢二十萬。"問："斂諸衆幾何？"曰："無有。"問："役衆力幾何？"曰："無有。""然則奚由？"曰："出扵田租之入。"蓋自壬子以来，田之增廣者倍而□焉。噫！綦盛已。于是有慕義田贍族之說者，請而書田數扵石。從孫祖修乃進言曰："事莫艱扵創始，而常壞扵有成，制其宜斯，行諸久遠而不敝。曩者，建祠脩譜之役，伯父培元偕衆肩厥事，親見族姓之艱難，而捐田以倡也。田之設，自伯父昉也，是宜書以為先事勸。

既設田授數扵仲兄文宣，而偕雲龍、世勳司其事，十數年間，用日多、田日益，又仲兄輩能體伯父之力也，是宜書以為将来法。繼自今，宗與祧需別立、家乘需修、祠需葺、春秋享獻需牲醴、需几筵器用、子姓遠来者需欵接之供，是宜書以為可久計。若夫籌滋殖之多寡，商出納之贏餘，貸緡錢以助婚嫁，貯粟麦以待孤婺，課試者給貲，喪萋者予賑，固宗族之盛事，而前哲之所為，是所望扵繼起之滋培，賢俊之發憤，而後出其力以踵成之，非今日所宜急講也。"綸既是祖脩言，乃告扵衆，而為記。

壬子捐田：大分長祿壹畝，弘愻壹畝，老三分仁基叄畝，藍田小宗叄畝，小二分永巒叄畝，宏綸貳畝，其章、其玉壹畝，元龍叄畝，湄壹畝，三分道濟貳畝，永熙壹畝，四分顯武貳畝，元之叄畝，小榭分宏烈貳畝。修譜餘銀置肆畝。以上共入田叄拾貳畝。自壬子至本年節縮贏餘又置田壹伯餘畝。

主持建祠修譜：培元。

輔理建祠修譜：先登、象山、文敘、漢卿、弘業、芳侯、雲球、永芳、惟鏞、正宣、文達、靜甫、三益、志益、御輪、文宣、世勳、文元、允成。

總管祠田：雲龍、文宣、世勳。

新管祠田：在水、佩惠、子凡、宸翰。

乾隆十一年歲次丙寅夏五月榖旦。

族長宏綸，宗正鳴崗、雲龍，宗子長胤，宗輔維錞、蘭若勒石，後學路宇書丹。

重建南北報本祠碑記

C-35

[簡稱]
重建丁氏南北報本祠碑

[尺寸]
高175釐米，寬77.5釐米，厚16釐米

[刊立日期]
清乾隆十三年（1748）五月

[撰書人]
丁應龍誌

[保存地址]
徐舍鎮鯨塘社區活動文化服務中心

[備註]
四邊剔地平雕回紋。

重建南北報本祠碑記

吾宗報本祠，一在永豐之南，一在從善之北。原其初，率皆荒墟廢壤、破屋頹垣。過而覽者，莫不為之躊躇而悽愴。今余小子幸得藉手以告落成，良由先君子詒謀締造，陰相而默佑之，暨吾宗人伯叔兄弟拮据翊賛之功也。猶憶龍少時，於清明前三日，追隨先君子至永豐區之董渚。惟時川堂二間，主龕未設，俟與祭者齊集，即舉祭儀拜奠於奉先、報本兩坟。祭畢，徃返十餘里，歸飲福於川堂。時主祠事曾叔祖蓮菴公與祭者三十六分，分各一人，宗子、宗長暨衿監職事者，約共五十人。龍疑吾族總祠何僅若是，先君子命之曰："作壽、奉先、報本三菴，相傳皆宋朝所勅封，今弗可考矣。前明五房伯祖省吾公富甲吾族，族眾三十人，捐銀三十兩，以祠事囑公。公即扵馳馬岡上建堂三楹，有五丈，夫子遂以堂前田五畝助為五分，共成三十六分。厥後祠廢，乃姑移扵此焉。方祠之廢也，坟田與山悉為豪強所佔，曾叔祖雲逵公率族人訟于官，三十六人中有不與官事者，遂永不入祭，而以捐資服勞者補之。省吾公子孫以助田故，無變易焉。"龍之所聞于先君子者如此。迨省吾公季子申又伯為長，始立六世主龕一座，時伯年已八旬，良存弟甫十歲，欲大展祠宇而未果。至先君子暨荊濤叔主祠事，遂擴川堂為五楹，并增設十月朝祭，祭于善權寺之雲山堂，亦省吾公所建，現有磐初蔣老先生碑記在焉。惟冬至前三日，祭無定所，每祭扵領祭銀者之家。時值天寒日短，雨雪載塗，先君子心憂之，而未克遂厥志，至易簣時，未嘗不諄諄以此為念也。嗣後慕劬叔暨芷蘩兄經理祠事，裝龕一間，遂追世祖，并三十六分各進一主，其賢能、有功勳爵秩、從前為祠長者，胥列焉。康熙辛丑，叔慕劬、鳳池、虎臣諸公倡議捐銀，恢復從善鄉之顯德寺旁祠基三分，因譜事羈遲未建。雍正改元，慕劬公臨終以宗祠事相囑，叔姪兄弟具呈前縣，謬推為長，龍固辭不獲。因思先君子賁志未就，又蒙諸公委寄之深，雖不克勝堂搆之任，惟有鞠躬盡瘁而已。丁未，復擴基趾二分，鳩工度材，不辞勞勚，建宇兩進，裝龕三間。越壬子歲告成，勒石以誌。時因僧人恃寵拆毀陳姓祠之在善權者，而吾雲山堂祠亦波及焉，隨有忌者并欲禍延顯德寺祠，恭逢聖天子御極始免。此乃祖先之靈，亦龍與職事諸公命之不當絶也。歲在丁巳，叔虎臣、兄衷赤、子學葦僉謂："董渚舊祠狹隘，亦將傾圮，當改而新之。"迺籌貲綯庀材具董營築，諸宗人咸共踊踴趨事赴功，遂于舊祠後復建新宇兩進，其規模制度略與北顯德寺祠等。又因主龕頹敗，更裝龕三間，擇吉奉主遷於後寢，復增設服勤祠事者主八位。既又更前屋之傾頹者，易為圍墙，二門中進屏槅完備。拮据十餘歲，今始落成。噫！以龍之德薄能鮮，而借主祠事，且數十年間南北兩祠，見其沒于緇流，廢為糞壤。念先靈無所棲止，私竊心焉痛之，盡然不知涕之流落也。今幸邀天之靈，克復舊觀，恢宏新制，春秋匪懈，以嘗以蒸，余小子敢貪天之功以為己力哉？所賴祖宗積累之深，先君子詒謀之遠，而吾宗人相與協心合德，用能假手，以底扵成也。爰叙其顛末，綜其廢興，以遺後世之仁人君子。

乾隆十三年歲次戊辰仲夏月，十九世孫應龍謹誌。

宗子書順，宗人子耀、虎臣、臣五、從心、智候、雍選、惕存、用九、大章、位推、宋儒、彥若、洎北、雲皆敬立。

義捐碑記

C-36

[簡稱]
程氏宗祠義捐碑

[尺寸]
高 119.5 釐米，寬 51 釐米

[刊立日期]
清乾隆十五年（1750）十一月

[撰書人]
程偉望撰，程暎蘭書。

[保存地址]
和橋鎮運河東路江蘇省陶
都中等專業學校

[備注]
四邊剔地平雕卷草紋。
2003 年 3 月 19 日，程氏宗祠
碑群（4 通）公佈為宜興市文
物控制單位。

[文獻著錄]
    《和橋鎮志》第二十九
章輯錄碑文，錯訛頗多。

義捐碑記（篆额）

嘗觀四民之中，耕讀為上而商賈次之，豈以重于謀利而必無輕財樂善之舉耶？每見享素封、擁厚資，遇山人羽客，妄稱覬福，遂破慳囊；及夲宗至親一有盡懇，即不勝其愁苦之形，是何弗思之甚而外本內末如此？所以讀《義田記》而不禁慨然太息也。我宗祠自公物耗廢以後，炁嘗多賠墊之憂，修葺少公儲之應；雖間有捐助，而所出浮於所入，大非久遠之計。上年，六十世孫廷勳憤公用常虧，慨將萬二區三畠爱字號黃印下灘田四十二畝五分捐入公祠；今年秋，將又槤樹港外十三畫蘆灘内提二十五畝亦入於公祠，以為祭費。祖訓："凡入産百金者，當有特設之祭。"今既恪遵厥訓而族之人猶感其誼之篤而意之誠，謂宜壽諸貞珉以彰其德，世吉遵守，罔敢失墜；勿致年深月久，安于其事而忘厥由來也。爰是糾工勒石于祠旁，俾後來之秀咸得指其迹而慕義追踪，則規模日盛而公用常充，永薦馨香而歷時弗替，誠盛典也；于是錄其事而為之記。

乾隆十五年歲次庚午仲冬日立。

五十八世孫偉望拜撰，五十九世孫暎蘭書。

重修美欁宗氏祠堂碑記

C-37

[簡稱]

重修美欁宗氏祠堂碑

[尺寸]

高 190 釐米, 寬 79 釐米

[刊立日期]

清乾隆二十七年（1762）十二月

[撰書人]

劉學周撰, 宗步蟾書。

[保存地址]

徐舍鎮美栖村美東自然村宗氏宗祠
舊址（曾改為美栖小學, 今廢棄）

[備注]

碑首佚。
兩邊及下端剔地平雕八吉花鳥紋。

　　美樨里宗氏，宋忠簡公之後，宣和元年，公編置潤州，居丹徒，後與陳夫人合葬京峴山，祠列宮墻，歲時遣祭。六世孫永罻，蒞任江南，慕荊溪山水之勝，因流寓焉，故騂慕溪。其子巨川卜宅於城西五十里美樨圩，距忠簡七世，此桂林宗祠所祀，為始遷祖者也。代閱元明，歷年五百有奇，世二十有六，枝葉蕃衍，日新月盛，同宗散布，碁置星羅，而一姓萃居，連睦夾岸，則美樨里為盛。夫其族盛故廟主繁；主繁故寢堂隘，長幼失次，昭穆易序，於是族人咸慨然曰："潤州專祠，我既協助鼎新，副皇上恩綸疊沛之至意，矧我分祠，修於康熙庚午、辛未間，距今七十餘載，庽支棟腐，不葺且壞，顧坐視愴懷，不爲爭趨色動耶？"因籍祭田歲入之羨，足為鉅費資，乃選族衆：公而廉屬以管鑰，精而敏屬以會計，有才而裕屬以鳩工庀材，其董役則老成任之，其奔走，則少年給之。士不輟課，農不妨耕，富不藉輸，貧不私力。經始於乾隆二十有五年，至二十有六年孟冬事乃竣。昔方正學先生云："君子爲人子孫，非以養生為貴而以奉終為貴，非以奉終為難而以思愛廣孝爲難。"夫修廟，薦新陳設，事最常且瑣，而如生如存，推爲聖孝，何者？人自葯哀順變，音容遞隔，敬以漸弛，爱以時替，因循積玩，忘親背本，而不自知。然試一念反求，以吾身之不安於燥濕也，獨使吾祖之棟宇傾圮；以吾身之不安於囂陵也，獨使吾祖之昭穆亂行，何以為懷？正學又云："知有身而不知身所自出，為禽犢；知奉身而不恤身所同出，為痺瘓。"今入桂林宗祠，有嚴有翼，輪奐斯崇，位始祖於正寢之中，由慕溪公以推，高祖至元孫，九世一室，親九族也；東西派分各以倫敘，又有夾室以奉桃主；有存祀以慰無後，有崇祀以彰善類，右文表節銘德紀功；爱莫篤焉，孝莫隆焉。蓋自忠簡公精勤盡瘁，名冠中興，及讀年譜，律己則嚴、赴義則勇，故其貞操亮節，啟迪後人。大丈夫心地光明，進可以折權奸、立勳業，退可以束身名教、砥礪廉隅。即此有基勿壞，協力一心，求可求成，上治下治，仁以廣爱，孝以奉先，於以敦本，行示來兹。继自今，夫亦有引於勿替者已。

　　南睦劉學周頓首拜譔，二十四世孫步蟾拜書。

　　乾隆貳拾柒年歲次壬午季冬穀旦。

　　合族裔孫謹立。

新建宜興欽氏祠堂碑記

C-38

［簡稱］
新建宜興欽氏祠堂碑

［尺寸］
殘高110釐米，寬66釐米

［刊立日期］
清乾隆二十九年（1764）
七月

［撰書人］
許重俊撰

［保存地址］
宜城街道東廟巷周王廟

［備註］
碑首佚，碑身下端殘缺。
兩邊剔地平雕卷草紋。

新建宜興欽氏祠堂碑記

　　欽氏自西粵吉都公得姓後，越六傳而壽巖公諱德載為宋都督，以國難退隐長興之……沉瀆。厥後子孫遷徙不一，然皆以長興為大宗。越十七傳而克明公當勝國之季，以事至……宜興，欽氏始遷祖也。由克明公而降，逮今為世七，為年百有二十，為服属之親者凡二十，……合族無位，綴食無列，甚非尊祖敬宗、敦敍戚族之意也。越四傳，而克明公曾孫元珏……之東偏，有父業數椽，為幼弟所廢，爰恢復而更新之。歲庚辰，更闢隙地，益室三楹，由□□祖……室為東西房，易服有序、饎食有次；迺設神寢，首祀都督公，尊祖也。物本乎天，人本乎祖，……子振公，重始遷也；別子為祖，継別為宗也；自高祖而上皆不與，親盡也；且明所……配著代也；自仁率親等而上之至於祖；自義率祖順而下之至於親也。嗚呼！欽氏之始……矣，而服属之親僅二十有幾人，則其仁愛親恤、相視如一人之身者，宜何如也？《記》不云乎：“（親親以三為五），以五為九，上殺、下殺、旁殺，而親畢矣。”親畢是無服也，無服是猶途之人耳。今欽氏之最踈……或淡然漠然，相視如途之人，則自數十百年後，子姓且有遠不相識者，其相視又當何如？……去海也不可道里計矣。而探河汎江者，經委以達其源，非若斷港絕潢之不可通也。則夫……長興以溯西粵，所為返本追遠、以下逮無窮者，又豈獨為區區一祠發也哉？祠成遂為……

　　里人許重俊撰

　　乾隆歲次甲申孟秋月穀旦

崇祖祠碑记

C-39

[簡稱]
周氏崇祖祠碑

[尺寸]
高 166 釐米，殘寬 57 釐米，厚
21 釐米

[刊立日期]
清乾隆三十一年（1766）四月

[撰書人]
周之煊識

[保存地址]
宜城街道東廟巷周王廟

[備註]
碑身右半部殘缺。
碑首剔地平雕雙鶴朝陽紋，兩
邊及下端剔地平雕卷草紋。

[文獻著錄]

原立於新街街道蒲墅村周氏忠孝堂祠，《國山周氏世譜》卷三輯錄碑文，今據之校補。

民國《光宣宜荆續志》卷二載：周王廟，即周孝侯祠……其祀於鄉者，一在蒲墅國山，宋李衡撰記，疊經重修；一在雲霶村西，與武帝合祀，曰“雙忠閣”，均兵毀未建，前志略。

[碑文]

（崇祖祠碑记）

（侯之號屢進，而頌侯者輒從其朔，則侯德之維繫於人心，歷千有餘載而不泯者固自有在，寧以子孫而顧忘之哉？乾隆甲戌歲議修大宗祠，從事者不為不鼓舞，其所以致敬於侯者亦不為不嚴翼。抑念江漢為眾水之宗，沱潛別出，而與岷嶓並舉，神而有知，得無怨恫。故其時立議互有異同，而我分子姓獨遷延歲月，詳訂）規制，庶幾協扵義，叺妥侯靈，敢云人非而我（是耶）。今扵（侯）像後（重）建三楹；其中楹設廣平公以下至簡惠公九四十二世共五十六位神主，為大宗。我子孫瞻仰之下，胥知侯之勳德于列祖為獨優，而叺祖若父則有時而屈，當惕然扵侯之孝益彰。而凡我子孫，不可不目孝繼孝者，亦油然以生也。《詩》曰“永言孝思，孝思維則”，爰額其楹曰“永思堂”。其右楹設敬心公、心齋公、心吾公以下至各分祖神主，凡一十二世共四十一位，為小宗。根之深者末必茂，流之長者源必遠；是皆能承侯之德，以裕我後人者也，爰額其楹曰“克昌厥後”。元至正壬辰元黃之戰熖及，我祖繩武公率族死扵墓，其死也，死扵孝不死于忠，而前人標其塚曰“忠義”，固知（孝於祖者無不忠於君，即）以（侯）卜之也，謂之（祖孫一德，豈）有（愧歟？嗚呼！死近千人而字諱可紀者僅百之一二，我子孫春秋謁侯祠，過忠義塚，又未嘗）不（追憶當年時事，肅焉起敬而潛然焉出涕也。今據譜，壬辰殉難，其字諱可紀）而後嗣無考者，設紹倫公等十位神主于左楹，而額之曰“無忝前人”。至祠之創扵宋淳熙年，修扵明永樂及萬曆年，並有前碑。而今之堂室門廡，為蒲墅之東西分分建者，亦各有記，茲不贅述。六十一世孫之煊謹識，五十九世孫芳連、壽齡，六十世孫之邃、耀昇敬立。

乾隆三十一年歲次丙戌孟夏月穀旦。

重脩唐門鄂國忠武王宗祠碑記

C-40

[簡稱]
重修唐門鄂忠武王宗祠碑

[撰書人]
林衡瑞撰

[尺寸]
高 225 釐米, 寬 70 釐米

[保存地址]
周鐵鎮彭干村唐門組 4 號民宅
（纘忠侯祠舊址）

[刊立日期]
清乾隆三十四年（1769）八月
至三十七年（1772）二月間

[備注]
碑身斷裂成三截, 砌於民宅東山墻。

[文獻著錄]

　　因下部兩截碑文朝內, 無從識讀。《岳氏宗譜》雖有輯錄, 然碑名及結尾"林瑞衡撰"以下未載, 今參照原碑校補。結尾第二行應為：欽命陝西二十一世孫一品兼（川陝總督岳鐘琪……）。

　　嘉慶《新修宜興縣志》卷二載：林衡瑞, 上杭人, 進士, 乾隆三十四年八月（至三十八年八月）間任宜興知縣。參考第三冊 Q-13-1《重建和橋碑》, 林瑞衡職銜署"文林郎、庚寅江南同考官、知江蘇常州府宜興縣事加四級紀錄十次", 此碑刊立日期當早於清乾隆三十七年二月。

重建鄂忠武王宗祠

重修唐門鄂國忠武王
守岳鄂國忠武王精忠
像以祀其載於邑乘者
德報功之典恩洽泉壤

昭代崇德報功之典葺更親忠已炳
命有司繕治修葺更親忠已炳
翰煌煌天語襃德甄忠已炳
宸翰煌煌天語襃德甄忠已炳

後王衣冠冢其地歷世不常
遠年湮不得而浸遽自
屢經兵燹典祀不常
散從紹興年饗忠侯自

賜文
林郎

進士王靈出其子孫知
安月爰發其翰
月爰發是後兵革新
諭在是後風俗蒼蒼正
化而美民即荒合正
澤之在土卒卓以永
乏之生民卓以永

鈐命
圖文二十一世徐一品
一十二世徐芝庶攝事庫

重建鄂忠武王宗祠（額）

重脩唐門鄂國忠武王（宗祠碑記）

宋岳鄂國忠武王精忠貫（日月，義勇震寰宇，其功業昭垂，具載國史。即其提兵援宜，平劇賊殲餘盜，境賴以安，宜民肖）像以祀，其載於邑乘者（綦詳，歷朝崇祀。王陵墓之在杭者），昭代崇德報功之典恩，洽於泉壤，（遠軼漢唐），命有司繕治修葺，更親灑宸翰，煌煌天語，襃德顯忠，已炳（耀日星，昭垂奕禩矣。至今過其墓者感激流涕，雖草木猶愛惜之，況王宗嗣所生子孫墳墓之鄉）乎。宜興有唐門里繽忠侯祠（墓，王之三子諱霖者是也。方是時，奸相柄國，力主和義，恢復之計沮，金牌之詔下，冤獄已成，子孫）散徙。紹興（十三）年，繽忠侯自（九江來宜，邑人追念王功，相率迎侯，為制田里，居於唐門。既歿，孝宗勅以隆禮葬，有司舉其柩並）王衣冠葬之，其地歷世不（科。唐門岳墓其自茲始。淳祐間，侯孫益復建祠墓側，并筑庵，額曰"顯祖"，延僧汝弼主之，歲供祠祀。厥）後屢經兵燹，興廢不常。（明嘉靖時，邑令方公鼎新之，撰文鐫石，所云為庭、為堂、為寢、為門者，今其文具載縣志，彰彰可考，雖歲）遠年湮不得而漫漶。自後（岳氏中微，日就傾圮，寢室已設為僧舍，門亦拆毀無存，且緣間構屋，設供佛相，守僧主之，土人附）之，而忠武王與繽（忠侯祭養之所，僅存龕主一堂，使其子孫春秋秩祀，出入反由曲徑，甚非所以尊功德、肅觀瞻也。余承）乏茲土，下車以來，岳氏（涉訟公廷，僧人負固屢控。余親涖其地，相度基址，審諦祠制，慨然興欺曰："嗟乎！忠武王功業在天地，惠）澤在生民，即荒陬僻壤，（其所經過猶廟食百世勿絕，況其宗坊所系丘壠所存，忍令其荒沒不治乎？且兼并侵牟，非所以廣教）化而美風俗也。釐正經（界誠有司守土之責，其復奚辭？"爰呈牒請詳，府憲批云"祠無大門，非所以昭誠敬，著即量移妥辦"等）諭，爰是移建菴舍，供（佛像於顯祖菴之三官堂前，清出地址重建岳氏大門，門懸賜額。邑紳士踴躍輸助，擇日鳩工庀材，凡越）月告竣，輪奐聿新，（雙闕再整，亦王與侯之英靈不泯，所以格天地而昭古今也，豈人力所為哉。落成之日，謹率屬，具牲醴，以）妥王靈。其子孫懼（久而勿克守也，請書事於石而紀其顛末云）。

賜進士出身文林郎知（宜興縣事加三級林衡瑞撰）。紳士徐芝鹿捐立。

欽命陝西支二十一世孫一品兼……

二十一世孫族長楚玉……

重修雲靄周氏宗祠碑記

C-41-1

[簡稱]

重修雲靄周氏宗祠碑

[尺寸]

高 267 釐米，寬 102 釐米，厚 29.5 釐米

[刊立日期]

清乾隆四十六年（1781）八月

[撰書人]

周汝為撰文，周璜書丹，周淦篆額。

[保存地址]

環科園西氿路 89 號氿龍國際大酒店二樓，宜興周處文化博物館（籌）。

[備註]

碑首高浮雕雙龍戲珠紋，碑身上端剔地平雕雙鳳雲紋，兩邊剔地平雕暗八仙雲紋，下端剔地平雕蓮瓣紋。碑原立於高塍鎮宋瀆村雲靄周氏宗祠。2018 年 8 月，由宜興市周處文化研究會移運今址。

重脩宗祠碑記（篆額）

重修雲霱周氏宗祠碑記

事莫大於尊祖敬宗，情莫切於報本反始。顧莫為之先，其始不立；莫為之後，其卒不成。惟後先濟美、克盡乃心，雖憑藉無資而情至斯事無不舉。我雲霱周氏肇自國山，始遷祖國陽公祠建自明萬曆癸邜，歷久不脩，日以圮壞。子孫歲時瞻拜，覩牆宇之傾頹、椽瓦之崩裂，怵焉神傷，咸思振新之。而祠乏公產，經費莫辦，日久因循，有志未逮。今上之四十有三年，歲在戊戌，十一代孫辰衡，號巽孚，主持族政，建議整脩，設立章程，宣諭族眾：首捐各分祠，小宗輔大宗也；次捐丁、次派田額，一任地、一任力也；次派工作分備，祖父事宜服勞也；次捐豐裕之家，先澤之庇蔭尤深，子姓之報稱宜摯也。族眾歡騰，如響斯應，効力者經畫鳩督，解囊者踴躍輸將，僅歷一寒暑，而門廬堂寢除舊更新。雖由族眾之劻勷鼓舞，要非巽孚公愾然振興，不克臻此。詎工未告竣，公竟以耄耋捐館。族尊左奭繼之，一遵程式，経營匪懈，再閱月而功克成。夫當其未事之先，工鉅費繁，殊難措手；一旦毅然奮起，率作興事，凡梓人飭材，圬人作堵，以及木石瓦甓磚灰油漆之值，摠計制錢五十萬有奇，而分備千餘工之費不與焉，此曷嘗有憑藉哉。蓋仁孝之心盡人，而具始之者能創其規，繼之者克終其業，各展其尊祖敬宗、報本反始之意，以迄用有成。後之子孫有監於此，知至性至情之所在，有不假憑藉而事無不舉者，其慎無畏難而自阻也。爰列其章程、詳其捐額，勒之石以式後世云。

十三代孫汝為撰文，十二代孫璜書丹，十三代孫淦篆額。

大清乾隆四十六年歲次辛丑仲秋穀旦，族長左奭同大房長近智、二房長綱、三房長之栗、四房長之康、六房長永祥、宗孫畯敬立。

經理幹辦：十一代孫之棣、雲鶴、樹仁。十二代孫惟發、曾慶、在京、冲霄、仲義、永全、舜哲，宗惟、東喬、昺、仲禮、士、學詩、斯盤，時萬、惟寬、夢熊、燾、守基、德煐、允文、煥、文芝、斯耀、貞、德俊、欽安、璜。十三代孫報劭、鳳彩、訓文、學南、斯、用興、照乘、繼賢、鳳鳴、睿、汝為、筠、亦尊、企榛。十四代孫祖林。

脩祠捐項

C-41-2

[簡稱]
修祠捐項

[尺寸]
高 93 釐米，
寬 57 釐米，
厚 7 釐米

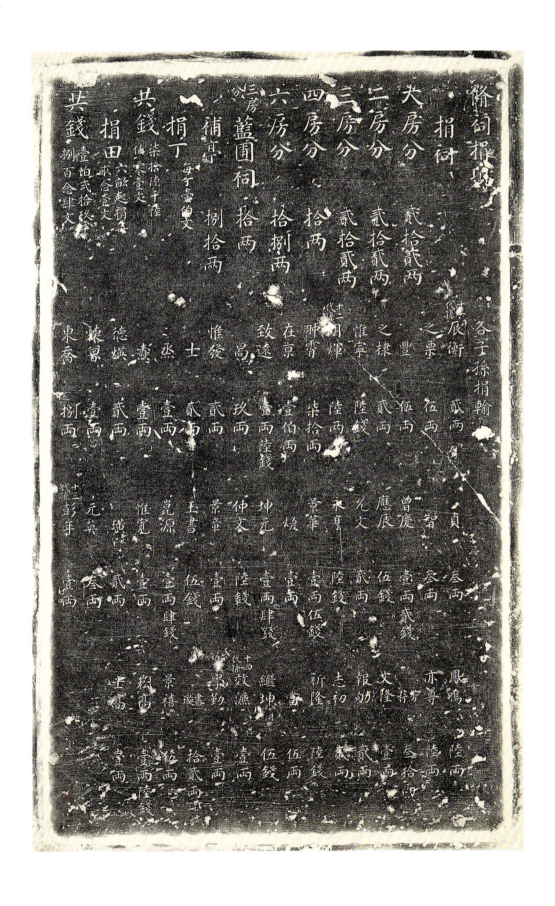

脩祠捐項

捐祠：大房分貳拾貳兩，二房分貳拾貳兩，三房分貳拾貳兩，四房分拾兩，六房分拾捌兩，三房分藍圃祠拾兩，補亭捌拾兩。捐丁每丁壹伯文，共錢柒拾陸千陸伯零壹文；捐田六畝起捐，每畝念壹文，共錢壹伯式拾玖千捌百念肆文。

各子孫捐輸：

十一代孫：辰衡貳兩，之栗伍両，豐伍両，之棟貳両，惟寧陸錢。

十二代孫：明輝陸兩，翀霄柒拾兩，在京壹伯兩，致遠壹兩陸錢，昌玖兩，惟發貳兩，士貳兩，烝壹兩，燾壹兩，德煐貳兩，懷曾壹兩，東喬捌兩，貞叁両，智三両，曾慶壹両貳錢，應辰伍錢，允文貳両，永亨陸錢，景華壹両伍錢，煥壹両，坤元壹両肆錢，仲文陸錢，景章壹両，玉書伍錢，崑源壹両肆錢，惟寬壹両，璜貳両，元英叁両。

十三代孫：彭年壹両，鳳鳴陸両，亦尊陸両，芳、荇叁拾両，文隆壹両，報勄貳両，志初貳両，祈隆陸錢，當伍両，繼坤伍錢。

十四代孫：效濂壹両，學勤壹両，書、璇拾貳両，景禧伍両，崧高壹両陸錢，士高壹両。

后塘周氏通族禁碑

C-42

[簡稱]
后塘周氏通族禁碑

[尺寸]
高 105 釐米, 寬 46 釐米

[刊立日期]
清乾隆四十七年 (1782) 清明

[保存地址]
周鐵鎮周鐵村后塘周氏宗祠

[備註]
碑首剔地平雕仙鶴朝陽紋。

[碑文]

后塘周氏通族禁碑

東西兩祖墳, 子孫永不許扦葬及侵伐樹木、牧畜樵蘇, 家廟內子孫永不許作塌及堆置農具、壽器、褓物。

乾隆壬寅清明日立。

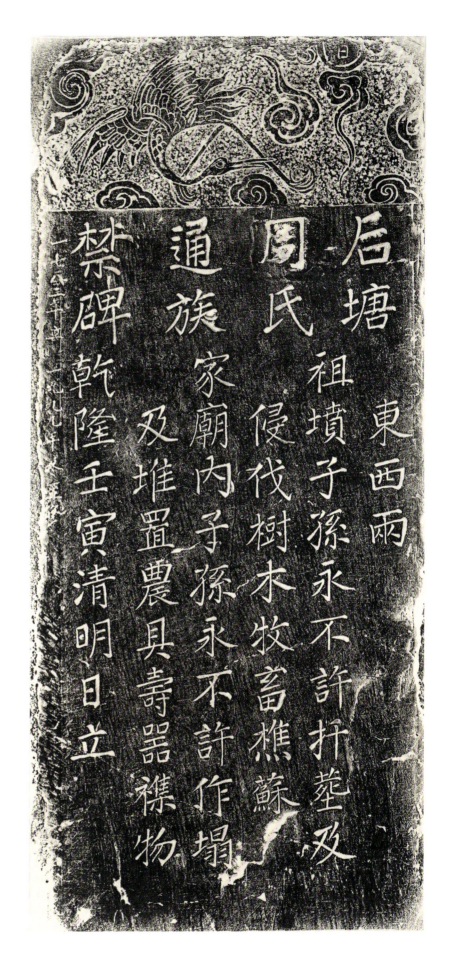

C-43

[簡稱]
胡玉節碑

[尺寸]
高 126 釐米，寬 60 釐米

[刊立日期]
清乾隆五十三年（1788）
十一月

[撰書人]
胡鰲撰

[保存地址]
周鐵鎮后塘新村北側原
胡氏宗祠舊址

[備註]
碑首綫刻雙龍戲珠紋，
兩邊綫刻卷草紋。

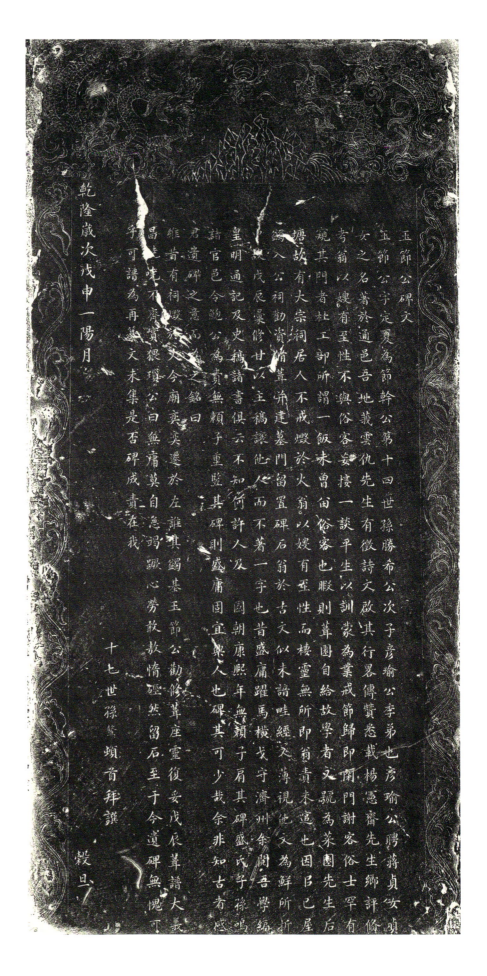

玉節公碑文

玉節公，字定夏，為節幹公第十四世孫，勝希公次子，彥瑜公季弟也。彥瑜公聘蔣貞女，貞女之名著於通邑。吾地莪雲仇先生有徵詩文，啟其行畧，傳贊悉載楊憲齋先生《鄉評脩考》。翁以嫂有至性，不與俗客妄接一談，平生以訓蒙為業；戒節歸即閉門謝客，俗士罕有窺其門者，杜工部所謂“一飯未曾留俗客”也，暇則葺園自給，故學者又號為“菜園先生”。后塘故有大宗祠，居人不戒，燬於火。翁以嫂有至性，而棲靈無所，即翁責未逭也。因捐己屋蠲入公祠，勸資脩葺，并建墓門留置碑石。翁於古文似未譜畦經，又薄視他文，為鮮所折中，故戊辰彙修甘以主稿讓他人，而不著一字也。昔盛庸躍馬橫戈守濟州，余閱《吾學編》、《皇明通紀》及史稿諸書，俱云不知何許人。及國朝康熙年，無賴子肩其碑，盛氏子孫鳴諸官，邑令鮑公為責無賴子重豎其碑，則盛庸固宜興人也，碑其可少哉？！余非知古者，感君遺碑之意，而為之銘曰：維昔有祠燬於火，今廟奕奕遷於左。誰其蠲基玉節公，勸修葺座靈復妥。戊辰葺譜大義昌，嘵嘵不齊實猥瑣。公曰無庸莫自怠，竭蹶心勞敢敖惰。硜然留石至于今，遺碑無愧可乎可。譜為再纂文未集，是否碑成責在我。

十七世孫鰲頓首拜撰。

乾隆歲次戊申一陽月穀旦。

C-44

[簡稱]
程氏宗祠捐田碑

[尺寸]
高 128 釐米，寬 71 釐米

[刊立日期]
清乾隆五十四年（1789）
十月

[撰書人]
程暎蘭撰文，程文書丹，
程璋篆額。

[保存地址]
和橋鎮運河東路江蘇省陶
都中等專業學校

[備註]
四邊剔地平雕卷草紋。

[文獻著錄]
《和橋鎮志》第二十九
章輯錄碑文，錯漏頗多。

捐田碑記（篆額）

當考捐田以贍宗族，宋范氏為首稱；後世師其意者，亦往往間有其事，雖多寡之數不必與古人合其轍，要非木本水源之意，羹於中心之誠，然未有能勉強而為之者也。吾族再姪行簡、行餘、行趾、行典兄弟，遵其父仕榮公遺命，捐田十一畝四分。行簡之子坤含、俊陞、洪文遵其父行簡公遺命，續捐田六十七畝二分，以為宗祠公產。每年租息所入祭費外，視族人之鰥寡孤獨、貧無以養者，按月給以錢米有差，不致族中無告、子姓有向隅之泣，意至善美也，德至厚也。較之文正公義田之條欸，固尚猶有待，然自今以往，族中之饒於貲者，將皆望風而為此，安知古今人必不相及也？前者族姪德揚所捐田產，吾先考洪毅府君曾為之記以鐫諸石，撫其遺文幾不忍卒讀；吾兹又忝為宗長矣，今昔之感其又何以為情耶！己西夏，行餘率其姪坤含等，脩輯分譜，一切所捐田畝契價細號，附刻一帙，記載詳明，以垂永久。族人趙之恪遵正義大宗祠例：捐資滿百金者，春秋奉以特祭。今仕榮偕其考遠可公暨其子行簡固已克配，善之公矣。吾以為更宜壽諸麗牲之碑，令子孫一入廟而即興起其向風慕義之心，愈有以昭兹來許也。因不揣荒陋，畧書數語云。

宗長暎蘭撰文，裔孫文書丹，裔孫璋篆額。

乾隆五十四年歲次己西孟冬之月穀旦。

重修晉平西將軍
周孝侯廟碑記

C-45

［簡稱］
重修周孝侯廟碑

［尺寸］
高 264 釐米, 寬 116 釐米,
厚 25 釐米

［刊立日期］
清乾隆五十五年（1790）
四月

［撰書人］
沈初撰, 吳上翰書丹, 湯
中孚篆額, 張志雲、周之
禎鐫

［保存地址］
宜城街道東廟巷周王廟

［備注］
碑首剔地平雕雙龍戲珠
紋, 兩邊剔地平雕卷草紋,
下端剔地平雕蓮瓣紋。

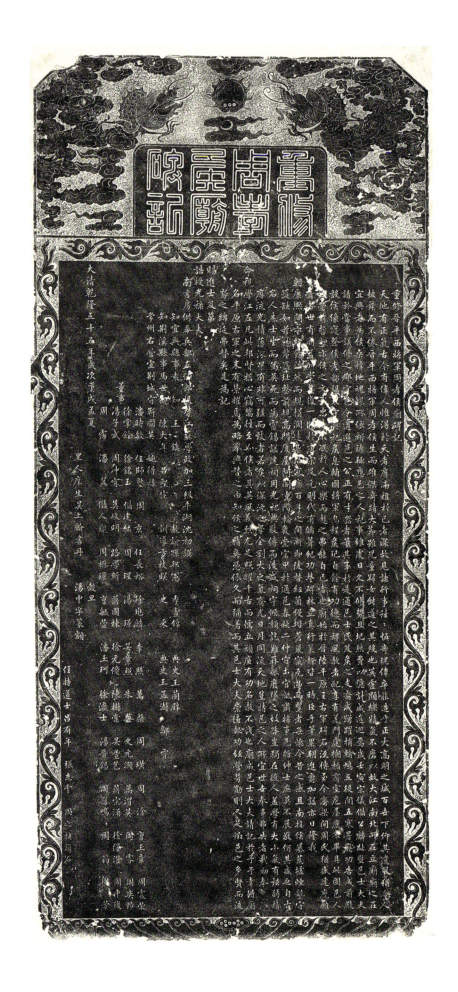

（濟美堂）《吳氏宗譜》卷一之三載（略）：吳上翰，原名仲玠，字衛寶，號蓉庭，邑庠生，嗜學工詩，尤精書法，刻有《蓉庭集》行世，見縣志《藝文》。

［碑文］

重修周孝矦廟碑記（篆額）

重修晉平西將軍周孝侯廟碑記

天地有正氣，古今有偉人；惟淂扵天者厚，而植扵己者深。故見諸行事，徃徃恠奇瑰偉，卒能造乎正大高明之域，百古下仰其遺風，猶令人鼓舞而不倦。晉平西將軍周孝侯，生而雄傑，奇蹟大茆，雖兒童婦女能道之；其歿也，英靈顯爍，精氣不磨，以故大江南北，所在立廟。廟之在宜興者，為侯桑梓地，魂魄所依，祈禱輒應，邑之人祀事維虔；日久不修，勢且圮，然費以億計，咸逡巡焉。歲壬寅，宗儀儲公麟趾暨邑士大夫請於當事議修之，郡守包令遴選邑之公正有才器者董其事，扵是通邑士民及矦之支裔咸踴躍捐輸，鳩工役閱五寒暑，厥功告成。前殿設矦像，寢祭矦考鄱陽太守，廡祀矦息輔國將軍、烏程矦芑，自餘有功德而裨風教者，配享有差；門庭欄楯，齋室庖屋，靡不畢具，此固邑人仰崇前哲、抑亦矦之文武忠孝不泯扵人心，樂而趨之弗能自已者也。廟始扵晉，陸平原、王右軍碑石流傳至今；齊、梁間周氏猶盛，建麾擁纛者世有，廟益加崇；其後一脩扵唐，宋及元明，代有脩葺；紀功豐碑林立，真行篆隸皆一時巨手筆，累朝進爵加謚亦日隆。我朝康熙間，亦經飭治，然而規模闊逴，基址寥廓，百年之間，漸即陵替，紅菌侵階，蒼鼠竄瓦，過而覽者，每懷今昔之感，且南接矦墓，荒墟煙壟，守護缺如。茲特蘉舊址、整前規，高門厦屋，阿閣重階，輪奐崇宏，甲於通邑；春秋二仲，守土官祗肅將事，邑搢紳士庶莫不展敬，何其盛也！自古名人杰士，生而為英，死而為靈，錫謚建祠用光祀典，數傳而後，或祠宇傾頹，訖難再振，廢墜之故，咎豈獨在後人？蓋學有大小，氣有強弱，積厚流光，積薄流卑，有非可疆而致者。若矦以深沉之學，全剛大之氣，齊光日月，同流天地，豈特邑之人所宜世古奉事弗失者哉？初奉命視學江左，凡此邦賢哲，心竊嚮徃；至如矦者，其英風義烈，尤足照耀千古，而懦立頑廉，有功名教不淺也。廟成，邑士大夫請記扵予，予幸淂厠名平原、右軍之末，有榮耀焉；為略舉興替之由，知矦之精爽憑依久而彌著，而其邑士大夫崇德報功、經營勞勣，則又足徵邑之多賢而後裔之綿延弗替矣。是為記。

賜進士及第、誥授光禄大夫、南書房供奉、兵部左侍郎、提督江蘇學政、加三級平湖沈初譔，知宜興縣事袁知、王鎮，教諭孫邦憲、季晝錦，典史王蘭璧，知荊溪縣事馬世觀、陳大年、呂聖宗，訓導方枝暎、史采、典史王孟澍、鄔霄，常州右營宜荊城守靳國英、姚得祿。

董事：潘時敏、任師塾、周京、任長裕、徐兆麟、李照、萬棠、周璜、周淦、曹玉章、周震荣、徐掌銓、徐銘玉、儲建樞、周瑆、湯璟、吳章照、朱英、史元灝、萬渭英、周睿、周奕昂、湯子武、周冲霄、莫峻明、路學昕、蔣國棟、徐元儇、陳樹棠、吳豐芑、蔣宗涵、徐隆澄、周中復、周霈、潘翼、儲人瓏、周㭿璟、曹毓萱、潘玉珂、徐瀛士、湯晉錫、周鳳鳴、周筠、周芳。

大清乾隆五十五年歲次庚戌孟夏穀旦。

里人庠生吳上翰書丹，湯中孚篆額，住持道士呂有年，張志雲、周之禎鐫石。

修建周孝侯廟城鄉各姓捐數

C-46

[簡稱]
修建周孝侯廟各姓捐數

[保存地址]
宜城街道東廟巷周王廟

[尺寸]
高 81 釐米，寬 154 釐米，厚 24 釐米

[備注]
刊分兩石（尺寸相同），第一石中部斜裂，左上角殘缺。

[刊立日期]
清乾隆五十五年（1790）十月

[碑文]

修建周孝侯廟城鄉各姓捐數：

徐義勇公裔捐錢壹伯拾兩，吳心泉祠肆拾捌兩伍錢柒分，李玉、任昌祠、方含香、任拙吾、蔣若乾、陸沉晉、路系祠、吳映白、儲人瓏、徐隆澄、方謝洲、蔣增瑞、管天佑、錢（書田、象山 合）拾兩，史元灝、估衣行以上各捌兩，陸瑞廷以上各柒兩壹錢肆分，任孟祠、馬禹旬、汪源長、何廷璋、陳西祧、汪（愷襄、涵琨 合）陸兩，蔣容祠、吳仁昌、吳恒升、許援桂、錢應周、胡廣居、蔣玉成肆兩伍錢，吳公祠、儲一恒、史輔廷、程吉昌、陳元明、□□脩、衛（正五、慶存 合）肆兩，吳元茂、尹國豐以上各叁兩叁錢，任樂祠、任慕劉、程裕昌、吳永高、徐仙洲、穆宏緒、□德裕、巫蒼祝、錢孟華、蔣敘明、任順齡、沃公祠、褚虔三、蔣（方卓、方正 合）貳兩肆錢，李公祠、徐勉中、蔣南珍、李廷用、汪若沛、徐會嘉、錢邦瑜、□運寬、□□敘、……；在城五典壹伯兩，汪煥叁拾陸

兩捌錢，范尚行以上各貳拾肆兩，宗安瀾、王元龍以上各拾陸兩，徐兆麟、任世安、戴永興以上各拾貳兩，萬松軒祠、潘時敏、儲濤軒、裴謙裕、余价成、石念本、莊柱、王（恒士、孚士合）拾兩，汪森號、蔣（國泰、兼五合）捌兩，錢連源柒兩，曹長年、李昭、汪德泰、杜東壽、洪启祥、方（雲瞻、拜瞻合）陸兩，蔣宗祠、吳元隆、儲灝、任居敬、馬偕行、范輝倫、徐護櫸堂肆兩肆錢，徐科、任陛掄、楊德□、儲永興、張恒盛、王鳳雲、南社各舖合肆兩，吳元盛、鄒正侯、任蕭祠、汪榮號、殷南雍、王全邦、徐鈺、陳懷義、吳利川、王起群、胡亨林、潘應期、許椿年以上各貳兩捌錢陸分，呂公祠、張希堯、萬在林、蔣公祠、潘江皐、許思位、儲芳洲、錢永禄、曹廣行、任同泰、朱敦本、崔青上、倪廣興、陳若華、徐士成、□廣順、□□□、□□□、□□□。陳佩雅壹伯兩，馬謙益叁拾伍兩，東門肉舖合貳拾陸兩，崔坤英、陳翼拾伍兩，吳鏻、吳承啟、余（維岳、南雍合）拾貳兩，宗報祠、朱鴻業、莫峻明、崔榖貽、宗含英、邵綸言、楊光遠、杜（鼎雲、鵬雲合）拾兩，陸開芳、顧（永吉、永貞合）捌兩，楊巷油坊合陸兩貳錢，潘繼賢、張燮和、陸紹雲、夏舟次、洪集新、錢（文瑞、文光合）陸兩，徐銘玉、戴進賢、方誠興、蔣麟書、潘聖功、歐朝寶以上各伍兩，陳永昌、雙茂合肆兩貳錢捌分，□□綏、路方穀、戴瑞升、湯隆順、談仁佩、丁棣尊堂、梅家瀆梅姓合肆兩，趙進臣、崔廷巽、尹公祠、程榮茂、任勝瑞、蔣紹周、葛西美、陳源有、陳寶書、錢普仁、蔣作孚、蔣遐齡、陳錫爵、王孟容、程恒興、張永豐以上各貳兩貳錢，任震遠、任雙玉、馮步蟾、任文游、宗亦高、蔣友隆、徐正興、吳西林、丁聚奎、李永昌、王維禄、王瑞三、笪茂章、袁萬春、陸廷序貳兩。董世遠柒拾貳兩，史容祠、西門油鹽鋪合貳拾肆兩，陳佩珩、呂公祠拾肆兩貳錢捌分，朱緒三、楊惇大、沈（在英、甫宣合）拾貳兩，任畊祠、路學宏、李幹中、儲文田、許鳳梧、洪源盛、許錫祉、和橋槽坊合拾兩，鄒宗儉、路應梅柒兩陸錢肆分，湯遂初堂、徐元儇、王大榮、陸開泰、錢際輝、洪集成、吳（佑仁、啟仁合）陸兩，蔣國棟、趙洪源、沈懋祥、王文佑、張奎□、□（□興、森興合）伍兩，金燧肆兩貳錢肆分，蔣申榮、儲樸誠、汪培元、錢簡在、蔣軼凡、宗拜憲、黃理公、僧恕庵以上各叁兩陸錢，汪廣育、潘紹曽、程洪茂、潘世雄、丁良能、陳繼芳、吳義泰、高順成、林德春、蔣其英、蔣士筠、張寶善堂、褚順祖、胡義生以上各貳兩肆錢，褚滄海貳兩壹錢，吳長元、蔣鳳梧、馬復初、蔣應能、吳宇清、李維城、秦曰瑚、潘于藩、白旭升、陳烟店、王懋德、王如浩、翟鼎豐、蔣約之。楊循理、任阡牧、丁山各舖合貳拾肆兩，吳旭旦以上各貳拾兩，烏池龍坡寺拾叁兩陸錢，湯璟、方復興、曹宗石祠、許公祠、路撰、任朝銓、張文魁、杜甸南、洪維新、僧亦能以上各拾兩，皮貨舖合拾兩，高景綸、梅楚良柒兩伍錢，陸公祠、蔣大啓、李和章、潘佩元、吳致存、倪德興、徐志經堂伍兩柒錢壹分，蔣宗涵、曹天昌、劉永興、□□□、宗敘三、錢（翼周、鳴周 合）伍兩，姚鳳昇肆兩貳錢，潘玉珂、儲璇載、朱永昇、顧佩箴、崔朝賢、陸廷宇、莊廷瑞以上各叁兩捌錢，蔣墅東社合叁兩陸錢，史敬德以上各叁兩貳錢，李普中、方義泰、張元盛、顧耀祖、徐懷濟、方裕隆、任果亭、翟惇德、蔣志初、宗安周以上各叁兩，盧茂生以上各貳兩陸錢，胡啓祥、鄒（聯元、進元 合）貳兩肆錢，儲經畬堂、儲鼎中、鄒在和、趙榮芳、吳業峻、徐志仁、李方新、薛來寬、錢瑞麟、陳朝尊、陳永盛、陳明德、王嘉珩、崔源興、湯日新。盐公棧以上各伍□，丁蒼年以上各叁拾□，任一本祠、閔惇裕、任淇園、徐瀛士、劉永興、路公祠、欽公祠、潘翼、湯晉錫、方莱洲、歐兆錫、陳萬順、陳（常、桂 合）拾，在城染坊合玖兩，毛履仁、汪涵夏、蔣昌祠、陸開放、任薦祖、范立三、吳用章、僧意超以上各陸兩，徐義莊、吳春昱、□□□、莊金聲、鄒文敘、王桂元、蔣百斯肆兩捌錢陸分，蔣祥□祠、李傅、陸瑤仙、楊大生、陳龍書、吳景隆、張天瑞以上各肆兩，路含馨、汪利昌、蔣公祠、莫盛銓、方德隆、張嘉瑞、杭天澤、蔣萬揆、蔣怡順、鄧旭揚、劉公三、蔣端昇、范（友昌、友隆 合）叁兩，沈觀禄、觀德合貳兩陸錢，胡源興、許（兆鳳、守仁 合）貳兩肆錢，顧公祠、任凌雲、蔣士荃、褚上珍、吳克讓、俞敘元、戴正明、薛復源、潘步雲、葛方淇、王在川、蔣鶴年、楊裕成、胡嘉瑞、孫子全。……，在城布庄公捐神臺壹座，在城油蘇舖公捐油肆伯叁拾肆觔。……，□□□曾祖祠拾貳兩，□□□安甫公祠拾兩，武進沈巷子芳公支拾兩，虞墅公祠拾兩，下澤鳳宣公派下拾兩，淦里公祠拾兩，棟墅港公祠陸兩肆錢叁分，離群寧遠公祠陸兩、塘東支陸兩，雙廟頭蓮溪公祠肆兩捌錢，宋瀆北祠叁兩，周典里東北兩分叁兩，雲霭昌陽公祠貳兩，雪庄分拾肆兩叁錢，補亭捐敢字號平田拾畝零，學濂、學程合壹伯兩，芥叁拾伍兩，坤度、近華拾捌兩，應鵬、楚寶、南英、開文、鳳越、祖興、典禮、（效三、瑞林 合）拾兩，子方柒兩肆錢，克賢、曰士、育才、（右全、復成、敘九 合）陸兩，瑆、子賢、（曰明、曰庠 合）伍兩，充、德煥、世顯、雲標、允龍、近智、一海、燦文、（廷禎、廣宣 合）叁兩，羅定、虞揚、彭臣、紹之、志初、士蘭、元谷、舒泰、冲霄捐錢壹伯捌拾兩，嘉植、丹植合壹伯兩，滄旭、永言以上各貳拾兩，洪山、肩文、觀海、振福、敬脩、啟元、學茂、其俊、昇、曰瑚柒兩壹錢肆分，克順、象成、邦興、（文耀、文華、文榮合）陸兩，鳳泉、峻淇、（廷岳、國香 合）伍兩，起西、斐、永盛、象坤以上各叁兩陸錢，永餘以上各叁兩貳錢，約貞、必達、廣凡、（永培、永埼 合）叁兩，邦興以上各貳兩捌錢陸分，惟孝、柏順以上各貳兩貳錢，鶴鳴、三省、元林、天德、曾獻以上各貳兩。邾瀆□□□□□□，野墓里重興公派下塘頭分祠拾貳兩，藍田蘭圃公祠拾兩，吳家圩崙公祠拾兩，北川公祠拾兩，大澗公祠拾兩，東魯墅鵬公祠捌兩，繆墅公祠陸兩叁錢，南上塘雲礽公祠陸兩，茆圻洪基公祠伍兩，浮里曾貽公堂肆兩，雲翯宏祠叁兩，淋漓圩下培分叁兩，宋瀆南祠貳兩，澗北公祠捌兩，京壹伯捌拾兩，永錫、紹南以上各叁拾兩，履恭、履豐合貳拾兩，志堅、思信以上各拾伍兩，觀光以上各拾肆兩，懷臻、萼嶠、中復、鳳翔、懷行、子文、象恒、克昌以上各柒兩，肇脩、起鵬、（茂華、茂昌、茂芳合）陸兩，鳳鳴、立凡、（其章、其襄合）伍兩，重輝、懷齡、武進瑞雲以上各肆兩，士榮叁兩伍錢，玉濤、惠賢合叁兩貳錢，企賢、鳳儀、公興、（天林、天揆、裕祿 合）叁兩，子林貳兩柒錢壹分，恒太以上各貳兩伍錢，炳、爲南、二貽、啓祿、瑞三、（鳳雲、漢緋 合）貳兩，瑞林壹伯陸拾兩，若川以上各伍拾兩，在三貳拾肆兩叁錢，維益、鼎爵、文宗合貳拾兩，德駿、若雲、宣四、彩五合拾伍兩，澤長、澤揆合拾叁兩，紹以上各拾貳兩，香山、敘祿、萬興、達、本度、天元、（景和、敘魁、福桂 合）柒兩，景文、國賢、方来伍兩柒錢壹分，誠楚、見龍、寶中肆兩柒錢，仲占、曰庠、（慶明、敬明 合）肆兩，永昌、永全、銳揚合叁兩伍錢，□太、近榮合叁兩貳錢，煊、浩然、隆昌、志方、世英貳兩柒錢，秉仁、魁元、子禮、渭川、子順、瑞良、（克紹、伯行 合）貳兩，山下支公祠□□□□，吳家村湖陵支拾壹兩，王墓支興嗣分拾兩，強塔圩公祠拾兩，曹橋愛泉公支拾兩，黃瀆培基祠拾兩，沙橋分柒兩，東塘鳴球分陸兩，坦西村公祠陸兩，邵墅明二公祠伍兩，渡橋村公祠叁兩陸錢，楊家圩公祠叁兩，廟橋支貳兩肆錢，細橋公祠貳兩，耀逺壹伯貳拾兩，芳肆拾伍兩，可懷貳拾貳兩，席珍、南溪、正元合貳拾兩，璇、筠拾肆兩叁錢，近章、象熙、廷栢、西昌、茂昌、國泰、天行以上各捌兩，斗文、需、紹文、親明以上各陸兩，士謙伍兩伍錢，遐齡、大玕以上各伍兩，陞升肆兩肆錢叁分，鶴千、文凡、（士成、聖時 合）肆兩，玉千叁兩肆錢，鳴鶴叁兩壹錢肆分，璜、增億、永亨、玉文、志全、象文以上各貳兩肆錢，迪恒、鳳一、公弼、瑞明、典六、（集功、體時 合）貳兩，中書壹伯兩，震雄肆拾兩，會朝、（大容、遇隆 合）拾捌兩陸錢柒分，學行以上各拾陸兩，近仁、萬能、煥、子良、九皐、玉田、武進秀楠以上各拾兩，兆麟、德超合捌兩，克政、枺璟、煜曾、（羽儀、羽翔、羽鰲 合）陸兩，公祥伍兩壹錢肆分，元龍、（從澤、士元 合）伍兩，廣聚、順行、廣行合肆兩壹錢，佑其、世能、（升高、升朝 合）肆兩，廣行、永貞、采五、原伯、宣聘以上各叁兩，大容、廷玉以上各貳兩陸錢，遇豐貳兩叁錢，沛然、鳳三、士洋、文旭、文賢、曉珠肆兩。附女人捐數：周陶氏仝媳周陳氏（甚嘉渡）拾叁兩，徐周氏（南大街）拾兩，徐周氏（謝庄）陸兩，史周氏（湖濱）陸兩，馮徐氏（東門外）貳兩，蔣雷氏（沈家橋）貳兩，蔣周氏（沈家橋）貳兩。

大清乾隆五十五年歲次庚戌孟冬。

謝安《周孝侯像贊》

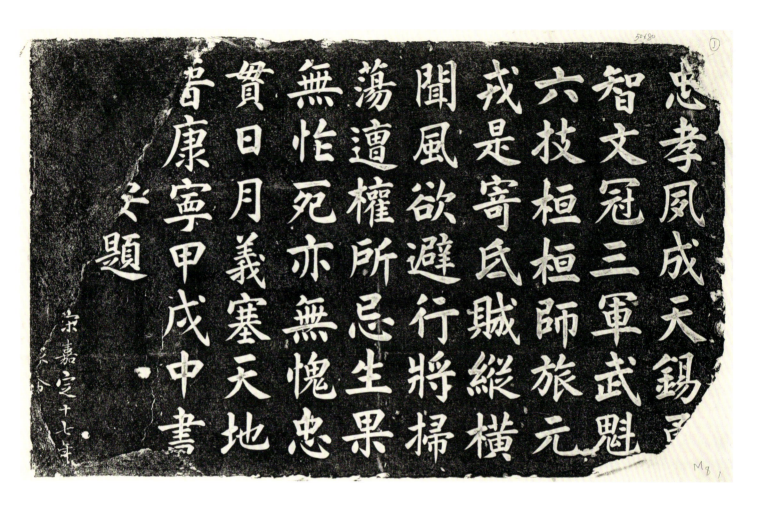

忠孝鳳成天錫昌
智文冠三軍武魁
六枝桓桓師旅元
戎是寄氏賊縱橫
聞風欲避行將掃
蕩遵權所忌生果
無怍死亦無愧忠
貫日月義塞天地
晉康寧甲戌中書
題

宋嘉定十七年

C-47

[簡稱]
謝安《周孝侯像贊》

[尺寸]
高 50 釐米，寬 80 釐米

[刊立日期]
清乾隆五十五年（1790）

[撰書人]
謝安題，吳上翰書。

[保存地址]
宜城街道東廟巷周王廟

[備注]
應刊分數石，此為尾石。此石左側及右下角有殘缺。
史籍所載東晉孝武帝第一個年號為"寧康"，僅《魏書》（北齊魏收撰）誤記為"康寧"。

光緒《宜興荊谿縣新志》卷十載：《周孝侯像贊》石刻，晉謝安題。國朝乾隆五十五年吳上翰書楷上石。宵康年號誤倒。按：像贊真蹟舊藏國山周氏，裝潢精良，前明時為蔣墅周氏所得，玉躞金題被人取去。周氏扄諸匱中，數百年來未嘗輕以示人，道光之季始一出焉。像雖漫減，而黯矊之中英光凜凜；贊則楮厚墨濃，書作行楷。謝傅在晉不以書名，而字畫清挺，猶見江左風流。咸豐間，藏弆無恙，庚申之變化為灰燼。竊歎吾邑周氏後裔鼎盛，文士綦縣，蒐羅孝侯掌故更極博，謝公手書藏諸苗裔，近在梓鄉，未及搜摹上石，致令千五百年墨寶竟歸烏有！而唐時偽撰之墓碑，託名於陸、王兩內史者，沿譌踵謬，重加摹刊，周鼎幹而康瓠珍，鉛刀銛而莫邪鈍，翰墨之流傳固有幸有不幸哉！

（濟美堂）《吳氏宗譜》卷九之二載：周孝侯像贊石刻，晉謝安題。乾隆庚戌上翰公書楷，鐫石上。

［碑文］

忠孝夙成，天錫勇智。文冠三軍，武魁六技。桓桓師旅，元戎是寄。氐賊縱橫，聞風欲避。行將掃蕩，遭權所忌。生果無怍，死亦無愧。忠貫日月，義塞天地。

晉康寧甲戌中書（令謝）安題。宋嘉定十七年……

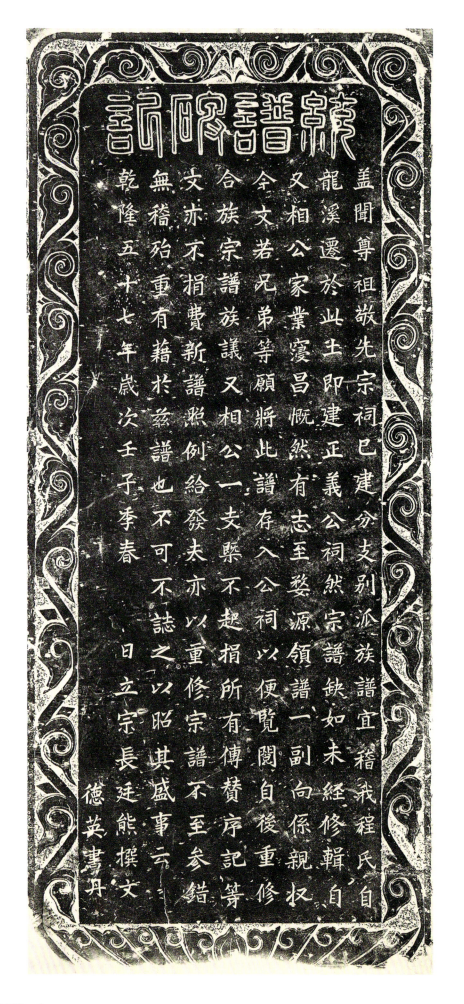

韓宗譜碑記

盖聞尊祖敬先宗祠巳建分支別派族譜宜籍我程氏自

龍溪遷於此土即建正義公祠然宗譜缺如未經修輯自

又相公家業寖昌慨然有志至婺源領譜一副向係親叔

今文若兄弟等顧將此譜存入公祠以便覽閱自後重修

合族宗譜族議又相公一支繫不起捐所有傳贊序記等

文亦不捐費新譜照例給發未亦以重修宗譜不至參錯

無稽殆重有藉於茲譜也不可不誌之以昭其盛事云

乾隆五十七年歲次壬子季春日立宗長廷熊撰文

德英書丹

統譜碑記

C-48

[簡稱]
程氏統譜碑

[撰書人]
程廷熊撰文，程德英書丹。

[尺寸]
高 127.5 釐米，寬 54 釐米

[保存地址]
和橋鎮運河東路江蘇省陶都中等專業學校

[刊立日期]
清乾隆五十七年（1792）
三月

[備注]
上端及兩邊剔地平雕卷草紋，下端剔地平雕蓮瓣紋。

[文獻著錄]

《和橋鎮志》第二十九章輯錄碑文，錯漏頗多。

[碑文]

統譜碑記（篆額）

盖聞尊祖敬先，宗祠已建；分支別派，族譜宜稽。我程氏自龍溪遷於此土，即建正義公祠，然宗譜缺如，未経修輯。自又相公家業寖昌，慨然有志，至婺源領譜一副，向係親収；今文若兄弟等，願將此譜存入公祠，以便覽閱，自後重修合族宗譜，族議"又相公一支驟不起捐，所有傳、贊、序、記等文亦不捐費，新譜照例給發"，夫亦以重修宗譜不至參錯無稽，殆重有藉扵兹譜也，不可不誌之，以昭其盛事云。

乾隆五十七年歲次壬子季春日立。

宗長廷熊撰文，德英書丹。

重建和橋程氏宗祠記

C-49

[簡稱]

重建和橋程氏宗祠記

[尺寸]

高 195 釐米，寬 97 釐米，
厚 27 釐米

[刊立日期]

清嘉慶元年（1796）十月

[撰書人]

段琦撰文，徐大榕篆額，
錢伯坰書丹。

[保存地址]

和橋鎮運河東路江蘇省陶
都中等專業學校

[備注]

碑文行書，分成六段。

[文獻著錄]

《和橋鎮志》第二十九
章輯錄碑文，雖有錯訛，今
據之校勘。

重建和橋程氏宗祠記

大清御宇，聖聖相承，道洽政治，澤潤生民，薄海内外，百姓親，五品進，是行是訓，炳焉與三代同風。嘉慶元年四月，予以匪才除荆溪令，下車後藝課東坡先生蜀山書院，得程生麟章文，頗有見道語；院長謂予曰："此庠中名諸生也，籍宜洽，家和橋。"和橋濱蠡塘為南北孔道，予詣郡省，屢過生里，見其民居鱗次，不下萬家，帆檣車騎，紹繹無休時，而高門舊望，率多絃誦聲，予低徊留之不能去。未數月，生以《重建和橋程氏宗祠記》請，重建者誰？生之父行餘、茀父行趾、暨生同祖兄坤含、俊陞、洪文。先是，前明中葉，新安龍溪程氏居和橋者百餘人；迄萬歷間，生高高祖善之，復從龍溪來，甫卜宅，即約族衆建祠。入聖朝康熙丁未、戊申兩稔，祠果建，並祔族人之主，顏曰"正義堂"，仍新安大宗祠舊額也。乾隆庚申再修，族士昇記其顛末如此。至是歷百數十年，為甲寅春，族衆既拜奠，議復脩，坤含則起而請曰："復脩毋寧重建，某不揣，願与諸父均其任。"諸父僉曰："善。"遂白族尊映蘭葳厥議。閱丙辰，工告竣，統計費五千金，行餘、行趾半之，坤含昆季半之。一切鳩工庀材，昕夕靡懈者，坤含之力居多焉。攷《周官·大司徒》"十有二教"，一曰祀禮教，敬若保息本俗，實與《太宰》"八統"元兩相表裏。迨教成而賓興之，則閭師書其敬敏儉恤者，族師書其孝弟睦婣有學者，掌正書其德行道藝者，其進每上，其選每精，凡以約斯民於人道焉耳。今程氏諸君子不慳財、不吝力，敬宗收族，式禮莫愆，自非學有經術，豈易及此？然則我國家文教覃敷，群黎徧德，觀於一邑一鄉，亦愈可知天下哉！抑在乾隆戊子，坤含父行簡，遵先人士榮命，偕弟行餘、行趾、行典，即宗祠左偏另建分祠，祀善之位下一支，并割產若干畝充祭欤。頃者行簡、行典俱謝世，而後之人，克體斯心，推諸疏遠，將長逝者魂魄必更大快於子孫。予奉職無狀，惟賴都人士敦本懋質，相与有成。嚮嘗喜麟章之能文，於此乃益知其賢父兄之教，用不以不文辭辭，而為之記。

嘉慶元年歲次丙辰孟冬月穀旦。

賜進士出身文林郎知荆溪縣事河陽段琦撰文，賜進士出身由戶部郎中出任山東萊州泰安濟南府知府卓異加一級今特簡部郎陽湖徐大榕篆額，居士錢伯坰書丹。（印：伯坰之印）

建祠碑記

C-50-1

[簡稱]
儲氏崇本堂建祠碑

[尺寸]
高 216 釐米，寬 82.5 釐米，厚 25 釐米

[刊立日期]
清嘉慶三年（1798）四月

[撰書人]
儲育麟撰記，潘敬書丹。

[保存地址]
新建鎮留住村後儲巷

[備註]
2019 年 8 月 27 日移動時不慎斷為兩截。
雙面刻銘，四邊剔地平雕回紋，背面
《建碑自叙》無邊飾。

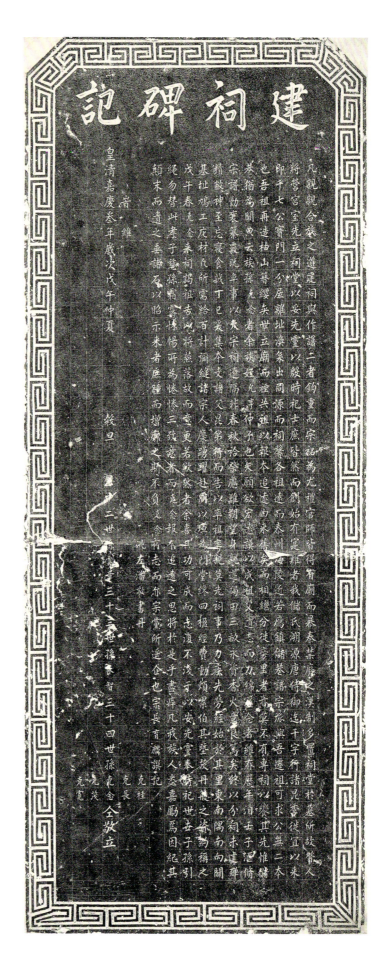

建祠碑記（額）

　　凡親親合族之道，建祠與作譜二者鈞重，而宗祐為尤。禮，官師皆得有廟，而暴秦禁廢之。漢制多置祠堂於墓所，故昝人將營宮室，先立祠堂，以妥先靈，以殷時祀，士庶皆然，而創始有寔難者。我儲氏溯源唐侍御，迄千字行諸昆季，徙宜以来即千七公寶門一分，屈離址渙，系出同源而祠馨各祖，遂而泰州、海陵、近若鴈鎮、儲巷；諸宗派與吾遷祖可求公無二本也。吾祖再造柚山，簪纓奕世，立廟而禋共祖，以報本追遠，由来舊矣，而相繼分徙旁里者亦莫不有專祠以饗其先；惟儲巷猶為闕典云。族孫克念者，余族姪允亨仲子也；矢願欲宏遂謨，以成祖父遺志而力綿，廑念者維有歷年。洎壬子滙脩宗譜，勤襄纂叢，既卒事，以大宗祠遼隔，非春秋祫祭，慮難朔望身親。遂蠲田三畝永資香火，意良篤矣。終以分祠未建，殫精敝神，至忘寢食。歲丁巳，爰集本支諸父昆弟行，而告以“率祖率親，莫先祠事”，乃力疾先勞，經始於其里東南隅，南向闢其址，鳩工庀材，凡所需給，百計彌縫。諸宗人麇踴躍赴，周以垣為門堂，纔四楹，經費動煩累伯；其堊茨丹臒之資約稱之。戊午春，克念来祠謁祖，告以將燕落故，而意更若歉然者。余喜其功可成而志復不淺，于安先靈、奉時祀，世古子孫引繩勿替，此孝子慈孫霜露悚惕、所為惓惓三致意者。而克念報本追遠之思，將於是乎盡瘁。凡我族人，悉嘉勵焉。因紀顛末而遺之，垂諸石以昭示来者，庶踵而增廓之，斯不負克念所志，而亦宗黨所遥企也！

　　宗長育麟譔記，洮左潘敬書丹。

　　岦維皇清嘉慶叁年歲次戊午仲夏穀旦。

　　三十二世孫雲章、三十三世孫永智、三十四世孫克桂、克長、克念、克茂、克寬仝敬立。

崇本堂建碑自叙

C-50-2

[簡稱]
儲氏崇本堂建碑自叙

[撰書人]
儲克念識

崇本堂（額）

建碑自叙

余痛遭不造，險釁閔凶，雖大仇幸雪，而终天抱恨，常恐獲罪扵如在之靈。窃念我祖由檣公贅徙而下，歷世頗遠，宗绪未宏，無以充光前烈，雖有柚山大宗祠春秋並同袷祭，而本支缺如；此余先大父暨先考所為惻然、念及祠事，嘗撫諸孤而不忘切诚者，余默識焉，顧以枕戈而未暇也。寢至乾隆癸邜，始克追先训，協衆鐳輸，敛資淂数十金；積十餘年经營會计，幸治産二十畝餘。戡壬子，宗長明益等匯修宗谱已，給丁銀若干両数，又捐田三畆以永思成。阅今五載，漸獲嬴餘，然已身染積疴而未奠神棲，曷以慰先亡扵地下？越丁巳，勉疾建祠，賴诸族人争先竭蹶；未数月，規模粗就，而资给已罄如矣。兹者祠基初乞，随立石扵堂右，诚恐權輿莫继，難言塞責耳，非敢如宗長所期也；故復述先志，附诸碑隂，以告族人。幸戓天假余年，俾與诸同志勿隳，其始行見斯堂之告竣而祠産庶幾，古守血食，亦扵以靈長矣！列祖在天，其鑒佑之，凡我族人，尚慎毋忽。

裔孫克念謹識。

重修雙溪公祠堂記

才人性耽山水每遇峰嶺奇秀泉木明瑟輒流連諷詠戌
流往往即其地為祠宇而尸祝之歷千載不替前明杭中
嘗讀書杏後古靖溯沒之金為沙寺寺中宋熙寧初勅建岳忠武亭遊
銀匭像先其間公中從唐尚存明嘉靖間兩先生落掌溪公既貴眷念舊遊
公也治胡顏氏族若孫女祖雙溪村之既茲往事詳邑乘捐給時全杭
言于杭公五世曰遆鳩工修葺溪公名茨而丹藤十年又大壞祠像杭
章翰墨重塈新无擅絕一時祖公昌齡雙溪公名茨鄉之丹藤四邑由祠名亯
晝堂宇偶類摭新夫以溪之勝才子性情誦其詩中好圖
來逸後幾蜀山溪吾宅剝溪山最公之想公生平嘗不窮瑟云
風泛溪偶等擷美絕人若此時公愛且將僑寓萬公也其性紛黠馨中
舟荊堂林墾尤絕人一時剝此人果以勝之奠家其子紛通曰醫家鳳
因摺賦詩散泊湖顧汝其時則宜此愛映山烘染如書即其夜並宿重遊
楊登公之十韻公未識將金別寺所在故末嵩往他日重遊書
出身翰祠摯顧之像詩文以紀遊也
闢出校理翰林編修武英殿提調謝王子山東
嘉庚六洋戌翰林院侍讀學士吳遷選大□□考

重修雙溪公祠堂記

C-51

[簡稱]
重修雙溪公祠堂記

[撰書人]
吳廷選撰

[尺寸]
殘高 80 釐米，寬 75.5 釐米，厚
12 釐米

[保存地址]
湖㳇鎮銀湖村金沙 64 號

[刊立日期]
清嘉慶六年（1801）八月十五日

[備注]
碑首佚，碑身下半部殘缺。
兩邊剔地平雕雲蝠紋。

[文獻著錄]

　　康熙《重修宜興縣志》卷十載：金沙禪寺在縣東南四十里均山區，陸希聲讀書山房即此。宋熙寧
三年賜額"壽聖金沙"。隆興初，改廣福金沙禪院。明嘉靖間，僧貧寺鬻，中丞杭雙溪捐貲贖存之，
後厥嗣頤泉、孫子宣從唐荆川、萬履菴兩先生往遊，諭使拓成先志，復給田山屋宇，延善覺僧員珂居
守之，縣令方金湖為之肖像立扁於內。隆慶六年，寺僧真驥延寶山庵僧德份協力募助重建殿宇。國朝
順治年間，杭中丞五世孫呂（昌，誤刊）齡延僧重脩。

　　萬曆《重修宜興縣志》卷十載：建炎間，岳武穆王嘗提兵過此，題壁云："余駐大兵荆溪，沿干王事，
陪僧僚謁金仙，徘徊少憩，遂擁鐵騎千餘長驅而逝。異日復三關、迎二聖，使我宋朝中興，得勒金石，
重過於此，豈不快哉！"

　　民國《光宣宜荆續志》卷一載：岳鄂王系馬銀杏尚在，前志（光緒《宜興荆谿縣新志》卷九）謂"兵
後不存"，誤。

　　（濟美堂）《吳氏宗譜》卷八之一載（略）：（十三世）吳廷選，乾隆甲辰進士，選清書庶吉士，
授編修，戊申、己酉順天鄉試同考官，壬子山東主考，癸丑、己未會試同考官，提督安徽全省學政，

陞翰林院侍讀學士，誥授朝議大夫。

《杭氏宗譜前編》輯錄碑文，可資校補，殘缺部分用（）標注。

［碑文］

重修雙溪公祠堂記

才人性耽山水，每遇峰嶺奇秀、水木明瑟，輒流連嘯咏，或（築精舍以居，後之人慨想風）流，往往即其地为祠宇而尸祝之，歷千載不替。前明杭中（丞雙溪公居近具區，而早年）嘗讀書湖汊之金沙寺。寺為宋熙寧初勅建，岳忠武曾駐（兵於此，有題壁句，繫馬寺門）銀杏，古蹟尚存。明嘉靖間，寺中落，雙溪公既貴，眷念舊遊（地，捐貲贖存之。公子頤泉、孫玉）區，先後從唐荆川、萬履菴兩先生往遊，復多捐給。時金湖（方侯宰吾邑，於寺建祠，肖）公像其中，顏之曰"大中丞杭雙溪祠"，事詳邑乘。明季經兵（燹，祠幾廢。）國朝順治間，公五世孫昌齡修葺之，迄今百四十年又大壞，杭（氏族人戚然曰："是吾祖棲靈）所也，胡頹敗若此！"廼鳩工飭材，墍茨丹腰，寺僧協力，祠像（復新，功既竣而請記於余，余）言于杭氏族人曰："汝祖雙溪公，名卿而才子者也。"公由名（進士，歷官中丞，以清德著，詞）章、翰墨尤擅絕一時。因公之才，想公之志，其性情嗜好故（當在山水之間，而金沙地近）畫溪，林壑尤美。夫以溪山最勝之處，生平嘗絃誦其中，公（而有靈，魂魄長應戀此也。今）日堂宇重新，擷溪毛、剥山果，以奠公，公其不乘雲翳鳳，翩（然胯饗於斯祠也哉。昔坡公）来荆溪，偶寄蜀山，吾宜人愛公之僑寓也，即其買田處为（書院，以祠公。汝祖雙溪公清）風逸致，幾類坡公。然則此祠且將與東坡書院並重于宜，（歷千載而勿替矣。余客歲挐）舟泛畫溪、泊湖汊，其時紅葉映山、烘染如畫，夜宿溪頭，（水聲潺湲來枕上，意甚樂之，呼）燭賦詩數十韻，顧未識金沙寺所在，故未往。他日重遊畫（溪，必當入寺訪忠武繫馬處，）因登公之祠，揖公之像，將別有詩文以記遊也。

賜進士出身翰林院編修武英殿提調壬子山東大主考癸丑……淵閣校理翰林院侍讀學士邑後學吳廷選拜撰。（印：吳廷選印）

嘉慶六年歲在辛酉八月之望。

重修北報本祠碑記

C-52

[簡稱]
重修丁氏北報本祠碑

[撰書人]
任煊撰，丁鈇識，丁汝霖書。

[尺寸]
高 171 釐米，寬 84 釐米，厚
15 釐米

[保存地址]
徐舍鎮鯨塘社區活動文化服
務中心

[刊立日期]
清嘉慶七年（1802）四月

[備注]
碑身中部橫裂，且有殘缺。
四邊剔地平雕回紋。

[碑文]

重修北報本祠碑記（篆額）

荆溪丁氏世望邑西南偏，趙宋時有諱貴方者，以天章閣待制扈蹕南遷，天子偉其功，勅建奉先、仁壽、報本三菴以為墓刹。爰有南、北両祠，永豐南祠主春祭，北祠則在從（善）顯德寺旁，主秋祭。自宋歷元而明，世際滄桑，變遷蕩析，侍御紫崖公創復南祠；入國朝而儒林濟亭公復恢北祠，故址建屋設龕，合（祀八）世以上及先後有功德者，両祠仍對峙焉。迄今七十載，漸次剝落，宗長筠岡公既營南宇，蕲鼎新之，會宗牒告成，度支乏缺，齎志未竟（而歿），屬族彥中峯翁，中峯翁枋理祠政，益矢公慎。越數年略有賸積，迺鳩工庀材，刻期舉事。眾皆踴躍，樂與共襄，或任採買、或掌簿書、或（任勞）作；易其朽蠹，正其欹褢，完其破缺，門庭戶牖，煥然一新。而又式闢新構，廣屋五楹。経始庚申孟冬，

重修北報本祠碑記

落成辛酉菊月，首尾一年。丹艧之□，建築之固，共用木、石匠作各費計銀千両有奇，工竣勒石垂遠，屬余一言。余維國有廟、家有祠，凡以報本追遠合離而萃渙也。大宗百（世不遷），小宗五世則遷，小宗之派別無窮期，而大宗則統於一丁氏。世業閎衍，族盛支繁，代遠則位多，位多則祭奠難以成禮。故自八世以上□別而等殺之。正寢設三龕，始祖居中，旁列三十七分各支祖，而功勳爵秩胥祔食焉，外此不得濫入。中為享堂，祭後分餕合餕，以□□□□家政，前後從屋數楹，以設廚、以崇議祀、以主遠人、以貯米穀、以居僕賃。春秋灌献，序爵序齒，長者為祭酒，其餘以倫次，昭穆分□□□□之，明日稽查出納，檢點贏餘，法胥井井，抑且明勸懲、申約束，俾族之俊乂，以時講習其下，吾知風俗日益淳，人心日益固，禮讓□□□□世守其竹苞松茂之觀，歷久弗替，又可以時代域之哉？謹摭寔而為之記。

賜進士出身誥授奉政大夫吏部文選司員外郎加（□級□軍機）虞章京愚表外孫任烜頓首拜撰。（印：跂園、臣烜之印）

鈇以菲才，謬膺祠政，深懼弗克負荷，□□□□維持一切事宜，次第修舉，今更鼎新祠宇。但念先世以報本命名，具有深意，夫本之為言根也；豐其枝者，必沃其根，願吾子□□□□敬宗之義，抒敦親睦族之忱，一德一心，若臂指之聯屬，富厚者隨力相援，毋膜視如秦越，貧困者安分自守，勿快意於恣睢，□□錙銖之利，興攻訐之端；借夙遠之謀，生覬覦之釁。或挾一人之私，而妨至公之論；或鬥一時之狠，而貽莫大之憂。此皆德門深羞，有□共擯，所宜永戒。祠成立石，附贅數言。至殫心締造，任怨任勞，叔于逵，兄樂山，弟中鍔、覲湘、志馥、羽高、佑時、益元，姪尊三、槃如、清源、太□、旭文，例應得書；鈇則碌碌曰人，無庸齒及也。二十一世孫鈇謹識。

嘉慶歲次壬戌孟夏之吉。

宗子允泰、宗正鈇敬立，二十二世孫汝霖敬書。

重建宗祠啟

C-53

[簡稱]
重建后塘胡氏宗祠啟

[尺寸]
高 133 釐米，寬 57.5 釐米

[刊立日期]
清嘉慶十三年（1808）十一月

[撰書人]
胡鰲啟，周介眉書丹，胡舜華跋。

[保存地址]
周鐵鎮后塘新村北側原胡氏宗祠舊址

[備注]
碑首綫刻雙麒麟紋，四邊剔地平雕回紋。

重建宗祠啓

伏維我后塘胡氏，始遷祖節幹公大宗祠創自前朝，隸址邨之東花園嘴。國朝康熙年間，禍燬於火。十五世玉節公念嫂蔣貞女苦志守節而棲靈無所，責未可逭，遂以所居屋蠲入公祠，率衆移建，勸資加葺，規構一新，時乾隆五年庚申也。逮五十二年丁未，梓譜告竣，給發之時，緣譜費不貲，議修祠宇，力竭未遑。經今又十有餘載，日漸傾頹。最不堪者，基址原屬低窪背面，距河頗遠，又無陰溝暗通水道，每當雨沛，幾同坎阱。祖宗靈爽不安，子孫心目何忍？此非更張重建，奚以紹我前人？弟念鳩工庀材，自拆卸改造以至裝修丹艧，估計約千餘両之多，既乏公項支銷，必賴私心協助；乃遂邇之支派雖多，而殷實之戶丁甚少；惟望衆擎之舉，以期大廈之成。鳌今六十有六歲矣，嘆桑榆晚景，感春秋霜露，輒寢食廢忘，窃效一心，願肩半力。諸凡重建費用，自矢承値一半，吐出鄙忱，決無追悔！凡我族人，幸勿有呼莫應。

　　㫑嘉慶八年歲在癸亥清龢之月穀旦，十七世鳌亨齡氏謹啓。十有三年歲次戊辰一陽月朔，同里戚末周介眉整莽氏書丹，（印：整莽介眉、震安氏）十六世明德、舜華、翔雲、鳳彩氏率族衆勒石。

　　祠之重建若非亨齡氏一呼，焉得增廓落成？今亨齡謝世矣。凡我族人，當念艱難支辦，除首廡旁屋召租人夫看守外，其正間門廳及前堂後寢，祇宜擁書誦習，庶無負濟美聯芳遺範。僉不許作塌堆積，致滋汙穢，以上瀆祖靈。倘子孫有犯此者，照規嚴責不貸；族分徇情，一體懲治。舜華鳳彩氏跋。

重建宗祠碑記

C–54–1

[簡稱]
重建后塘胡氏宗祠碑

[尺寸]
高 147 釐米，寬 58 釐米

[刊立日期]
清嘉慶十三年（1808）十一月

[保存地址]
周鐵鎮后塘新村北側原胡氏宗祠舊址

[備注]
碑身中部橫裂。
碑首剔地平雕雙龍戲珠紋。

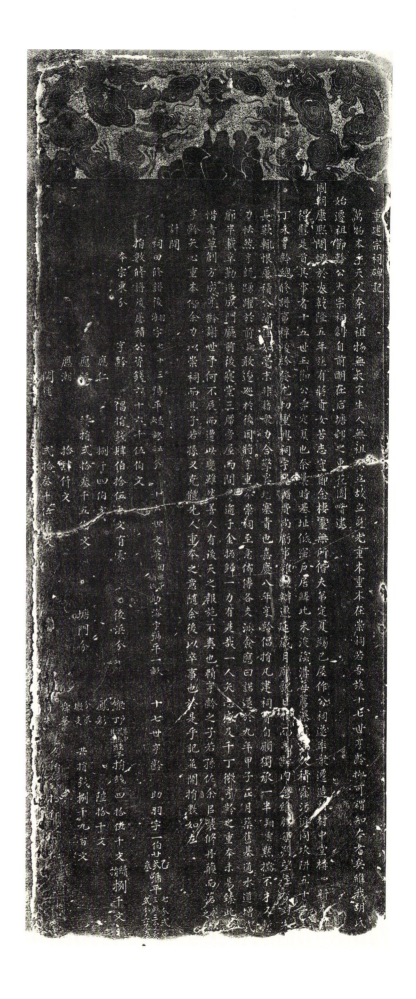

重建宗祠碑記

萬物本乎天，人本乎祖；物無天不生，人無祖不立；故立身先重本，重本在崇祠。若吾族十七世亨齡，抑可謂知本者矣！維我胡氏，始遷祖節幹公大宗祠，創自前嶼，在後塘邨之東花園嘴。逮國朝康熙間燬於火。乾隆五年，族有蔣貞女苦志守節，念棲靈無所，偕夫弟定夏蠲己屋作公祠，遂率眾遷造於村中，堂構一新，先靈得慰；是首其事者，十五世玉節公字定夏也。奈曩時基址低窪，戶居鱗比，未浚陰溝，每簷瀑飛注，久積霪污，庭同坎阱。五十二年丁未，亨齡總修譜事，梓竣給發，尤切重興祠宇，然譜費尚虧，事難踵辦，遷延歲月，廟貌日頹。而亨齡內念維殷，每朔望柱香，對先長歎，輒恨屢積公資，僅如毫末，非藉眾力合擎，奚堪塞責也？嘉慶八年，亨齡倡捐，凡建祠費，自願獨承一半。翔雲默揣不才，又愿力怯，然亨既踴躍於前，翔敢逡巡於後？因將亨重本崇祠至意佈傳各支派，僉應曰："諾。"遂於九年甲子正月築舊基、通水道、增式廓。半載辛勤，造成門廳、前後寢堂三廡、旁屋兩間，費逾千金，捲歸一力。有是哉！一人矢志，感及千丁；微亨齡之重本，未易臻此。所惜者，草創方成，亨齡謝世；予何不辰而遭此變？雖然，善人有後，天之報施不爽也。賴亨齡之子若孫，佐余昌裝修丹蔆而落成之。亨齡矢心重本，偕余力以崇祠，而其子若孫又克體先人重本之意，隨余後以卒事也。於是乎記，并開捐數如左。

計開：祠田修譜後 羽、海字七十三號平壹畝五分、式畝五分。

十六世文英因無子，嫡姪助海字號平一畝，十七世亨齡助羽字一伯廿乙、式、叁號平七分式厘、三畝三分零、式分六厘五毫。

捐數修譜後，屢積公資錢六十六千伍伯文。

本宗東分：亨齡倡捐錢肆伯拾伍千文有零；應仁捌千四伯文；應沅續捐式拾叁千五伯文；應潮拾肆千文；閏蓮式拾叁千伍伯文。

後浜分：眾戶丁其中、鳳熙、其位經手捐錢四拾伍千文，續捐捌千文，鳳彩陸拾千文。

塘門分：分水、墩支共捐錢捌千九百文，舜華、順先合捐錢拾仟文。

捐數費用并跋

C-54-2

[簡稱]

捐數費用并跋

[尺寸]

高 152 釐米，寬 57.5 釐米

[撰書人]

胡翔雲撰記，周介眉書丹并跋。

［碑文］

本宗東分衆辦香桌錢弍千八百文；柯山橋分東揚経手捐錢拾一千六百七十文，竹椅八百四十文，灯勾一千二百文零；河北分衆戶丁捐叁千文，柏年弍千文、續捐弍千；八房分衆戶丁捐乙千八百文，東明、仲餘拾肆千文；十房分衆戶丁捐錢弍千四百文，虔佑叁千文；惠敖經手捐拾一千六百七十文；胡馬頭支合捐錢拾壹千六伯柒拾文，邊庄沅啟捐柒千文，久漏仍帰賢哉內助；扶椒浜分彦尊経手捐錢拾千文；佩賢、均明経手捐錢拾千文，寔收七千六百九十文；孟橋分洪沅、丹書、士良経手捐錢拾弍千文；午千濱分啟全捐錢七千文，順南捐錢乙千四伯文；湖汊支合捐四千弍百文；褚畝塘分衆戶丁捐錢四拾千文；徐洪橋分衆戶丁捐錢陸千文，添秀兼承、叔嗣代捐拾千文；瑞隆、佑周各捐三、三千六百文，文浩乙千弍伯文；南奎、啟源各捐二、二千文，斗南、瑞南七、七伯文；春林、榮位各捐弍、弍千文，士美柒伯文；行夫、御寛各捐乙千六、五百文。

重建拆卸木植、磚瓦、灰石、油漆、佈地、釘、刚瓦各匠工等件費用，統計足錢捌伯九十九千五百文有零，近地六分捐丁覼工。

嘉慶十有三年歲次戊辰一陽月朔。

十六世翔雲鳳彩氏撰記，同里戚末周介眉震安氏書丹。（印：整莽介眉、震安氏）

鐫此於祠壁間，亨齡不死矣，然非專為亨齡也。人知患無財而不知患有財而不能用，使亨齡多積四伯餘千文於子孫，於事何益？惟上為祖宗報本，下為子孫培福，則四伯餘千文乃天地間大有用之物。彼爲兒孫作守財虜者，過胡氏祠下，讀鳳彩此文，其不惕然有動於中者，畢竟是窮骨頭。孰謂錢神之靈，不能擇主，而甘委其身於無用也？噫！戊辰冬至前五日燈下，整莽周介眉呵凍跋。

先賢史玉池先生祠堂碑記

C-55

[簡稱]
史玉池祠堂碑

[尺寸]
高154釐米，寬76釐米

[刊立日期]
清嘉慶十四年（1809）後

[撰書人]
任烜撰，蔣寧遠書丹。

[保存地址]
宜城街道東廟巷周王廟

[備注]
碑身上部左側殘缺。
碑首剔地平雕雙龍戲珠紋，
兩邊及下端剔地平雕卷草紋。

[文獻著錄]
　　光緒《宜興荊谿縣新志》
卷二：史玉池祠，在通貞觀巷，
祀明太僕史孟麟，見《續志》。
春秋二仲月上戊日，撥學租致
祭。祠兵後重修。

先賢史玉池先生祠堂碑記

明太僕寺正卿、贈禮部右侍郎史玉池先生，列祀鄉賢久矣，其家又於邑之東南隅，建祠專祭。我朝監古祀典而更釐定之，於凡功德尤著者，編給祭銀，春秋三獻，官詣祠拜奠，所以即乎人心，使來者有所觀感而興起焉。嘉慶己巳歲，先生喬孫華國等循例申詳，督學使者、行臺都御史咸報，可即專祠所在，撤其朽壞者，擴而新之，當道將□益肅。功訖，請記於烜。竊維明神宗時綱紀廢弛，是非顛倒失實，而先生執簡侃侃，不避貴幸，諫止三王並封，以定儲位。海內想望丰采，以為大儒之效可見，而不竟其用，輒與高邑趙公並罷。蓋趙公時主計典，糾察倖進，先生實左右之。趙公為怨家誣劾褫職，先生義不獨留，亦告去。夫人抱負非常，進不能見用於朝，退而托跡寬閒寂寞之鄉，□髿斂鍔以保其身，不得謂非明哲之士。然顧涇陽有言，曰："官韓轂，志不在君父；官封疆，志不在民生；居水邊林下，志不在世道，君子無取焉。"先生服膺斯語，遂創立明道書院，聚講濂洛淵源。涇陽亦相與正定，陶淑後學，且激濁揚清之志，更發現於言語文字之間。後數十年，聞其風者，如盧忠肅、王忠烈、堵文襄，洎吳氏二忠節，無不取義成仁，以昭有明三百年養士之報。嗚呼！不有導者，誰其趨之？豈非先生講學之功哉？論者以先生大節在建儲，然吾宜一邑，為時推重，非先生遺教感發於忠肅諸公，曷克臻此？今幾二百年矣，盛典復及，不亦宜乎。爰刻碑以記，而系之詩，詩曰：

源流湖埭，融貫荊溪。環山帶水，是產英奇。先生初生，厥有異兆。虎身牛尾，突入堂奧。見者驚喜，錫之嘉名。幼而岐嶷，知成偉人。始列詞垣，□□□□。□乎其淵，學可名世。繼登臺省，恐負言責。獬豸觸邪，敢安緘默？！惟時神宗，久耽燕樂。當國唯唯，先生諤諤。□□□□，三王並封。先生爭之，藉定青宮。先生之力，旋轉坤乾。彼娟嫉者，眈眈視焉。獨與高邑，道義相□。□□□□，□□□□。□志激揚，遂同斥罷。先生歸來，發明理學。言為世則，卓哉人師。並幟涇陽，切磋互資。先生□□，□□□□。□□□□，後賢嗣興。臨危致命，節著名垂。諸公所就，先生所貽。沒祭瞽宗，將事孔虔。禮崇報德，□□□□。□□□□□，特祀綦嚴。用□□□，□□□□。□□□□，□□□輝路由祠下，車者必式。紀詞貞珉，刻示無極。

賜進士出身□□□□□□□□□□□欽命直隸□□□□□□□□□□□□□□□□□選司掌印郎中軍機處行走後學任烜頓首拜撰，後學蔣寧遠薰沐書丹……

旌表儒士儲鳳芝妻蔣氏之坊

C-56

[簡稱]
儲鳳芝妻蔣氏節孝坊

[尺寸]
高46釐米,殘寬130釐米,
厚16釐米

[刊立日期]
清嘉慶二十年(1815)十一
月初四

[保存地址]
原存官林鎮豐義村韭菜橋
東塊,今佚。

[備注]
漢白石。
正反兩面旌文內容相同。

[旌文]

旌表儒士儲鳳芝妻蔣氏之坊

　　禮部為彙題旌表事,儀制司案呈各省節孝。據江蘇巡撫張疏稱:宜興縣民儲鳳芝之妻蔣氏,自二十二歲孀居,孝義兼全,金石矢志,現今五十一歲,例宜題表,於本年十月奉旨依議加恩旌表。欽此,欽遵。到部移咨本省,該撫轉行地方,官給銀三十両,聽本家自行建坊,入節孝祠內設位,題坊刻碑之處,俱照□詔遵行。

　　嘉慶二十年歲次乙亥十一月初四日建。

合暉堂祠碑記

祖宗之德澤，祖宗不自知而貽之□

由昉也。獎巷莊氏自丁堰來宜興十

洞支三洞橋支者而獎巷支為尤盛

洲支吉閭再傳孕得張氏孕於各捐眥

小哉告閭冤之張氏扯遂各捐些

祠祀跼雪莊氏冤而題其堂曰舍暉祭

巷公為始遷祖廟成而入祭田若干前細

愛敢中七人而已役各時祭饗冀除修葺

經理之以傳久遠為歲族譜告成而後曰

終惟其始此之謂歟莊年

曰銅山謁三沈水滋寢室堂皇神胄樂止七

引之宜爾戩穀子孫以受多福而燉而

嘉慶歲次己卯小春

含暉堂祠碑記

C–57

[簡稱]

獎巷莊氏含暉堂祠碑

[保存地址]

芳橋街道陽山村蔣巷 122 號

[尺寸]

殘高 85 釐米，寬 76 釐米，厚 16 釐米

[備注]

1995 年底祠被拆除，基址整平為道路、菜地。此碑斷為兩截，下半截佚。

兩邊剔地平雕開光暗八仙紋。

[刊立日期]

清嘉慶二十四年（1819）十月

[碑文]

含暉堂祠碑記

祖宗之德澤，祖宗不自知，而貽之子……由昉也，獎巷莊氏自丁堰来宜，閱十……河支，三洞橋支者，而獎巷支為尤盛。……卜不吉，閱再傳，乃得張氏址，遂各捐貲……祠祀，疏雪莊氏宛之，張公扵中齋庖祭……菴公為始遷祖，廟成而題其堂曰："含暉"。……度啟中七人而已，復各入祭田若干畝，細……経理之，吙傳久遠，為歲時祭饗、糞除、修葺……終惟其始，此之謂欤？往年族譜告成，而後……曰：

銅山藹々，汍水淥々。寢室堂皇，神胥樂止。七……引之，宜尔戩穀。子子孫孫，以受多福。而熾而（昌）……

旹嘉慶歲次己夘小春。

宗功碑記

C-58

[簡稱]
宗功碑

[尺寸]
高 158 釐米, 寬 64.5 釐米,
厚 12 釐米

[刊立日期]
清嘉慶二十五年（1820）
十一月上旬

[撰書人]
損泐莫辨

[保存地址]
宜城街道東廟巷周王廟

[備注]
碑身碎裂成六塊。

宗功碑記（篆額）

宗功碑記

自我祖遷居□莊，世易事更，其间盛衰廢興由來已久。今祠宇整修，公業充給，伊誰（之功）歟？乾隆歲次壬寅，族祖蘭英公、伯父蓉溪、璞堂、容齋、静寄諸公暨先君子十人，立議創捐，爲先祖祀享永遠計，嗣後補捐、續捐、附捐者日益衆。更十年來，義倉、義學、繕譜、葺宇、賑荒，種種功德，次第舉行，而加胙十人之議以興，去年冬彬叔建議，特祭卒以立石，請衆允之，咨工□石具刻於碑。他若經營籌略，悉見諸藝文傳贊，故不贅。嗚呼！祠業當否極之時，十人同心，創設義舉，初不待鐫諸貞珉以爲輕重而垂之永久，亦足使我族中慕義者勸，殉利者愧，未始非高山景仰之一助也，是爲記。

計開：創捐十人，照□列名

蘭英、敦復、念貞、體元、應蛟，應槐、萬卷、觀常、應隆、連元。補捐：加元、席珍、培梧、□□、□□，□□、□□、□□、萃長、宗□。續捐：敦培，雲從、杏蓬、徵明，□□、□□，景行、萬彬、芳名、脩載。

嘉慶歲次上章執徐黄鍾之月上澣穀旦。

十七世孫□□拜手謹撰，十七世孫□銓沐手恭書。

原籍泗洲遷徙京江分支陽羨曹氏祠碑

C-59

[簡稱]
陽羨曹氏祠碑

[保存地址]
宜城街道東廟巷周王廟

[尺寸]
高 137 釐米，寬 69 釐米

[備注]
碑身斜裂。
碑首剔地平雕雙龍戲珠紋，兩邊
及下端剔地平雕雲蝠雜寶紋。
碑文載原立於荊溪東倉前之右
曹氏祠。

[刊立日期]
清道光十八年（1838）十月上旬

[撰書人]
劉鏗撰，高堃書丹。

[碑文]

原籍泗洲遷徙京江分支陽羨（篆額）

陽羨曹氏祠碑

物本乎天，人本乎祖。子孫欲伸報本之義，在脩譜以聯支派，尤在建祠以妥神靈。邑之曹氏爲京
江舊族，由開沙遷居陽羨，百有餘年矣。雖享蔬薦黍，歲有常儀，而設几設筵，祭無定所，每值露濡
霜降之辰，未嘗不愴然抱歉扵懷也。遷居以來，子姓日繁，累世欲建祠未果。乾隆二十九年，會合宗
族，按丁捐資，僅得百餘金，所需不足，仍各散給。及嘉慶六年春祭之日，議各房領簿，量力捐輸，
又未能足數，建祠之議遂寢。然君子將營宫室，宗廟爲先，子孫既有安居，則祖宗之祠宇刻不容緩。
道光二年，曹君蘭峯與族衆共議捐資建祠，次年冬卜地於東倉前之右。正值經營相度，而蘭峯辭世。
嗣君伯望，善承先志，偕弟滄洲、姪應和，鳩工翻造，於七年五月經始，至八年八月告竣。門面北臨街，

門內有庭，過庭而墻，墻有二門。進門，面北爲享堂三楹，敞其屏，後不設墻，爲祭祀時序立拜稽之所。東廚西房各一楹。堂有廣庭，並植雙桂，堂後寢室三楹，西塾一楹。庭有甬道，道西植柏、東植桂與紫薇。柏之旁爲錢爐，桂、紫薇之旁爲碑亭。庭中周設迴廊，可步可憩。室東西有側門，門外有夾道一，後自寢室，前達於門。雖未能美輪美奐，極壯麗之觀，而門堂寢塾，一一定其規模，庶先靈得所憑依，後人有所瞻仰矣。祠宇既成，宗譜將輯，詳列世系，並載傳文，上溯高曾，不忘水之源、木之本；下垂裔胄，定慶椒之衍、瓜之縣。凡支之遠近，服之親疎，均使昭穆得其序。則渙者有以聚，合者不至分，敦本睦族之誼，可以從此益密也。至若賢能者讀書上進，貞孝者守節不移，自宜奬賞從優，周郵從厚。而所需不敷，未能補列條歁，俟子孫有力者踵而增焉。先在戒浮夸、歸勤儉，念守成不易，益念創業惟艱，子孫報本之忱，應入廟而油然生矣。每歲二祭，春祭以正月初十日，冬祭以長至日，永著定期，明不數不疏之義。其儀注祝文，俱仍先世之舊，亦以示不忘本也。戊戌秋，曹氏修譜，謁予碑之，而繫以銘曰：

曹氏之先，肇始平陽。泗上從龍，閥閱用張。代生喆嗣，戮力匡襄。至宋南渡，遷汴於杭。泗濱義士，羈縻從王。誅茅江瀕，前面汪洋。田廬畜牧，耕植農桑。圩名曹府，樂利縣長。忽遭水患，洪波湯湯。洲頭沙尾，救死扶傷。圖閶金焦，遷徙無方。來此荊南，草創未遑。後昆繼志，相度周章。爰構室廬，爰妥烝嘗。門庭庖湢，有寢有堂。牌我麗牲，甓我中唐。冬春之吉，釃酒烹羊。獻酬飲啜，薈萃冠裳。童齔駿奔，黃耇豆觴。長弟以訓，神靈以康。願我雲礽，世業光昌。馴馬而門，數仞而牆。此其始基，勿怠勿忘。刻茲銘辭，以誓無疆。

荊溪劉鏗彭甫氏拜撰，武林高堃守清書丹。

計開建祠捐數：

國英四年起八年止，共捐洋錢柒百元；國閏共捐洋錢弍百元；國庠十年春補捐洋錢伍拾元；子咸、子謙、姪啟玲四年起八年止，共捐洋錢陸百元；子鏞七年捐酒席，作捐洋錢弍拾元；子紋十六年補捐洋錢伍拾元；子武十六年續捐洋錢壹百元。

十二世孫國英、國桐，十三世孫子銘、子楷、子鑑、子咸、子謙、子琳、子紋、子武，十四世孫啟封、啟玲、啟新、啟茂、啟曾、啟朋，十五世孫大椿、大亨，全敬立。

道光十八年歲次戊戌孟冬月上澣穀旦。

永錫堂創建宗祠碑記

C-60

[簡稱]

駱氏永錫堂創建宗祠碑

[尺寸]

高 93 釐米，寬 68 釐米，厚 15 釐米

[刊立日期]

清道光十九年（1839）四月

[保存地址]

原存丁蜀鎮大浦村黃家組駱氏宗祠，今佚。

[備注]

四邊剔地平雕卷草紋。

[碑文]

永錫堂（額）

創建宗祠碑記

　　我祖一清公始遷於宜邑城東，卜居於茲者迄今已數百年矣，子孫繩繩，村墟赫赫，全凴一清公之遺澤也。大宗祠本係於荊邑城西五賢區孝城里之談村，因春秋祭祀，城隔途遙，往來惟艱，是以於道光九年，裔孫等惻然動念，共稱創建一清公支祠。然無祭田資薦，各願助錢助力，以勸厥事，於是鳩工庀材，不越載而功告成。今將樂輸數目，勒石銘碑，開列於左，以垂永久云。

永錫堂

《創建宗祠碑記》

計開：

祠基買吳□人字六百□□□□□□□□田助一分二厘五毫，公祠付出洋錢六元，瑞鄉戶內一分七厘，衆□□□□□□□□□□基地一墻，大順助。

東分：族長茂成助錢三十八千，陳氏助錢壹百三十七千文，又助□□□□□，又□字一千零九十七号平田□□□□□□，永遠預祭之費；華林助錢二千五百文，双林助錢七百六十文。

西分：右元助錢二千文，大源全弟大順合助錢壹百十弍文，富元助洋錢十八元六角，富高助錢弍千文，元昌助錢三千七百文，萬昌助錢二千六百文，光順助錢三十五千文，松茂助錢二千文，□□助錢二千四百文，寿林助錢二千文，開福助錢一千文。

道光歲次己亥孟夏月，族人敬立。

重建寢室記

C-61

［簡稱］
重建后村周氏祠堂寢室記

［尺寸］
高 101 釐米，寬 70 釐米

［刊立日期］
清道光二十年（1840）十一月

［撰書人］
蔣有斐撰文，張先甲書丹，褚于豐摹刻。

［保存地址］
芳橋街道后村村委會

［備註］
碑首剔地平雕雙龍戲珠紋，兩邊剔地平雕卷草紋，下端剔地平雕蓮瓣紋。

［文獻著錄］
道光《（追遠堂）周氏宗譜》載錄碑文。

重建寢室記

側聞談周侯古祠者，必推孝感墩，蓋此地雄秀絕倫，左右諸山朝拱，其前則一水如鏡、雙橋似虹，以侯發跡之靈區，為侯棲神之安宅，誠非異地所能爭也。顧嘗攷祠之堂，創建於宋簡惠公；增置寢室，則公之子朝奉郎。竊怪以簡惠公之學術事功，磊落軒天地，何難大啟宏規，而寢室之成至公子而始蕆事者？豈公之國爾忘家，未遑備制？抑亦事有其漸前人之創垂不無待扵后人之繼述歟？后村周氏自西洲埠遷居，越五世，祚雋公等以大宗祠不便祔主，始卜吉扵村東南隅別建焉。然規模粗具，姑安神位於中堂，而寢室尚闕如，蓋有待也。歲丙申，其宗人成玉、謙和、三茂、信益等入祠助祭，蹙然不安，因共請於宗長庭芳公，為重建計。庭芳公慨然捐貲為倡，衆子姓則循前例，計丁與田共效輸將，兼執畚挶之役，扵是購基址、相陰陽，築室五楹，并中堂而新之。維時鳩工庀材以身任事者，心和等也；捴持會計悉心經營者，遇春也。塗墍丹艧，踰年告成，因奉木主而遷焉。嘗試登其堂，几筵秩然；入其室，輪奐巍然；行其庭，則碧梧丹桂，滴露凌雲，清修肅穆。洵足以仰承先烈、佑啟后人。則庭芳公倡率之力為多，而諸君子尊祖敬宗之心為不可沒也。抑余尤有說焉：是寢也成，雖不及孝感墩之名勝，而面山環水，體勢堂皇，頗足亞之。且前所建之門堂，固不讓美於簡惠公；而今所建之寢室，抑亦增華扵朝奉郎。豈不足與古祠金碧交輝、后先競爽哉？ 是不特始遷以下諸祖得所憑依，即使孝侯之靈爽臨睨舊鄉而見夫慈孫孝子培本植源、當亦眷戀扵此而賜之福庇也！余故樂為之記云。

道光歲次庚子仲冬。

邑人笠西蔣有斐撰文，與乙張先甲書丹，裔孫等敬立，褚于豐摹刻。

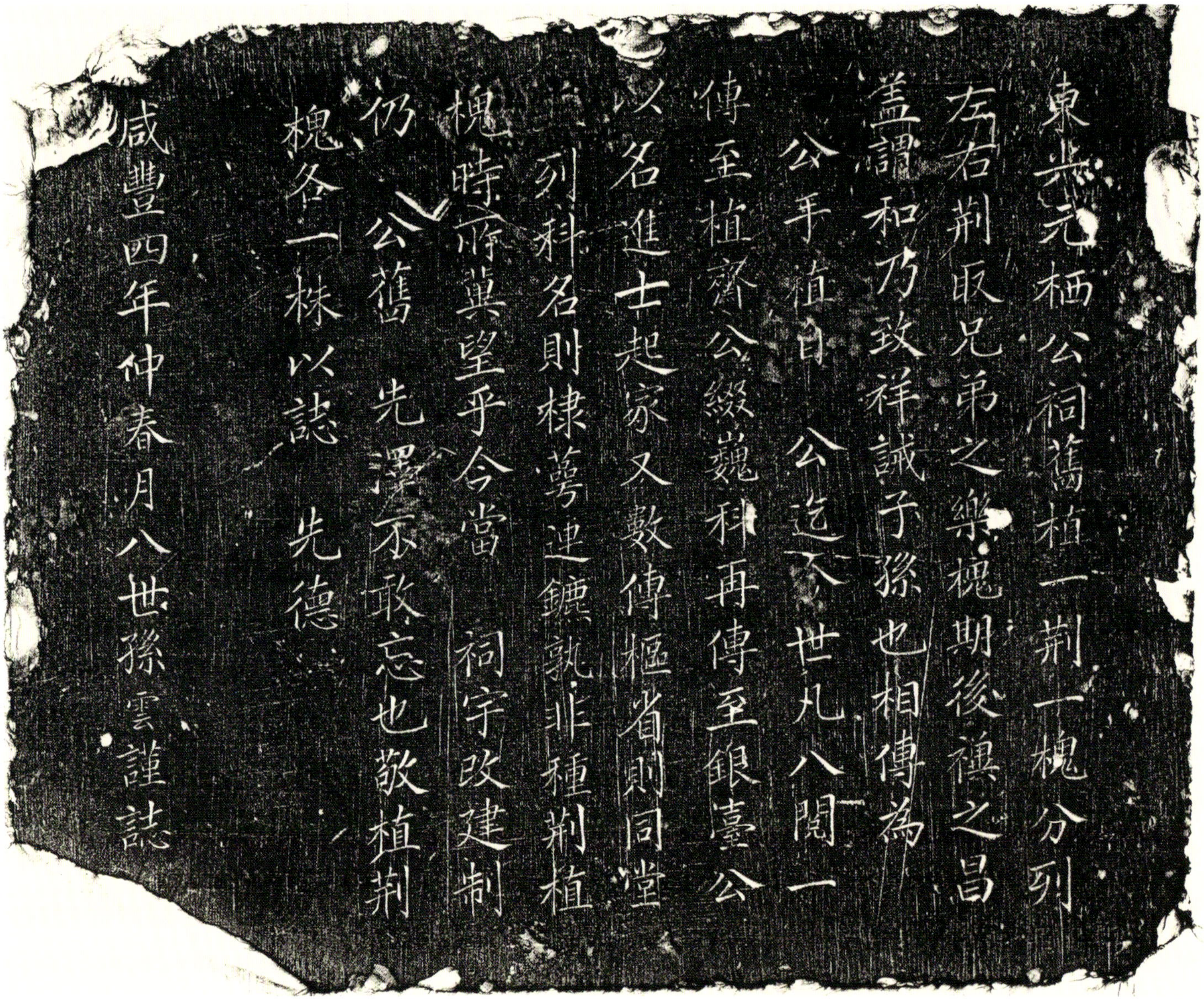

東光元栖公祠舊植一荊一槐分列
左右荊取兄弟之樂槐期後禩之昌
蓋謂和乃致祥誠子孫也相傳為
公手植曰公迄不世凡八閒一
傳至植齊公緞巍科再傳至銀臺公
以名進士起家又數傳柩省則同堂
列科名則棟萼連鑣孰非種荊植
槐時所冀望乎今當祠宇改建制
仍公舊先澤不敢忘也敬植荊
槐各一株以誌先德
咸豐四年仲春月八世孫雲謹誌

東尖元栖公祠植荆槐誌

C-62

[簡稱]
東尖任元栖公祠植荆槐誌

[撰書人]
任雲誌

[尺寸]
高 40.5 釐米，寬 50.5 釐米，
厚 9 釐米

[保存地址]
宜城街道東廟巷周王廟

[刊立日期]
清咸豐四年（1854）二月

[文獻著錄]

　　嘉慶《增修宜興縣舊志》卷八（隱逸）載：任皞臣，字翼王，以貢謁選，署河南柘城令，調署永城。崇禎甲申二月，銓選湖廣安仁令，以道梗不赴。皞臣歷官清介，值流寇蔓延，破產以佐捍禦，有戰守功，家無餘貲，士民建碑頌德。鼎革後，杜門課子。自號元栖。遺訓誡子繩隗，有"徒然破產從軍，究竟涓埃莫報。君親何在，七尺空存"之語。順治庚寅卒於家。其子繩隗（植齋）、長孫宏嘉（銀臺）均有傳。另參見《宜興筱里任氏家譜》。

[碑文]

　　東尖元栖公祠，舊植一荆一槐，分列左右，荆取兄弟之樂，槐期後禩之昌，蓋謂和乃致祥，誡子孫也。相傳為公手植，自公迄今，世凡八閱。一傳至植齋公，綴巍科；再傳至銀臺公，以名進士起家；又數傳樞省；則同堂列科名，則棣萼連鑣，孰非種荆植槐時所冀望乎？今當祠宇改建，制仍公舊，先澤不敢忘也，敬植荆、槐各一株，以誌先德。

　　咸豐四年仲春月八世孫雲謹誌。

重修圓通堂碑記

C-63

［簡稱］
重修路氏圓通堂碑

［尺寸］
高 141 釐米，寬 68 釐米，
厚 19 釐米

［刊立日期］
清咸豐七年（1857）十二月

［撰書人］
路晉撰并書

［保存地址］
新建鎮路莊村丁莊 239 號
觀王寺內

［備注］
四邊剔地平雕回紋。

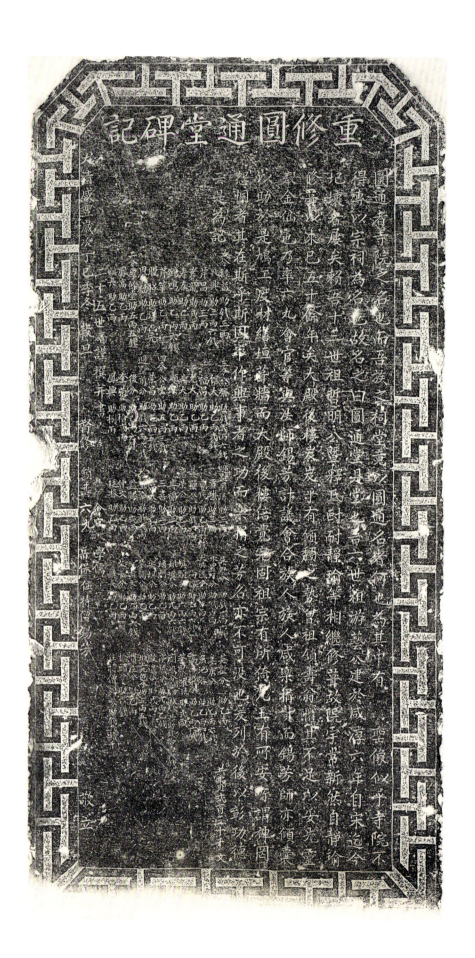

重修圓通堂碑記（額）

“圓通”者，寺院之名也。而吾族之祠堂竟以“圓通”名者，何也？為其中有聖像，似乎寺院，不得專以宗祠為名也，故名之曰“圓通堂”。是堂也，吾六世祖游藝公建於咸淳六年，自宋迄今，圮壞者屢矣，賴吾十三世祖哲明公暨釋氏叴耐、靜瑜等，相繼修葺，故院宇常新。然自靜瑜修葺以來，已五十餘年矣，大殿後樓，岌岌乎有傾頹之勢。曾祖鎖壽翁懼其不足以妥先靈、奉金仙也，乃率六九、會官等與法師錫芳計議，會合族人，族人咸樂捐貲，而錫芳師亦傾囊以助。於是鳩工度材，繕垣葺牆，而大殿後樓，倍覺完固，祖宗有所倚、梵王有所安，所謂“神罔怨恫”者，其在斯乎！斯固率作興事者之功，而樂捐之芳名亦不可沒也，爰列於後，以彰功德云，是為記。

大分：祿益助錢三両，兆興助三両六錢，芹昌助三両，孝龍助弍両，壽春助乙両，鶴鳴助乙両六錢，芹華助乙両，臘招助洋乙元，恩福助乙両。二分：厚餘堂助五両五錢，鳳高助乙両，鎮長助乙両。三分：公祭助錢弍両六錢，信大助乙両弍錢，福昌助乙両，允大助乙両，義大助乙両，順溪助乙両。四分：公堂助五両三錢，荣昌助乙両五錢。週墅前分助錢六両六錢，後分助乙両六錢，奎荣助拾弍両，鳳興助捌両，週墅履清助三両，貢琳助三両，曹氏助乙両六錢。黃墅分助錢六両，應荣公助乙両，其福助三両，三喜助三両，富大助乙両。□□分助錢六両，益勝助弍両，仲文助乙両，廷振助乙両。吳墅分助錢六両六錢，禾豐圩分助錢六両，大壩溝分助五両五錢，倫福助乙両六錢，壩頭分助六両六錢，姚溪分助弍両六錢，塘門分助乙両，安壩分助乙両，莘橋分助乙両六錢，盤大助乙両六錢，艾干分助乙両，績長助乙両，英墅分助乙両，姜庄分助乙両六錢，魚池沿助乙両六錢，高車垛分助乙両六錢，莘田分求法助弍両，廟墩分順方、□□、□甫、祥大共助錢拾両六錢，亭橋分助弍両乙錢，殿邊分助弍両，城上九包助五両五錢，貫庄分助乙両，橋頭分助六錢，住持僧錫芳助錢弍拾千。共費弍百三十千文。

大清咸豐歲次丁巳季冬穀旦。

二十五世晉謹撰并書，督修鎖壽、會官、六九、學儒、岳保，住持僧錫芳敬立。

李保大
以上共捐大洋肆佰四拾元整

謝源茂
以上共杂户各捐大洋叁元

周敬特　蔣應大萬廣義
吳念曾　蔣松齋束同豐
吳蘭清　姜福山陸順庚
潘孔述

徐吳氏
吳朱氏
徐畢氏
以上共捐二十一户各捐大洋弍元

李增明路景袁
王槐蔭王俊茂
單保章萬永順

周沐堂　錢紀堂
儲幼安
吳愷忠
吳永順

張子明　楊荣五　徐裕成　張裕如　蔣叔元　馮裕成　黃連大　李來大　蔣京銓　莊殿奎　錢熙廙
吳連生　朱小浦　吳祥林　錢松林　張金大　張友三　俞明生　史順生　丁順大　查不名　鄒不名
李尚甫　趙兆法　余耀氏　李步雲　周一經堂　朱瑞昌　沈源記　凌源記　丁荣富
董殿龍　殷定岡　張鴻臣　張開氏　蔣王岩　張春　湯大生　史羅氏　吳同順　黃德富
徐定甫　謝福慎堂　陳荣生　徐福張氏　吳源順生　蔡順行記　張和記　周同連濤　徐銓大洋　胡珍祥
徐世經堂　徐錫恩　蔣思慎堂　徐世經堂　邵信昌　高程友三　徐福張氏　宗铨　王保鴻慶　張鴻寶　周連慶　吳大順　徐珍祥

以上共捐陸十陸户各捐大洋一元

重修徐義莊祠樂捐芳名（李保大）

C–64–1

[簡稱]
重修徐義莊祠樂捐芳名
（李保大）

[保存地址]
宜城街道茶東新村徐義
莊祠

[尺寸]
高 70 釐米，殘寬 60 釐米，
厚 10 釐米

[備注]
碑右半部殘缺。
四邊剔地平雕暗八仙紋。

[刊立日期]
清晚期

[碑文]

……以上共捐大洋肆佰四拾元整。

李保大、茅樹龍、王者瑞、乾大順、周沐堂、錢紀堂、謝源茂，以上先柒户，各捐大洋叁元。

周敬特、姜福山、陸順庚、李增明、路景袁、儲幼安、吳念曾、蔣應大、萬廣義、王槐蔭、王復茂、吳愷忠、吳蘭清、蔣松齋、束同豐、徐畢氏、單保章、萬永順、潘孔述、徐吳氏、吳朱氏，以上共捐二十一户，各捐大洋弍元。

張子明、吳連生、李尚甫、董殿龍、謝福大、徐世經堂、楊來五、朱小浦、潘沅溪、徐定甫、蔣思慎堂、徐錫恩、徐荣大、吳祥林、趙兆法、殷鴻岡、陳荣生、邵信昌、張裕成、錢松林、余耀餘、張開臣、徐福荣、高海大、蔣叔如、張金大、李徐氏、張王氏、吳張氏、程張氏、馮裕元、張友三、吳步雲、蔣春岩、蔡源順、宗友三、黃連成、俞梓琴、周一經堂、湯大寶、張順生、宗銓保、李來大、史明生、朱徐氏、史羅生、和記木行、張鴻寶、蔣京銓、丁順大、沈瑞昌、吳徐氏、周連濤、王保慶、莊殿奎、查不名、凌源記、黃同順、吳同盛、吳大順、錢熙廣、鄒不名、丁荣富、莊德富、徐銓大、胡珍祥，以上共捐陸十陸户，各捐大洋一元。

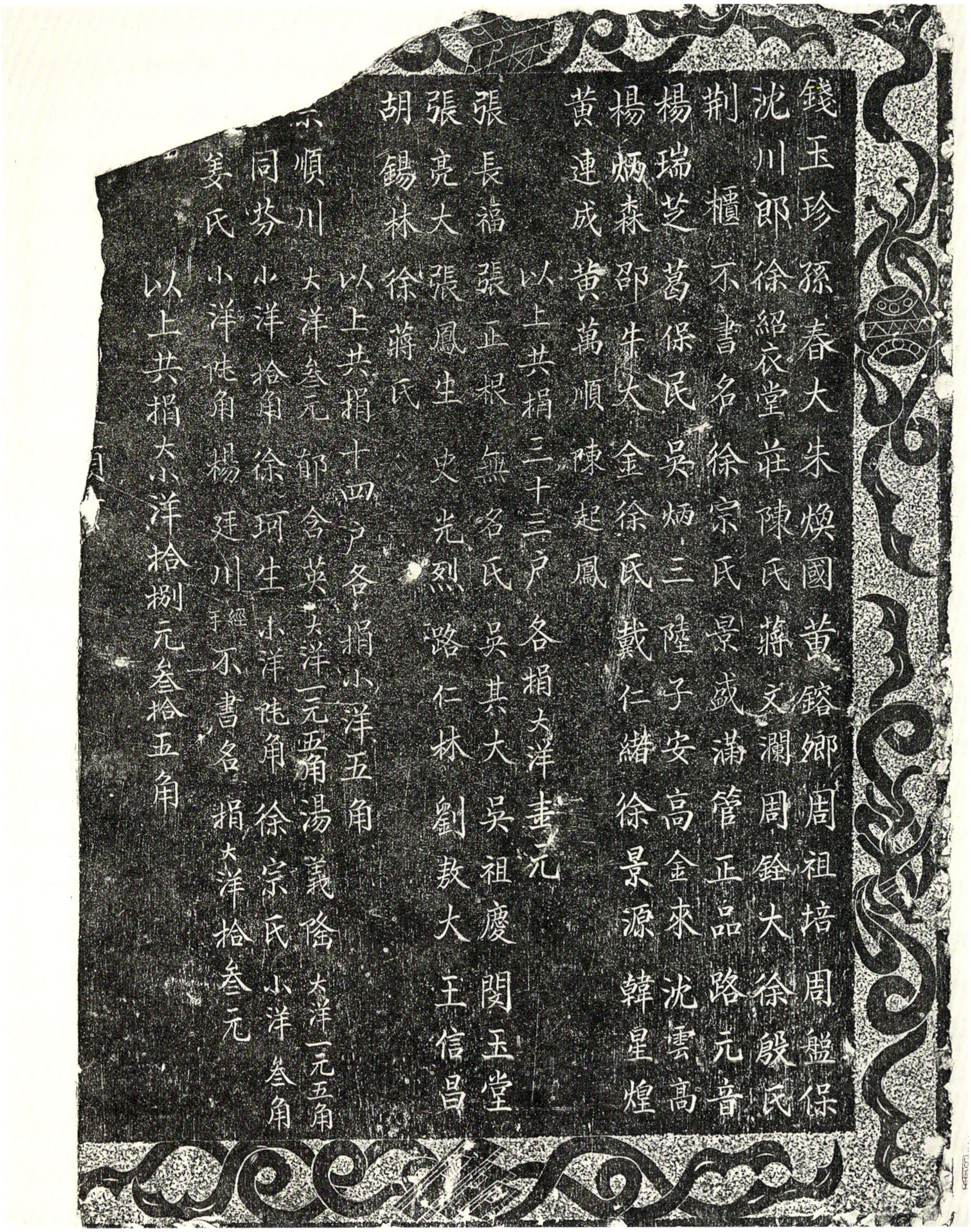

錢玉珍孫春大朱煥國黃鎔鄉周祖培周鑑保
沈川郎徐紹衣堂陳氏蔣文瀾周銓大徐殷民
荊櫃不書名徐宗氏景盛滿管正品路元音
楊瑞芝葛保民吳炳三陸子安高金來沈雲高
楊炳森邵牛大金徐氏戴仁緒徐景源韓星煌
黃連成黃萬順陳起鳳
以上共捐三十二戶各捐大洋壹元
張亮大張鳳生史光烈路仁林劉救大王信昌
張長福張正根無名氏吳其大吳祖慶閻玉堂
胡錫林徐蔣氏
張錫林徐蔣氏
以上共捐十四戶各捐小洋五角
大洋叁元郎含英大洋一元五角湯義條 大洋一元五角
順川大洋拾叁角徐珂生小洋伍角徐宗氏小洋叁角
同坊小洋拾角徐廷川經不書名各捐大洋拾叁角
姜氏小洋伍角楊廷川捐大洋拾叁角
以上共捐大小洋拾捌元叁拾五角

重修徐義莊祠樂捐芳名（錢玉珍）

C-64-2

[簡稱]
重修徐義莊祠樂捐芳名（錢玉珍）

[尺寸]
高 65 釐米，殘寬 48 釐米，厚 7 釐米

[備注]
碑左半部殘缺。
四邊剔地平雕八寶紋。

[碑文]

錢玉珍、孫春大、朱煥國、黃鎔卿、周祖培、周盤保、沈川郎、徐紹衣堂、莊陳氏、蔣文瀾、周銓大、徐殷氏、荊櫃、不書名、徐宗氏、景盛滿、管正品、路元音、楊瑞芝、葛保民、吳炳三、陸子安、高金來、沈雲高、楊炳森、邵牛大、金保氏、戴仁緒、徐景源、韓星煌、黃連成、黃萬順、陳起鳳，以上共捐三十三戶，各捐大洋壹元。

張長福、張正根、無名氏、吳其大、吳祖慶、閔玉堂、張亮大、張鳳生、史光烈、路仁林、劉敖大、王信昌、胡錫林、徐蔣氏，以上共捐十四戶，各捐小洋五角。

宗順川大洋叁元、郁含英大洋一元五角、湯義瑤大洋一元五角、□同芬小洋拾角、徐珂生小洋陸角、徐宗氏小洋叁角、□姜氏小洋陸角、楊廷川經手，不書名捐大洋拾叁元，以上共捐大、小洋拾別元叁拾五角。

新建孝矦亯堂碑記

C-65

[簡稱]
新建孝侯享堂碑

[保存地址]
張渚鎮茗嶺村龍池山澄光禪寺

[尺寸]
高 55 釐米，寬 107 釐米，厚 30 釐米

[備註]
碑身佚。
碑首高浮雕雙龍戲珠紋。
或為蒲墅村周孝侯祠之碑，參見
C-39《周氏崇祖祠碑》之文獻著錄。

[刊立日期]
清晚期

[碑文]

新建孝矦亯堂碑記（篆額）

五忠閣舊址

C-66

[簡稱]
五忠閣舊址

[尺寸]
高 232 釐米，寬 59 釐米，厚 34 釐米

[刊立日期]
民國十三年（1924）正月

[撰書人]
童斐撰并書

[保存地址]
芳橋街道龍眼社區忠孝園

[備註]
碑身中下部斷裂殘缺，修復時殘缺碑文竟以簡體字補刻，且似非原文，實屬續貂之作，今以（ ）標注。

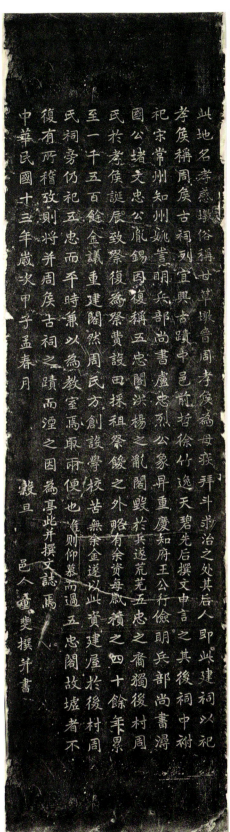

此地名孝感墩俗稱世草墩管周孝侯為母荻拜斗祈治之处其后人即此建祠以祀孝侯稱周侯古祠列宜興古蹟中邑前哲徐竹逸天碧先后撰文申言之其後祠中祔祀宋常州知州姚訔明兵部尚書盧忠烈公象昇重慶知府王公行儉明兵部尚書周遇國公堵文忠公胤錫因復稱五忠閣洪楊之亂閣毀於兵遂荒蕪五忠之裔獨後村周民於孝侯誕辰致祭復為祭賽設田採租餕之外略有餘資每歲積之四十餘年累至一千五百餘金議重建閣然周民方創設學校苦無余金遂以此資建屋於後村周民祠旁仍祀五忠而卒時亷以為教室焉取兩便也隹則仰慕而過五忠閣故墟者不復有所稽致測將并周侯古祠之蹟而湮之因為亭此并撰文誌焉

中華民國十三年歲次甲子孟春月　穀旦　邑人童斐撰并書

［文獻著錄］

光緒《宜興荊谿縣新志》卷二載：五忠閣，在孝感墩，舊祀晉孝侯諱處、宋姚忠毅諱訔、明盧忠肅諱象昇，名“三忠閣”，見舊志補遺。道光二十四年里人盧芬、周景行等重修，增祀王忠烈諱行儉、堵文忠諱囦錫，改名“五忠閣”，李錫紳撰記，兵毀。卷十載：《五忠閣碑》蔣泰書。

民國《光宣宜荊續志》卷八載：童斐，光緒二十九年癸卯科舉人，荊溪籍。

［碑陽］

五忠閣舊址

［碑陰］

此地名孝感墩，俗稱甘草墩，晉周孝侯為母疾拜斗求（治之處；其后）人即此建祠以祀孝侯，稱“周侯古祠”，列宜興古蹟中，邑前哲徐竹逸、天碧（先后撰文）申言之。其後，祠中袝祀宋常州知州姚訔、明兵部尚書盧忠烈公象昇、重慶（知府王公）行儉、明兵部尚書潯國公堵文忠公胤錫，因復稱“五忠閣”。洪楊之亂，閣毀扵（兵，遂荒蕪）。五忠之裔，獨後村周氏扵孝侯誕辰致祭，復為祭費，設田採租，祭餕之外，略（有余資，每）歲積之，四十餘年累至一千五百餘金，議重建閣；然周氏方創設學校，苦無（余金，遂以）此資建屋扵後村周氏祠旁，仍祀五忠，而平時兼以為教室焉，取兩便也。唯（則仰慕）而過五忠閣故墟者，不復有所稽攷，則將并周侯古祠之蹟而湮之，因為亭（此，并撰文）誌焉。

中華民國十三年歲次甲子孟春月穀旦。

邑人童斐撰并書。

義莊善堂

戶部覆奏徐義田議

Y-1

[簡稱]
戶部覆奏徐義田議

[尺寸]
殘高 160 釐米，殘寬 56 釐米，
厚 35 釐米

[刊立日期]
明弘治八年（1495）四月
二十五日覆奏，十年（1497）
十二月十七日刊立。

[撰書人]
葉淇撰

[保存地址]
宜城街道茶東新村徐義莊祠

[備註]
碑身上下殘缺，中部縱向
殘裂。

[文獻著錄]
　　《荊溪外紀》卷十八、
康熙《重修宜興縣志》卷九
及《洑溪徐氏世珍集》卷三
輯錄碑文（至"仍與蠲免"

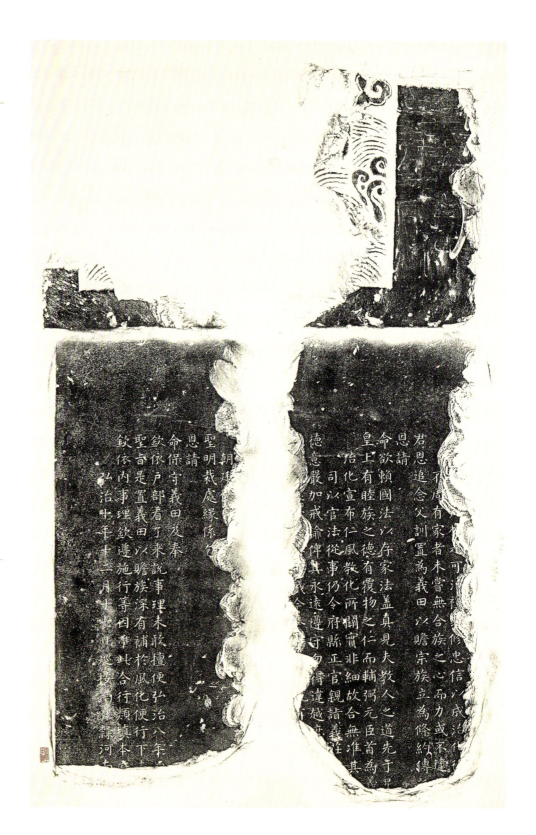

止），今據之校補。

嘉慶《重修宜興縣舊志》卷十及《洑溪徐氏世珍集》卷三輯錄徐溥《乞恩請命保守義田奏》（略）。

［碑文］

……（篆額）

（太子少保戶部尚書葉琪等謹奏為大學士臣徐溥乞恩請命保守義田事。該通政使司官奏奉聖旨"戶看了來說，欽此"。欽遵抄出到部及該通政使司連狀：據徐元相告，將義田條約開單一紙並頃畝數目等項俻細冊子，一樣二本，通送到司，案呈到部。臣等切惟：古者民有定業，卿大夫有世祿，天下之人皆得以養生、送死，於）是可治禮義、修忠信，以成治化。（後世井田既隳，溝洫又廢，富者連阡陌，而鄉黨無卓錐之地；貴者私妻子，而兄弟無餬口之資，以致倫理教衰，廉恥道喪，其為流弊，胡可勝言。有國者未嘗無養民之法，而世或）不周；有家者未嘗無合族之心，而力或不逮。（故晏嬰有彰賜之志，而身後無遺；范仲淹有活族之規，而國典不預，載之史冊，猶為美談。今大學士徐溥仰惟）君恩，追念父訓，置為義田，以瞻宗族；立為條約，傳之（子孫。又慮人心易離、義事易廢，乃乞）恩請命，欲賴國法以存家法。蓋真見夫教人之道先于（足食，仁民之澤始於親親；以欲為之心，乘可為之力。祿賜不私於一身，而均之群族；規制不止于一世，而貽之無窮。近代以來罕有此事。仰惟）皇上有睦族之德，有覆物之仁，而輔弼元臣首為義（舉，誠可以贊揚）治化，宣布仁風。教化所關，實非細故，合無准其（所請。本部將其所置義田頃畝冊子並所定條約通行印記，令公私存照，仍立徐義莊戶管。其後有他人圖賴侵占者，即與斷理；本族爭分沮壞者，即行禁治。俱下本管有）司以官法從事，仍令府縣正官親詣義莊（處所，集其族人，奉宣）德意，嚴加戒諭，俾其永遠遵守，勿得違越，庶（為有益。臣等又查得洪武年間，該學士解縉陳言："凡天下之世臣、義族皆當旌之、復之，為民表率。"太祖高皇帝特嘉其）議。今（本官族內既有正戶以供差賦，義莊之戶係是別設，合無依倣前議，除辦納正糧外，其餘差役悉與優免，使其子孫得專奉祭祀、悉力瞻給，以倡率風俗，永延恩澤，尤足以見）朝廷（惇尚教化、優禮大臣義，其於治道亦非小補，但恩典出自朝廷，伏乞）聖明裁處。緣係乞恩請命保守義田，及奉欽依"戶部看了來說事理"，未敢擅便。弘治八年（四月二十五日，奉）聖旨："是置義田以瞻族，深有補扵風化，便行下（本管有司，著嚴為防護，俾其子孫永遠遵守，其義莊戶內差役仍與蠲免。"）……欽依內事理、欽遵施行等因准此，合行類填本府……弘治十年二月十七日，巡按南直隸河南……

宜興徐氏義田記

Y-2

[簡稱]

宜興徐氏義田記

[尺寸]

高196釐米，寬76釐米

[刊立日期]

明弘治十一年（1498）三月

[撰書人]

李東陽撰并篆，周文通書，閭傑鐫。

[保存地址]

宜城街道東廟巷周王廟

[備注]

漢白石。

碑首高浮雕雲龍吞珠紋。

[文獻著錄]

　　嘉慶《增修宜興縣舊志》卷九載：

徐太史義莊碑，一欽依義田奏，一弘

治戊午李東陽撰，一吳寬撰。

　　《洑溪徐氏世珍集》卷三輯錄碑

文，雖略有差異，損泐莫辨者幸可資

校補。

　　《宜城鎮志》第二十四章載：碑

存亦圓碑林。

宜興徐氏義田記（篆額）

宜興徐氏義田記

資善大夫太子少保禮部尚書兼文淵閣大學士長沙李東陽撰并篆

奉訓大夫禮部員外郎兼司経局正字直內閣侍経筵萊陽周文通書

宜興徐氏義田者，少師謙齋先生所置也。蓋自先柱國公修祠堂、置墓田，又懼族指日衆，昏嫁或不給，欲倣范文正遺法，為田贍之。以先生有職于朝，命少子時望領其事，事未就，而公遽棄養。暨先生入內閣，躋極品，獲貤錫命，念祿賜寖裕，而先志尚未酬，乃召時望至京師，親與計畫，期于必舉。未幾，時望亦卒。先生以宗子元楷專領祭田，供祀事，比于有職。命次子元相出地若干畝，漸增入之，如范氏之數，且酌其舊規，為條約若干目，扵是義田之事始備。先生復具其事，請命于朝。下戶部議，謂以元臣為義舉，其繫于天下甚重，宜如所請。別立義莊為戶，有他人侵奪、若本族爭分沮壞者，官為禁治，仍令府縣正集其族屬，宣上德意，俾世世遵奉，毋有所廢。又按洪武間解學士縉言："世臣義族當旌，復以為世勸。"高皇帝時嘉其議。今義莊別戶宜特示優異，其於國典亦有光焉。天子以為義田之舉有補風化，令有司嚴為防護，仍蠲其徭役，如戶部言。元相既得命，告諸家廟，退而受籍治事，因具書京師，請記于予。予惟家有訓、國有法，雖小大殊，其道一也。然訓止扵勸戒，而法則有刑，刑之所施，家訓之所不得行也。夫為國者，必使家不殊俗，乃可以言治，而勢每弗及。亦惟修身正家，示其所可慕者，其有弗率則以法加之，使之有可畏焉，其本末次第固如此。先生厚德碩學孝友之行，儀于厥家，而又居廟堂臺閣，佐天子出令為天下風化首，義田之訓，何患乎弗行也哉！而必告之朝廷，聞之有司者，蓋深見夫習俗之易移、禮義之難守，不如是不能久而無弊也，然則先生之心誠厚且勤矣。且家必有賢子孫，而後能守其訓；國必有賢有司，而後能守其法。周之東郊，以周公之聖，繼以君陳、畢公歷三紀而其政始治。范氏之田累代而不廢者，以忠宣為之子、正平為之孫，其規制定而勢可依而久也。今徐氏自柱國公以義為教，至先生前後數十年，屢議屢置而後備，田之成若是其難也；而其子方敦孝慕義、竭志力以為父幹，諸孫林立，皆起而承之，其勢亦奚容以但已乎哉？使凡掌是田者，皆禮先生之心不敢怠；凡為子孫者，皆遵先生之訓不敢倍；賢有司又從而維持之，以化其鄉黨、及于天下；則聖天子惇孝明義之風、大臣元老輔治弘化之績，豈非一代之盛舉，足以為後世式哉？東陽晚且劣，不能為錢公輔之記，以揚成美，謹述國法家訓之大者，刻諸金石，用徵于來裔。

時弘治十一年龍集戊午三月吉旦。

男元相謹立石，工部文思院副使東魯閻傑鐫。

桂芳吳氏宗祠
義學碑記

Y–3

[簡稱]

桂芳吳氏宗祠義學碑

[尺寸]

高 114 釐米，寬 58.5 釐米，
厚 17.5 釐米

[刊立日期]

清康熙四十五年（1706）
十一月

[保存地址]

官林鎮桂芳村桂芳圩 25 號
民宅（西側為桂芳吳氏宗祠
舊址）

義學（篆額）

桂芳吳氏宗祠義學碑記

昔周家以農事開基，而燕皇天，而昌厥後，則始於作人之壽考。蓋其追琢金玉以成雲漢之天章者，實淵源於觀丕察象之煌煌也。故人生欲光祖宗、裕後嗣，莫大於培植書香；書香綿遠則禮義之風日盛，廉恥之行日增，而嗜利□爭、刻薄傾險之習亡；父子親、兄弟和、夫婦別，醞釀百年之後，將必有名儒碩□之□應國運而興者焉。不肖竊念吾族子姓綿延歷有年所，豈無可教之質？而恒阨於□就之無貲，故世族舊家必有義學之設以廣效學而植人材，因與族中二三□□□力捐輸，將為九仞之高，始於一簣之積。今先得貲若干，以為基始；恐力微不能（成其）事，未免氣耗於中途，用勒于石，務垂永久；刻望繼我而起者，踵事增華，弘□或□□什一而千百，以大俾我後人，舉凡生殖之方、學規之立，講求精詳，要諸無弊將□譽髦斯士，以成棫樸青莪之盛，未必不自茲舉始也，豈徒掇青紫、擢巍科以□□□門云爾哉？

子發命男尚衣設教三年，正之一錢，君甫一錢，子超二両，瑞生一錢，采侯五錢，應永五錢，□柱一錢，佳生二錢，玉如五錢，君華二錢，含章二錢，□生二両，善章二錢，昰章一錢五分，玉和一錢，玉斯三錢，□□一錢，天葉二錢，大章三錢，盧氏一両、長男成章仝室蔣氏五両、次男越華仝室史氏拾両、幼男土友仝室徐氏一両五錢，玉環仝室呂氏十両、長男雲起仝室史氏三両，玉章三錢，□□□□□□□□□□，土魁一両二錢，舜章二錢，撲臣四錢，天玄三錢，近仁一錢，玉美一錢，□叙一錢，天健三錢，成立一錢，堯臣二錢，元衙五錢，元衢二錢，元街三錢，子達六錢，遇天一錢，彬章一錢，楚臣設席成議。

康熙歲次丙戌仲冬穀旦立石。

建造普濟堂碑記

Y-4

[簡稱]
建造普濟堂碑

[尺寸]
高 145 釐米，寬 73 釐米

[刊立日期]
清乾隆五十七年（1792）十二月

[撰書人]
陳宗文書

[保存地址]
張渚鎮犢山村漁業組伏龍寺舊址（曾改為伏龍寺小學，今廢棄），橫砌於古銀杏下花壇。

[備注]
參見 Y-5《普濟堂後補田地山蕩碑》。

[文獻著錄]
《張渚鎮志》第二十三章有載。

建造普濟堂碑記（額）

　　江蘇常州府正堂金為據寔呈明禁滋擾等事。五十六年六月，署布政司陳　內開憲行奉督部堂孫　批，荆溪縣老民姚奉生、史明遠、吳紹期、陳敘朝等呈稱："身等住居普濟堂，此堂共有十處，俱係老年無依之輩；堂內田産從前老民積蓄傳留，至今自耕自食納課完粮，與居民無異。堂住老人多者五、六人，少者一、二人，互相依倚，衣食即賴田畝，管事揔推堂內久居老人經理，並非紳士董事派辦，由來已久，縣冊可稽。奉查各屬普濟堂辦理章程，奉縣委捕衙逐堂查勘，據稱奉憲札'令官為經理，民物亦應入官，勒令身等將田房契紙交出，官為經理'等語。泣思大憲所查，乃指官設普濟堂，誠恐紳衿賠累而言。身等名為普濟，不支銀米經費，不過窮黎互相依食，與官設普濟堂不同；一旦官為經理，反多觀望之虞。呈籲恩賞循舊，窮黎生全"等情由。奉批："此等普濟堂，既係老人自耕自食並無紳士經理，自應仍聽其便，毋庸官為查辦；該典史輒取田房契紙，殊屬荒唐！該縣毫無覺察，亦屬不合！仰蘇州布政司嚴行申飭，並禁地棍藉端索詐，鄉間公事照例優免，毋任滋擾干咎！"等因，到司奉此，合就抄詞轉飭，仰府即送，嚴行申飭"一面給還田房契紙，聽該堂老民照舊自行經理，以及地棍索詐，鄉間公事照例優免，毋任滋擾干咎"等因，到府奉此，合就抄詞，嚴行申飭"為此行縣官吏即便遵照，迅將田房契紙給還，聽其自行經理，鄉間公事地棍索詐，照憲所飭，毋任滋擾干咎，使該堂老民，遵守憲牌，以垂永久，毋違速速，不負憲德矣"。乾隆五十七年十二月抄錄，住持陳敘明勒石。普濟堂叁間及後屋數拾間，乃陳敘德、陳敘朝兄弟建造、道友幫扶，捐助開列於後：

　　陳敘德壹百兩、陳敘朝壹百兩、徐祥元伍拾兩、胡效忠叁拾兩、狄元生弍拾兩、談啓元弍拾兩、錢雲祥弍拾兩、李思春弍拾兩、汪怡如弍拾兩、丁廣雲弍拾兩、王明宏弍拾兩、蔣寅茂弍拾兩、邵天來弍拾兩、王昌林拾六兩、黃開生拾六兩、談啓肅拾兩、盧明瑞拾兩、趙正書拾兩、蔣敬堂六兩、殷三官六兩、丁意才六兩、吳觀蘭五兩、陸永奎四兩、王会成弍兩、馬習尊弍兩、湯萬增弍兩四錢、邵士尤壹兩六錢。

　　里人陳宗文敬書。

普濟堂後補田地山蕩碑記

Y–5

［簡稱］

普濟堂後補田地山蕩碑

［尺寸］

高 158 釐米, 寬 90 釐米

［刊立日期］

清嘉慶二十年（1815）十月

［保存地址］

張渚鎮犢山村漁業組伏龍寺舊址（曾改為伏龍寺小學, 今廢棄）

［備注］

碑身中部橫裂。

［文獻著錄］

咸淳《重修毗陵志》卷第二十五載：廣福伏龍禪院, 在縣西南二（應為六, 誤刊）十里, 齊永明二年建, 名"會善"。唐光化三年, 僧道洪居之, 號"龍溪彌勒上生道場"。熙寧三年賜號"壽聖伏龍", 隆興改今額。

萬曆《重修宜興縣志》卷十載（略）：國朝改名復隆（一作伏龍）教寺, 在縣西南五十里永豐鄉。

普濟堂後補田地山蕩碑記

普濟堂住持陳叙朝緣伏龍寺于雍正年間，寺僧田產廢盡，屋宇傾頹，居住無人，幾為匪類潛藏。余蒙地耆公同邀請，于乾隆三十八年全胡效忠等到寺，協力同心，經營修葺，勤苦節儉，置薄田積有四拾餘畝、芦蕩拾三畝、民山四十九畝五分，以為普濟堂養老之貲。今吾抱病，危在旦夕，恐吾身後堂中諸友心力難齊，外有無端叵測；為此特請邑中耆老，嗣後堂中諸友以及吾本分子姪無従覬覦侵执；倘有変動田產、侵佔佛地，公等従公理直斷，莫坐視旁觀。至吾死後忌辰，暨新崴貢神像于吾本房，子姪亦湏設一席之費以報吾祖父恩勤及吾勤苦節儉之衷，余庶乎瞑目于地下矣！特此上托。

計開田地、山蕩細號：

外高長圩：芦蕩切字单三号平六畝四分九厘二毛、又全 塘八分四厘一毛；內高長圩：芦蕩切字单六号平五畝二分八厘六毛、又全 塘二分三厘四毛；双溝：单十三号塘一分二厘；殷家岕：切字单五十三号高一分七厘、四号高二分七厘、全塘 二厘；和尚坟：切字六十八号山地一畝一分二毛、切字七十号高三分五厘三毛、又山地九分九厘九毛、七十一号山地一分六厘二毛；外户圩：七十九号平一畝五分八厘三毛、全塘四分五厘八毛、八十号平一畝七分二厘六毛、一号平二畝五分四厘。

切字八十二号平十畝七分五厘九毛，全切字八十二号塘二畝零五毛、八十四号平一畝一分六厘五毛；寺東：又山地二畝一分五厘；菴基：八十六号平一畝一分五厘，全 八十七号平九分九厘三毛，全 八十八号平四分九厘一毛；西茶地：八十九号山地九分一厘六毛、九十号山地一分一厘八毛、九十二号山地一分八厘；靠背山：九十七号平一畝零二厘七毛、八号平一分七厘三毛、九号平一畝四分五厘□毛、一百零六号山地三分五厘、十号高四分二厘四毛、又全 山地一畝二分；寺後：六十三号塘五厘、五号極低四畝五分五厘四毛。

上王家堰：一百九十九号低田一畝五分七厘五毛；陶坂上：二百廿九号平五分六厘四毛、三十二号平八分七厘一毛、全蕩三分；長五畝：分字九百十七号平五畝二分八厘七毛；謝塔張家田：投字一千四百八十号平二畝七分二厘三毛；謝塔田：投字一千五百九十九号平八分三厘五毛、又六百零一号平二畝零八厘；切字单六号山八畝五分、八号山一畝七分、十三号山二畝、十四号山五畝、十七号山十一畝八分，一百八十号山二畝、八十四号山三畝、八十六号山四畝、九十一号山一畝，二百十五号山二畝、五十号山一畝、五十六号山八畝五分。

嘉慶二十年十月之吉。

通邑公立。

義倉優裕堂記

Y-6-1

[簡稱]

義倉優裕堂記

[尺寸]

高 170 釐米，寬 85.5 釐米，
厚 16 釐米

[刊立日期]

清道光八年（1828）三月

[撰書人]

陳（鄉）撰

[保存地址]

徐舍鎮鯨塘社區活動文化服
務中心

[備注]

碑碎裂為數塊，局部殘缺。
四邊剔地平雕卷草紋。

道光《續纂宜興縣志》卷一之三載：優裕堂義倉在永豐區二十一圖，道光七年，丁秉文等呈請建設，又公局在永豐六圖張渚土地堂。

《鯨塘鎮志》第二十三章載（略）：該碑原存紅星村董渚優裕堂，20世紀60年代優裕堂被拆，碑棄置荒野。2004年，鯨塘文化站收存。

義倉優裕堂記

葵陽陳（鄉）譔

古無所謂義倉者，均有無、通緩急，為常焉耳。至如歛熟散囟之議，源於漢，濫觴扴随，（盛行）于唐宋之間。廣惠便農，□□互異，紫陽夫子修而明之經制，致為詳偹。大都出于名公鉅卿之手，譬如登高而呼，聲非加疾而所在響應也。然□夏夏乎其難之，況于窮鄉□□□能振曠典於来兹，叅荒政所不及，意必有慷慨宏毅、其人卓然見成事而履之者。戊子春，余下榻於董渚，而優（裕堂）適成。優裕堂者，永豐區廿（一區之義）倉也。其西北界清白里，守愚馬公向有義倉之設，里無飢民，方隅賴之。而此廿一區，村居星散，遇公事□□□衰益扴其間，倉卒不便，叺故父老賫（志）久矣，迄未暇及義倉事。嘉慶中，因清冊餘賫□以釀助，始立優裕戶名而公理其生息，即次運轉，飛塵加山、宿霧增海，如是者歷有年。夫懷永圖□□，以目前限成大功者，不以小就終。自癸酉（至）壬午十年之間，或田或米或紋洋，樂輸者衆，駸駸乎蓄（積）多而偹先具矣。里之人方駢足以跂，荷插以□，而當事拮据如故，葢其難也。越五年丁（亥），始獲卜吉扴董渚之前村，買得規字號基趾若干丈，鳩（工）庀材，以新其堂，數閱月而事竣。垣墉周固，囷倉（喜）盈，此前人所為飲食祝之而缺然未逮者，今乃與馬公後先媲美，輝映里郒間。惇大成裕，有優（無）匱，名不虛立。侯其褍而因是思：吾邑四郊如永豐區者以十計，如永豐廿一區者且百計，其中嗷嗷待哺者何限？設皆有人焉慷慨宏毅，不惜數十載經營勞苦，先患而豫防之，曠典可舉，荒政可補，灾□可消，流離可無嘆也。而斯堂歸然，僅見扴斯，豈余所謂履成事者存乎其人歟？！歸之耆舊，耆舊不受；歸之殷富，殷富不有；歸之當事，當事不自以為（功）。□□堂□，□□皇皇。損益時行，其道大光。義倉之澤，山高水長。記之以竢後之觀感者踵而增焉。本堂歸條開列如左：

一　義倉出入繁重，獨任恐有疎漏，久踞或生弊端，況畾書定議，挨庄輪值，嗣後本堂出入項欵，着值年圖書與上年圖書兩人協理會計，遞年交卸，週而復始。各耆董領其大綱，每值新舊交卸時，秉公查核，槩不狥情。

一　田畝細號及出入總賬最關緊要，專任圖董收執。另立租簿兩本，一交值年經手，一交圖董存根。每年租籽收齊，於清明前邀集各庄董核對，謄入總賬，除納漕外，存米若干，仍將原斗交兌入倉，公同封鎖，毋得擅開。

一　各佃麦租收交經管人隨時出糶完辦，上下忙錢粮及本堂零用，共錢若干，亦於清明前集算，公同登賬。

一　倉米積久，恐有（霉朽）之虞，應仿社倉，例于秋成有望時，將三年前所存之米，擇敦實者經運加二生息，湏用包中，以乙石為定限。至稻穀登場，照常乙米貳穀交齊後，仍須糶米貯倉。

一　灾歲例應發賑，亦（不可）令倉内空虛。倘遇應賑之年，耆董及經管之人，查明本倉歷年貯米若干，除量存倉米陸拾石外，方可儘數給發。倘有不敷，圖中殷戶，仍須踴躍樂輸，以充賑數。

一　義倉本以備賑，但稍遇（歉）收即行濫給，適屆凶荒之歲反致周恤乏貲，殊非善後計。嗣後總於通邑，發賑之年，圖中耆董督同經管，查明定係飢戶，按口酌給。

一　守倉人倉後居住，須晝夜（巡視），毋得擅離，稍生怠玩。議將磨、規字號田叁畝伍分零給伊耕種，以作看守工食。倉内如有踈虞，照伊所立認據追賠外，仍令出屋歸田，另換他人看守。

一　田畝倉糧以多為貴，日後圖（中有）樂輸者，並聽續捐，一髀鎸碑，以昭同志。但既捐入本堂之後，即為通圖公物，各捐戶子孫，毋得藉稱捐主，妄生覬覦。

一　本堂立議單拾紙，取慈、孝、良、□、□、□、忍、順、仁、忠十字編號，九庄各執一紙，内將一紙存公，隨總賬收執，倉事告竣，呈縣鈐印給獎遵行，並侯詳憲立案，以垂永久。

大清道光八年歲在戊子季春之（月）。

永豐區廿一圖各庄耆董公立。

義倉優裕堂各庄捐戶芳名

Y-6-2

［簡稱］
義倉優裕堂各莊捐戶
芳名

［尺寸］
高 173 釐米，寬 85.5 釐
米，厚 16 釐米

［撰書人］
丁秉文跋

［備注］
碑身中部斜裂。
四邊剔地平雕回紋。

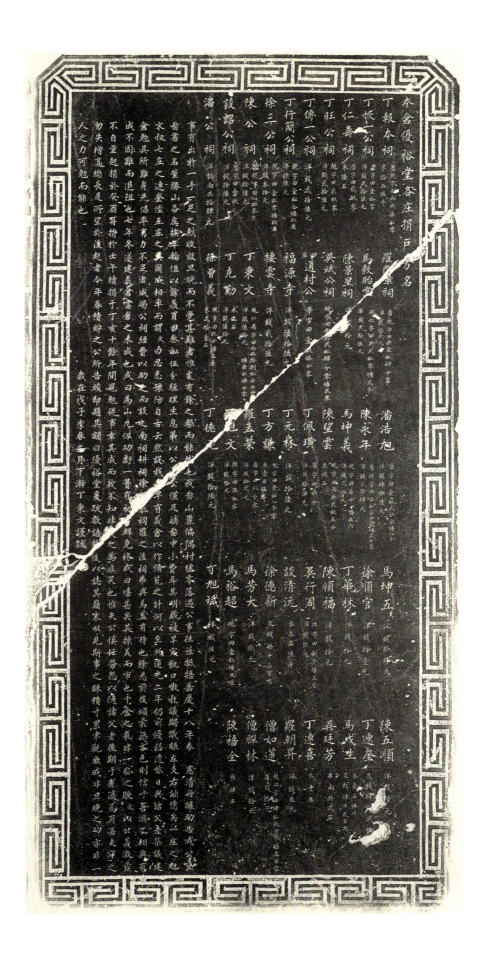

本倉優裕堂各庄捐戶芳名：

丁報本祠磨規字田両共柒畝零，米拾石伍斗；丁恢一公祠磨字田壹畝零，洋錢式拾陸元；丁仁壽祠磨字田貳畝零，米陸石；丁旺公祠規字田貳畝零，洋錢貳拾陸元；丁傳一公祠洋錢貳拾陸元；丁行簡公祠規字田壹畝仝塘玖厘，洋錢陸元；徐三公祠規字田壹畝零，塘玖厘，洋錢叁拾元；陳公祠磨規字田乙畝叁分，洋錢拾陸元；談詔公祠磨字田壹畝，洋錢拾陸元；潘公祠洋錢両共拾肆元。

羅彥章祠磨規字田共壹畝肆分零，洋錢拾式元；馬穀貽堂規仁字田共式畝零，塘式分，洋錢式拾陆元；陳景星祠洋錢拾元；吳斌公祠規字田両共式畝肆分零，塘式厘；四庄通村公學字田壹畝伍分零；福源寺洋錢陸拾陆元；棲雲寺洋錢貳拾陸元；丁秉文規仁甚字田両共拾捌畝柒分零，洋錢陸拾元，塘壹畝肆分零；丁克勤米伍石，洋錢陸拾元；徐曾義規字田玖分，塘五厘，米式拾壹石。

潘浩旭磨字田壹畝式分零，塘乙分，洋錢肆拾陸元；陳永年磨叔字共伍畝柒分零，塘式分零，洋錢式拾肆元；馬坤義規字田柒分，塘在內，洋錢式拾元；陳望雲規字田両共式畝五分，米伍石；丁佩璜磨字田柒分，洋錢拾陸元；丁元林洋錢拾陸元；丁方謙規字田壹畝乙分零，米壹石伍斗；羅孟榮磨字田玖分零，洋錢拾式元；（丁）旭文規字田陸分零，洋錢拾元；丁德元洋錢拾陸元。

馬坤五洋錢拾肆元；徐順官洋錢拾壹元；丁華林洋錢拾元；陳順福洋錢拾元；吳行周仁字田捌分，塘五厘，洋錢陸元；談清沅米叁石陸斗；徐德新足錢柒千柒百文；馬芳大洋錢捌元；馬裕超規字田壹畝，塘五厘；丁旭斌洋錢陸元。

陳五順洋錢陸元；丁連奎足錢肆千式伯文；馬成生米壹石伍斗，足錢肆千式百文；吳廷芳米両共式石；丁連喜米壹石；羅朝昇洋錢叁元；僧如蓮規仁字田肆畝玖分零，塘五分零，洋錢拾元；僧禪林洋錢拾元；陳福全米肆石。

事有出扵一手一足之烈，收效且晚而不覺其難者，惟慮有餘之勢而能然也。我嵓山麓偏隅，村墟零落，遇公事徃徃牴牾。嘉慶十八年奉憲清冊，釀助告成，公立嵓書之名，董勝山各庄，挨年輪值，以餘羨買田叁畝伍分，經理生息，第以公濟公，僅足補嵓中小費耳。其明歲被旱灾，飢口嗷嗷，議巤議賑，左支右詘，儳矣。一庄之旭文叔、七庄之連奎侄、五庄之吳爾成，相率而謂文曰："思患豫防，自古云然，設我嵓早有義倉，以作備荒之計，何以至此？"道光二年，仍前優裕遺貲，日與諸父老集議建倉，勉其所難，身先倡率，有力不足者，咸竭公祠經費以助之。而談之南祠、耕祠、徐□泰祠、羅之後祠弗與焉，盖有待也。餘悉前後傾囊無吝色，則信乎吾儕之相與有成，不因難而退阻也。七年冬，遂建義倉，當倉之未成也，或曰："為山九仞，功虧一簣，有初者鮮克終。"或曰："嘻！甚矣，其掠美而市也。千金之裘，非一狐之腋。"文以公義激羨不自量，起捐於癸酉，再捐於壬午，續捐于丁亥，十餘年間黽勉從事，幸其成而幾不知非□之為非笑也。惟矢公慎，任勞怨，以随諸父老後，期于有濟焉耳。若夫守之勿失、增高繼長，是所望於後起者。今年春，積貯之公所告竣，即題其額曰"優裕堂"。爰跋數語扵後，以誌其顛末，叭見斯事之銖積寸累、聿觀厥成，非旦晚之功，亦非一人之力可勉而能也。

　　歲在戊子季春之月下澣，丁秉文謹跋。

四德堂碑記

Y-7

[簡稱]

四德堂碑

[尺寸]

高 68 釐米，寬 107 釐米，厚 10 釐米

[刊立日期]

清道光十五年（1835）八月

[保存地址]

宜城街道東廟巷周王廟

[文獻著錄]

道光《續纂宜荊縣志》卷一之三載：四德堂，在徐舍鎮，每年置棺施衆，並請驗浮尸路斃，給棺殮埋並置義阡。

　　盖聞掩骼埋骴，帝王所以施仁；置局施棺，鄉鄰所以重義。委遺屍於道路，情實可憐，澤枯骨以恩波，冥猶知感。況以年歲屢歉，路斃尤多，一經相驗，邑侯疲於往来，胥吏緣爲欺詐；地主受無辜之累，比隣有波及之災；甚非所以惠死而安生也。爲此四啚衿耆申明各憲，建設四德堂，倡議勸捐、用廣周恤之義。兹因各村樂施好善，量力捐輸，事既告成，當勒諸石。惟同堂之創建自從二之一啚、二啚；從一之十啚、十一啚；而二啚之一庄、二庄業有成規，不在本堂之内；八庄又不列捐數；盖自三至七，以及九庄則二啚之樂捐者也。謹將各村衆姓芳名開列扵左。

　　計開：

　　馮迎安捐壇基貳畝伍分，攝字五伯十三號弍畝五分、六伯念九號塘壹厘。

　　徐大宗祠捐田貳畝，攝字五伯三十六號平弍畝。

　　光裕祠捐田壹畝壹分，攝字五伯五十二號平五分、□十九號平六分。

　　永啟祠捐田壹畝壹分，攝字五伯四十三號平六分五厘一絲、五十七號平五分一厘。

　　繩武祠捐田柒分，攝字五伯五十二號平七分。

　　吳青韶捐田貳畝伍分，攝字五伯八十二號平四分四厘、三號平弍畝九厘。

　　徐富文捐田捌分，攝字五伯四十四號平六分四毛三丝、七號平三分三厘四毛。

　　道光歲次乙未仲秋穀旦。

成裕堂業田碑記

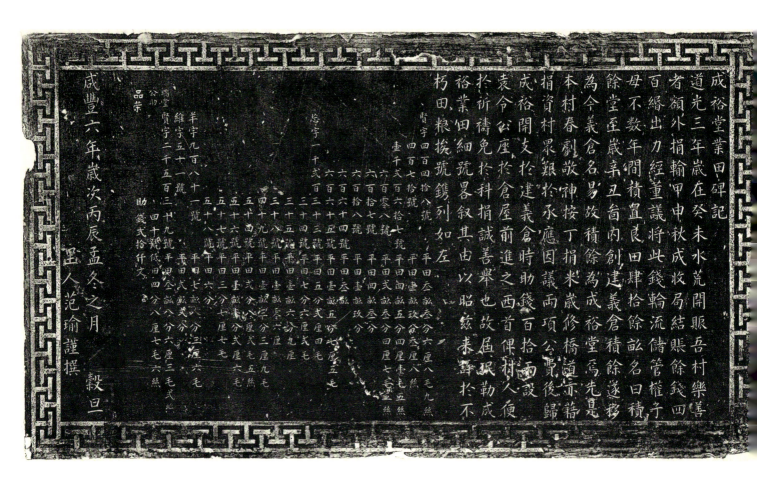

Y-8

[簡稱]	[撰書人]
成裕堂業田碑	范瑜撰
[尺寸]	[保存地址]
高 61 釐米，寬 110 釐米，厚 11 釐米	丁蜀鎮西望村龍德堂
	[備註]
[刊立日期]	四邊剔地平雕回紋。
清咸豐六年（1856）十月	

成裕堂業田碑記

道光三年歲在癸未，水荒開賑，吾村樂善者額外捐輸。甲申秋成，收局結賬，餘錢四百緡，出力經董議，將此錢輪流儲管，權子母。不數年間，積置良田肆拾餘畝，名曰積餘堂。至歲辛丑，邑內創建義倉，積餘遂移為今義倉名，易故"積餘"為"成裕堂"焉。先是本村春劇敬神，按丁捐米；歲修橋道，亦藉捐資；村眾艱於承應，因議"兩項公費，後歸成裕開支"。於建義倉時，助錢百拾兩，設袁令公座於倉屋前進之西首，俾村人便於祈禱，免於科捐，誠善舉也。故屆珉勒成裕業田細號，畧敘其由，以昭茲來許於不朽。田粮挨號鐫列如左：

賢字四百四拾八號平田叄畝叄分六厘八毛九絲，四百七拾號平田壹畝玖分叄厘八絲，壹千弍百六拾七號平田四畝五分四厘壹毛五絲，六百零八號平田弍畝叄分四厘七毛五絲，六百拾七號平田四畝叄分，六百拾八號平田壹畝玖分，六百六十四號平田叄畝，六百六十五號平田壹畝五分七厘五毛；悆字一千弍百三十三號平田五分弍厘四毛，三十四號平田七分六厘弍毛，三十五號平田壹畝六分九厘，三十八號平田壹畝零六厘，四十九號平田壹畝三分三厘九毛，五十四號平田弍分八厘弍毛五絲，五十六號平田壹畝壹分弍厘六毛，五十七號平田三分七厘七毛，五十八號平田六分；羊字九百八十一號平田七畝八分三厘六毛，維字五十一號平田弍畝弍分，瑞堂賢字二千五百三十九號平田叄畝八分六厘三毛弍絲，公助四十號低田四分八厘七毛六絲，品榮助錢弍拾仟文。

咸豐六年歲次丙辰孟冬之月穀旦。

里人范瑜謹撰。

山亭西九圖樂捐棲流所緣數

Y–9

[簡稱]
山亭西九圖樂捐棲流所緣數

[尺寸]
高 63 釐米，寬 103 釐米，厚 8 釐米

[刊立日期]
清同治八年（1869）

[保存地址]
宜城街道私人收藏

光緒《宜興荊谿縣新志》卷二載：世德堂、棲流所，在從一區潼渚靈山殿旁，同治八年，紳士蔣詒芬、周斌等建，邑令潘給示勒石。

民國《光宣宜荊續志》卷一載：山亭區，圖二十二，隸荊溪（徐舍鎮）者十七圖（六圖至二十二圖），隸宜興（高塍鎮）者五圖。（按：山亭西九圖或指十四圖至二十二圖，如此，樂捐芳名當刊分數石，此為其首。）

［碑文］

山亭西九圖樂捐棲流所緣數

十四圖：徐朝榮捐錢拾両文，丁鵬運捐錢貳千文，黃玉秀捐洋両元，徐鴻章捐錢貳両文，周全義捐全上，路瑞銓捐英洋壹元，陳學元捐全上，談聽元捐錢八百四十文，姚應大捐全上，潘志和捐錢壹両文，周銓大捐全上，徐五郎捐錢陸錢文，潘珮大捐全上，朝三捐全上，姚方大捐全上；共捐錢廿壹千五百八十文。

十五圖：潘奎元捐錢陸両文，和官捐錢肆両文，大珍捐洋両元，元達捐錢貳両文，元爕捐全上，科元捐全上，映初捐全上，單慶福捐全上，王鴻奎捐全上，蓮生捐全上，潘香谿捐洋壹元，長春捐全上，吳潘氏捐全上，潘復貞捐全上，能拨捐全上，陳鎖芝捐全上，羊愛大捐全上，潘應篪捐錢壹千文，富生捐全上，潘能卿捐錢□□□，慶福捐錢□□文，鴻奎捐全上，華三捐錢四両文，信銓捐全上，茂祥捐全上，義安捐全上，榮銓捐全上，珍大捐全上，同慶捐全上，連元捐全上，大章捐全上，錫恩捐全上，富春捐全上，敕榮捐全上，祥元捐全上，珍馨捐全上，發奎捐全上，福二捐全上，汝勤捐全上，恩茂捐全上，亨奎捐全上，茂榮捐全上，王茂奎捐全上，石恩大捐全上，王狗大捐全上，劉小溪捐全上；共捐肆拾玖千五百拾文。

十六圖：吳炳瑞捐錢叁拾両文，王金雲捐錢拾両文，傅聲遠捐錢陸両文，庭芝捐錢貳両文，利貞捐洋壹元，黃上達捐全上，汪勤大捐全上，傅樹基捐錢壹両文。

Y-10

[簡稱]
孤錢會碑

[尺寸]
高 149 釐米，寬 70 釐米，
厚 11 釐米

[刊立日期]
清光緒二十九年（1903）
七月二十三日

[保存地址]
徐舍鎮鯨塘村沃瀆 46 號

[備注]
四邊剔地平雕卷草紋。

孤錢會碑記

蓋自我朝開國以來，寸土尺地莫不有主；普天之下，大抵然也。今因咸豐庚申變後，人民稀少，吾里鯨塘澳瀆頭、四兩庄無主之田約有二十餘畝，合同酌議設立孤錢會經管；所有餘資每歲清明後一日、七月十五日、歲畢除夕設祭孤魂，後有餘蓄增置田十餘畝，久置蔣姓會義公平屋兩間以供無嗣神主及蔣姓宅主三代，又有邑城陸魯山先生樂輸洋拾六元正，以助置屋之費，諺云"君子不没人善"，故勒石以垂諸久遠云。

又將會內田坐落細號開列于左：

學字一百十五號，平五分，坐落北堰田；一百三十三號，平式畝一分有零，菴頭地；一百六十八號，平七分有零，黃草畝頭；一百七十一號，平一畝式分有零，仝；一百八十二號，平式畝有零，仝；一百八十四號，平二畝一分有零，仝；一百八十五號，平一畝三分有零，塡灘上；一百九十三號，平七分有零，下南蕩圩；二百二十六號，平一畝一分有零，後村巷口；二百二十七號，平三分有零，仝；二百三十四號，平一畝三分，徐家坟東；二百四十號，平一畝五分，徐家坟北。

學字式百四十一號，平五分，土名鴨捕墩；式百七十七號，平七分有零，長領頭；式百七十八號，平乙畝乙分有零，仝；式百九十二號，平壹畝六分有零，八畝里；式百九十六号，平五分，八畝里南；式百九十七号，平七分有零，黃岳圩；三百零五號，平八分有零，鳾鵲墩；三百零六號，平式畝九分有零，枕頭圩；三百零九號，平三畝壹分有零，薄刀圩；三百十三號，平八分有零，盛栢圩；三百十九號，平一畝九分有零，仝；三百二十六號，平叁畝四分有零，四畝里。

學字四百三十一號，平三分有零，坐落基地；五百七十六號，平几分有零，四畝里；六百六十一號，平壹畝六分有零，利通田；六百八十三號，平壹畝三分有零，水溝里；六百八十四號，平乙畝三分有零，方圩；六百八十五號，平乙畝五分有零，大領里；七百零式號，平六分有零，官路頂東；七百零七號，平壹畝三分有零，塘墩坟。

光緒歲次癸卯孟秋之月式十三日立，敬書。穀旦，如意。

蔣石琴，芮慶祥，錢細大、明照，芮新成，蔣登科，丁金福，錢運南，芮芬雲，蔣濟川、達生，湯樂慶、王保根。頭、四兩庄耆老公議敬立。

樂捐芳名

Y-11

[簡稱]
樂捐芳名

[尺寸]
高 29 釐米, 寬 88 釐米, 厚 13 釐米

[刊立日期]
清

[保存地址]
丁蜀鎮蜀山社區油車西街
7 號門口

[備註]
碑身碎裂成數塊, 僅見三塊, 此為
底端一塊, 另兩塊無法傳拓。
碑文殘缺, 無法確知為何事捐款。
因碑文載有多個窯名, 特予收錄。

[碑文]

　　□義隆捐叁千五百四十文, □裕源捐叁千五百四十文, □正興捐叁千五百四十文, □□興捐七千零八十文, □萬和捐五千叁百十文, 曹紀寶捐壹千零五十文, 方公和捐七千零八十文, 查萬興捐七千零八十文, □恒昌捐叁千五百四十文, 杜義隆捐壹千三百五十文, 蔣恒馨捐叁千五百四十文, 趙恒茂捐拾千弍百九十文, □剃店捐叁千九百四十文, □福剃店捐叁千五百四十文, □裕車捐叁拾五千四百文, □茂號捐八拾五千□□文, □□興捐念□□□□文, □萬成捐□□□□□文, □□□捐□□□□□□□文,

□源坊捐拾□□□文，□和□捐拾□□□□文，□□堂捐拾□□□□文，□興號捐七□□□文，□裕泰捐七□□□文，□泰昌捐□千八百九十文，□春仁捐拾千六百廿文，□裕號捐七千零八十文，□泰棧捐七千零八十文，□鼎源捐式千零六十文，□泰號捐五千三百十文；裴正裕捐五千五百十文，物華齋捐□千□□□□文，同興裕捐壹千五百□□五文，邵鼎盛捐七千零□□□文，沈仁茂捐六千四百六十元，芮合順捐式千零六十文，趙恒興捐五千九百文，周二木作捐五千三百十文，林塘坊捐五千三百文，蔣德富捐四千四百念五文，朱二保捐叁千五百四十文，謝裕和捐式千四百文，李混堂捐叁千五百四十文，得月樓茶捐七□□□，□□□□□□□□文，□□□□□□□□文，□□□□□□□□文，□□□□□□□□文，□□□□□□□□文，□□□□□□□□文，□□□□□□□□文，□□□□□□□□文，□□□□□□□□文，□□□□□□□文，□□□□□□□文，□□□捐拾式千五百文，南窑捐八千八百七十八文，太平窑捐拾五千六百八十文，新窑捐念八千七百八十文，仁美窑捐念□千六百文，隆康窑捐叁拾五千□□□文。

厚餘堂田畝區圖
字號畝數

Y-12

［簡稱］
厚餘堂田產細號

［尺寸］
高 150 釐米，寬 70 釐米

［刊立日期］
民國二十二年（1933）七月

［保存地址］
宜城街道東廟巷周王廟

［文獻著錄］

光緒《宜興荆谿縣新志》
卷二載：厚餘堂，在縣東撒
珠巷，兵後重修。（宜興、
荆谿兩縣合建）

［碑文］

今將已經查軋清楚厚餘堂田
畝區圖字號畝數詳載於下，其尚
有散佚在外之田，俟查出後再行
續刊。計開：

清泉區四圖信字：二百七十一
號平田式畝玖分壹厘叁毫壹絲，

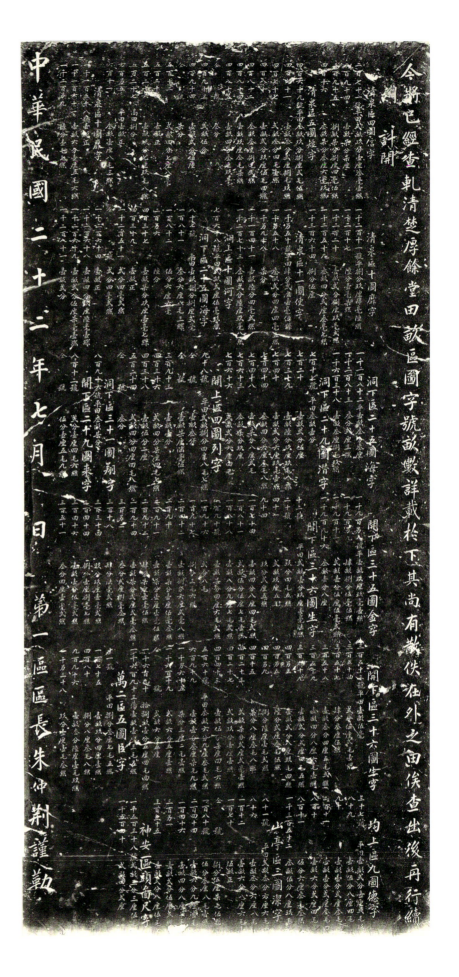

二百九十四壹畝柒分柒厘，二百九十五捌畝柒分捌厘四毫伍，四百十六叁畝柒分叁厘六毫玖絲。清泉區

五圖短字：四百六十九號平田叁畝玖分捌厘式毫伍絲，四百七十一壹畝叁分式厘捌毛玖絲，四百七十七

式畝叁分四毛壹絲，四百八十壹畝式分玖厘伍毛四絲，四百八十二叁畝叁厘捌毛式絲，四百八十四壹畝

玖厘叁毛柒絲，四百八十五壹畝四分叁厘玖絲毫，仝號叁分，四百九十三式畝伍分，四百九十四壹畝式分

伍厘，仝號柒分，五百十二式畝四分七厘八毫，五百二十四壹畝正，五百二十六壹畝玖分七厘玖毛八絲，

五百二十七高田捌分，六百另五平田壹畝正，六百十一叁畝壹厘八毛三絲。

清泉區十圖麾字：一千一百五十八號壹畝正，一千一百六十一壹畝六分壹厘五毛六絲，一千二百

另陸分壹毛七絲。

清泉區十圖麾字：一千二百十一號平捌分玖厘肆毫陸絲，一千二百十七陸分壹毫柒絲，一千二百二十

壹畝式分捌厘玖毫式絲，一千二百五十九叁畝四分式厘叁毫七絲，一千三百六十四捌分伍厘。

清泉區十一圖使字：一千另五十號平田肆分式厘壹毫伍絲，一千另五十八叁畝式分四厘四毫五絲，

一千另九十八柒分，一千一百四十一壹畝陸分四毫式絲，一千二百七十三畝式分陸厘玖毫八絲。

洞上區十圖河字：七百六十八號平田式畝式厘伍毫玖絲。

洞下區二十五圖海字：八十七號平田壹畝捌分捌厘式毫，一百八十一叁分六厘八毛三絲，

一百八十二伍分六厘六毫，二百另六陸分，四百三十七壹畝柒分玖厘壹毫七絲，四百三十九壹畝正，

一千二百五十一式分四毫式絲，仝號式分四毫式絲，一千二百六十四壹畝正，一千二百六十八壹畝四

分玖厘陸毫壹絲，一千二百六十九壹畝式分伍厘柒毫壹絲，一千二百八十一壹畝式分。

洞下區二十五圖海字：一千二百八十二平壹畝叁分叁厘，一千二百八十三叁分式厘三絲，

一千六百三十八壹畝叁厘捌毛玖絲。

洞下區二十九圖潛字：七百十七號平田叁畝壹分，七百二十一畝式分伍厘，七百三十九壹畝陸分

玖厘玖毛八絲，七百四十一畝式分六厘玖毛壹絲，七百四十四叁畝四分六厘叁毛八絲，七百四十八壹

畝柒分八厘式毛，七百六十三叁畝柒分玖厘，七百六十六式畝式分六厘四毛。

開上區四圖列字：九十八號平田式畝捌分四厘八毛七絲，仝號壹畝叁分，仝號壹畝柒厘陸毫伍絲，

三百九十三壹畝壹分，四百三十六式畝四分柒厘四毛七絲，四百三十八壹畝伍分二厘，五百六十四式畝

四分四厘四毛八絲，仝號叁分。

洞下區三十一圖翔字：八百九十六號平田叁畝柒分。

開下區二十九圖来字：八百十一號式分壹厘四毛六絲，仝號伍分壹厘五毛九絲。

開下區三十五圖金字：一千九百另八號平壹畝玖厘玖毫壹絲，一千九百另九肆畝捌分伍毫伍絲，一千九百一十式畝壹分伍厘伍毫式絲，一千九百九十六叁畝壹分八厘。

開下區三十六圖生字：十二號平田式畝壹分玖厘壹毫陸絲，二十號玖分四毛五絲，四十一式畝玖厘五毛，九十四玖分式厘五絲，一百七十四壹畝四分八厘四毛式絲，一百八十一式畝伍分伍厘七毛壹絲，一百八十八壹畝八分九厘七毛式絲，一百九十號壹畝柒分四厘六毛式絲，一百九十六式分八毛，一百九十七捌分三毛六絲，二百四十二壹畝捌分六厘式毫八絲，二百九十壹畝柒分壹厘伍毫叁絲，二百九十一壹畝柒分壹厘壹毫伍絲，二百九十二肆分柒厘壹毫伍絲，二百九十四壹畝柒分式厘式毫叁絲，三百另二叁分式厘捌毫叁絲，三百十八肆分陸毛式絲，三百三十四玖分玖厘壹毫式絲，三百四十四捌分壹厘捌毫七絲，三百四十六壹畝壹分伍毫式絲，三百五十一叁分四厘壹毫式絲。

開下區三十六圖生字：三百五十三號平田壹畝伍毫，三百五十四式分伍厘式毛壹絲，三百五十七肆分叁厘伍絲，三百五十八壹畝叁分四厘伍毛式絲，三百五十九壹畝四分八厘六毛壹絲，三百九十九壹畝式分式厘四毛五絲，四百另三壹畝式分八厘玖毛四絲，四百另五陸分式厘叁毛五絲，四百另九捌分陸厘壹毛式絲，四百十五柒分八厘叁毛八絲，四百二十三式畝柒分式厘式毫壹絲，四百二十七式畝玖分壹厘壹絲，四百四十三壹絲畝伍分柒厘四毛六絲，五百六十號平田叁畝六分九厘叁毛式絲，六百九十九壹畝壹分叁厘七毛九絲，一千另六十五柒分叁厘二毛壹絲，一千六百十九式畝六分五厘壹絲，全號式畝六分五厘，一千六百九十拾捌畝壹分五厘四毛四絲，一千六百九十三蕩壹畝壹厘三毛五絲。

萬二區五圖臣字：十一號平田捌分叁厘七毛五絲，一百七十五壹畝玖分四厘壹絲，四百八十八分八厘叁毛八絲，九百九十六壹畝叁分陸厘壹毛玖絲，一千另三十八玖分壹厘壹毛叁絲。

均上區九圖德字：三十七號平田壹畝式分壹厘式毛玖絲，八十九壹畝伍分八厘四毛，九十壹畝壹分式厘三毛，二百十一壹畝壹分式厘叁毛四絲，八百十壹畝六分式厘四毛，八百十一伍分六厘叁毛叁絲，一千三百五十二叁畝伍分八厘玖毛六絲。

山亭區三圖潔字：八十一號平田式畝叁分六厘六毛六絲，八十六壹畝叁分六厘八毛，一百十二壹畝六分八厘六毛壹絲，一百七十伍畝正，全號捌分伍厘柒毛伍絲，一百八十號伍分叁厘八毛壹絲，二百四十四壹畝六分九厘壹毛七絲，二百四十六壹畝四分八厘七毛伍絲，三百另一壹畝式分伍厘式絲，三百三十五壹畝式分八厘伍毛七絲。

神安區頭圖尺字：一千五百三十八號式畝三分三厘伍毛八絲，一千五百四十式畝四分式厘。

中華民國二十二年七月日。

第一區區長朱仲荊謹勒。

宜興籌設公醫院建築募款徵信序

Y-13

［簡稱］
宜興籌設公醫院建築募款
徵信序

［尺寸］
高130釐米，寬70釐米，
厚13.5釐米

［刊立日期］
民國三十六年（1947）十月

［撰書人］
沙彥楷撰，裴鳳章書，周維
清刻。

［保存地址］
宜興市人民醫院（宜城街
道通真觀路75號）

［備註］
碑上端有插榫，疑有碑首，
今佚。

［文獻著錄］

《宜城鎮志》第二十四
章有載。

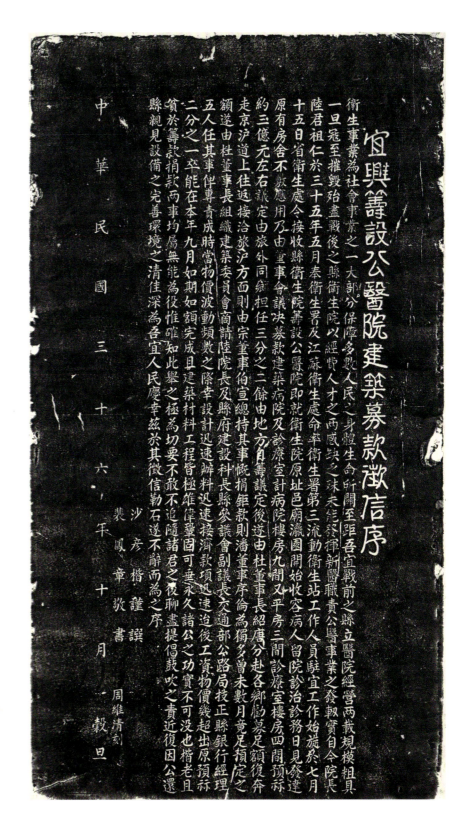

宜興籌設公醫院建築募款徵信序

衛生事業，為社會事業之一大部分，保障多數人民之身體生命，所關至距。吾宜戰前之縣立醫院，經營兩載，規模粗具，一旦寇至，摧毀殆盡。戰後之縣衛生院，以經費、人才之兩感缺乏，殊未能發揮新醫職責。公醫事業之發軔，實自今院長陸君祖仁於三十五年五月奉衛生署及江蘇衛生處命，率衛生署第三流動衛生站工作人員駐宜工作始。旋於七月十五日，省衛生處令接收縣衛生院，籌設公醫院，即就衛生院原址、邑廟瀛園開始收容病人，留院診治。診務日見發達，原有房舍，不敷應用，乃由董事會議決，募款建築病院及診療室；計病院樓房九間，又平房三間、診療室樓房四間，預祢約三億元左右，議定，由旅外同鄉擔任三分之二，餘由地方自籌。議定後，遂由杜董事長紹唐，分赴各鄉勸募足額，復奔走京滬道上，往返接洽。旅滬方面，則由宗董事伯宣總持其事。慨捐鉅款，則潘董事序倫為獨多。曾未數月，竟足預定之額，遂由杜董事長組織建築委員會，商請陸院長及縣府建設科長、縣參議會副議長、交通部公路局技正、縣銀行經理五人任其事，俾專責成。時當物價波動頻數之際，幸設計迅速、辦料迅速、接濟款項迅速，迨後工資物價幾超出原預祢二分之一，卒能在本年九月如期如額完成；且建築材料、工程皆極雄偉鞏固，可垂永久，諸公之功，實不可沒也。楷老且貧，於籌款、捐款兩事，均屬無能為役，惟確知此舉之極為切要，不敢不追隨諸君之後，聊盡提倡鼓吹之責。近復因公還縣，親見設備之完善，環境之清佳，深為吾宜人民慶幸，茲於其徵信勒石，遂不辭而為之序。

沙彥楷謹撰、裴鳳章敬書、周維清刻。

中華民國三十六年十月穀旦。

墓誌塔銘

漢司農許公夫人劉氏之碑

M-1

[簡稱]

許馘妻劉氏墓碑

[尺寸]

方柱體，高 176 釐米，邊長 41.5
釐米。

[刊立日期]

東漢光和四年（181）前初刊，唐
開元中重刻，民國二十六年（1937）
六月據唐刻拓本摹勒。

[撰書人]

許劭撰

[保存地址]

宜興市博物館

[備註]

碑文篆書，刊分三面，另一面題
跋。
本世紀初，宜興市文管辦徵集於
宜城街道西木新村。

　　咸淳《重修毗陵志》卷廿六載：許太尉馘墓在周瀆西，馘嘗歷司農，洪氏隸纂有《司農劉夫人碑》，謂其配也。明清宜興縣志均載：許太尉馘墓在南門外周瀆西。（今址即宜城街道迎賓新村內許墓墩，俗稱許將軍墓）

　　《司農劉夫人碑》最早收錄於南宋洪适《隸續》卷二，後世屢有著述。

　　《荆溪外紀》卷十四輯錄碑文（略），今據之校勘。附跋：右《司農劉夫人碑》，漢太尉許馘之妻也。首行有標題之文石巳刓剝，所存數十百字，其漫滅者強半，惟次行獨全。故其姓劉氏，而為山陰之人，其辭惟數句可讀，如云“體性純淑，非禮不行”及“孫息盈房”而已；其云“德配古列任似”者，以“似”為“姒”也。字畫多雜篆體，所書“以”字全類《孔宙碑》，其他偏旁多與《故民吳公碑》《中山相薛君題額》相類。應劭《官儀》所載三公，孝靈時有吳郡陽羨許馘，年軼《漢紀》。光和四年，馘以衛尉代劉寬為太尉。今許氏兩墓皆在宜興，而此碑猶在夫人塚傍。吳處厚《青箱雜記》云：“義興有許馘廟，其碑許劭所作，唐開元中諸孫重刻，碑陰有八字云‘談馬礪畢王田數七’”。今其殘碑才有數十字，其間載許君自司馬遷衛尉。此文稱劉氏為司馬夫人，則墓時許猶未為衛尉也。其碑在光和之間無疑。又云：“《司農劉夫人碑》，題一行，文八行，行二十八字，石尚餘其半，亦隱隱若有字。右俱載洪景伯《隸釋》。”吳人盧熊嘗得此刻云：“自‘伊述夫人’以下合有四言二十五韻，今所存“剛、行、同、房、容、宮、香、藏、鄉、忘”可致。”

　　《荆溪外紀》卷二十五載：《青箱集》云，義興縣有後漢許馘廟碑，歲久字多漫滅，唐開元中，許氏諸孫重刻之，碑陰題八字云“談馬礪畢王田數七”，人莫能曉。邑宰徐延休一見解之，云：“談馬”即言午，“許”字；“礪畢”即石卑，“碑”字；“王田”乃千里，“重”字；“數七”乃六一，“立”字。當時服其智敏。

　　《宜興風土舊志》（永樂《常州府志》卷八輯）載：漢太尉馘墓，冢高三丈餘，榛蔓森然，俗傳是此墓。冢上有古碑，字畫遒勁，非漢魏間人不能為。但云“夫人祖自會稽山陰，姓劉氏”，其後漫滅，多不可識，或是當時附葬，更俟識者參詳之。

　　萬曆《重修宜興縣志》卷三載：徐延休，會稽人，唐天佑中攝宜興令。二子鎧、鉉，並知名。

司農夫人，祖自會稽山陰，姓劉氏，伊述夫人受持貞剛，體性純淑，非禮不行。□人□仁□□石□□□□□□九族穆同，□□□子，孫息盈房，稟男以□□□□□□□篤□□□□□□□□

□母儀□□□容，德配古列任似，為□□□□□□□宮□□□□□□□□□□□（復）全□酒甘香，車騎陣□□□□□□公嚴□□□奉□□□□□□□□族相迎醫極攸送索素（名）

□□□□□□□□□幽藏咨嗟酷□□□□□□□□□□□□□□命□□□□□德畫圖像甄采其□□□□□□□鄉人□□□□□不忘……

［題跋］

江蘇漢碑，向稱光和溧水《校官碑》最古，實則陽羨《許司農夫人劉氏碑》。洪括《隸釋》引應劭《漢官儀》，此碑當不以稱之。□非□寧即，豈平庸為之。□□□□早亡，唐時重刻，有仿《曹娥碑》"黃絹幼婦"例題"談馬礪畢王田數七。"□□□□□徐延休為邑令，觀之曰："此檗括許碑重立也。"今重刻迹拓本不絕於世，□□□□□藏宜興路氏石林中，此□作侶鉤。梁谿錢氏者，□□□□□□□□□朱君松□□□□幾十分之六，礱巨石□□刻之。既成，以為朱□更像三分，□□□□仿其筆勢復摹一過，仍由朱君上石，以民國二十年六月訖事。爰略記顛末，并以□□篆"伯升□收作人慎爾"八字於"談馬"下方，歸之許氏，俾重立於墓，以資公覽，聊補此邦今古舊殘之缺憾云爾。貴池劉公魯先生，精考藏也，見石林，留之數月，為徵引羣書，成《劉夫人碑考》一卷，該□備至，不減兔牀山人《國山碑考》，舉以□畀予，并付許氏，囑印行，不獨高陽□□□□□之掌故矣。

有宋嘉泰直言進士
南嶽東萊呂公之墓

M−2

[簡稱]
呂祖泰墓碑

[尺寸]
高 180 釐米，寬 76 釐米，
厚 19 釐米

[刊立日期]
南宋嘉定二年（1209）後

[保存地址]
官林鎮東堯村上塘 12 號
民宅西北角

[備注]
碑首綫刻雙鳳朝陽紋，兩
邊綫刻卷草紋。

《荆溪外紀》卷二十三、萬曆《重修宜興縣志》卷八有呂祖泰傳。

萬曆《重修宜興縣志》卷十載：呂直言祖泰墓，在梅村，以久廢莽為丘墟。成化間，知縣沈振咨訪斷碣於土中，因為經理焉。

嘉慶《增修宜興縣舊志》卷九載：呂直言祖泰墓，西墓村，久廢莽為邱墟。成化十八年，知縣沈振、訓導王綎訪斷碣於土中，題曰“有宋嘉泰直言南嶽東萊呂公之墓”，因為之經理。（明朱昱《重修毗陵志》）

《呂氏宗譜》卷四載：第一世，祖泰，字泰然，由婺州遷居宜興。嘉泰元年，中直言極諫科舉進士。上書請誅韓侂胄，杖配欽州。侂胄誅，詔雪其冤，補上州文學，改迪功郎，監潭州南嶽廟。紹興辛巳生，嘉定己巳卒，年四十九。《宋史·忠義》有傳。配張氏，右文殿修撰南軒女，壽六十九，合葬本邑成任區三啚塲字一千二百四十八號平田二畝零九厘八毫，地之名梅村。宋真西山題其墓曰“宋南嶽東萊先生呂泰然之墓”。崇祀常州先賢、宜興鄉賢兩祠，縣令戴桷立碑於學於墓，錢文子撰文。明成化間，碑成斷碣，縣令沈振重建，王綎撰文。子二，長繼宗，次紹宗。

《呂氏宗譜》卷廿八輯錄南宋錢文子撰《東萊公墓誌銘》載：葬於宜之梅村。

《呂氏宗譜》卷首載：始祖泰然公墓址舊名成任區西墓村東，現改為孝侯區隱風鄉西木村東。

［碑文］

有宋嘉泰直言進士南嶽東萊呂公之墓

有宋制使觀文光祿河內郡特贈開府儀同三司李公墓誌銘

M-3

[簡稱]
李曾伯墓誌

[撰書人]
李杓書

[尺寸]
縱 150 釐米，橫 75 釐米

[保存地址]
宜城街道東廟巷周王廟

[刊立日期]
南宋咸淳四年（1268）十二月

[備注]
誌碎裂數塊并殘缺。

[文獻著錄]

　　誌載墓址位於善權山。1990 版《宜興縣志》第二十四卷載：1977 年該碑於建造國山飯店時出土。（初存亦園，1994 年移至今址）

　　嘉慶《增修宜興縣舊志》卷八載：李曾伯，字長孺，覃懷人。後居嘉興。年少時，葬親宜興。有閩僧道琳謂之曰："公異日必階政路，善權為浙右佳山水，宜請作功德院。"曾伯笑而謝之。淳祐中，果拜觀文殿大學士，憶道琳前語，請於朝，賜名"報忠寺"。曾伯有《善權奇觀》及《宿福岩堂》諸詩。後寺僧建三生堂祀"三李"。（參《荊溪外紀》）

有宋制使觀文光禄河內郡特贈開府儀同三司李公諱曾伯，字長孺，家世覃懷□□□□□□□□□□□□□□□史渡江，占籍毗陵，後改寓嘉興。曾祖耆俊故任朝議大夫服金紫，累贈太保；妣黃氏，累贈衛國夫人。祖曰嚴，故仕文林郎，累贈太師□□□□□□□□□□□□□□景翶，故任朝議大夫、太府少卿、四川總領，累贈太師、商國公；妣周氏，累贈越國夫人。嘉定十五年，商國公守荆門，先君以寶璽捧表恩□□□□□□□□□□□江陵府糧料院。十七年，改差金州司法參軍。寶慶元年三月，以登極恩循修職郎；四月，改差四川總所，主管書寫機宜文字；秋，領湖北漕舉。三年□□□□□□□□□月，以關陞及格循文林郎；九月，以金州任賞循儒林郎，改差四川茶馬司幹辦公事。紹定元年，領潼川漕舉；八月，改差監湖北安撫司激賞酒庫兼準備□□□□□□□知襄陽府襄陽縣；十一月，舉考及格，改宣教郎，就任。四年六月，以慶壽恩轉通直郎；秋，領京西漕舉。五年六月，丁商國公憂；七月，特起復，差荆湖□□□□□□□機宜文字，力辭不獲。端平元年十二月，改差淮南西路安撫司，主管機宜文字。二年五月，磨勘轉奉議郎。三年正月，通判濠州兼淮西帥機；三月，以京湖犒賞□□□□□□□軍器監簿；六月，通判鄂州兼沿江制置副司，主管機宜文字；十一月，以淮西犒賞轉朝奉郎；十二月，差淮西制置司參議官。嘉熙元年，改知岳州；六月，磨勘轉朝散郎□□丁越國夫人憂。二年正月，特起復沿江制置司參議官，力辭不獲；六月，權知太平州；九月，除軍器監丞兼淮西提刑兼督府參議官。七月，以廬州守城□轉朝請郎；八月，以援淮賞轉朝奉大夫，又以督府年勞轉朝散大夫。十一月，除左曹郎官淮西總領兼江東運判。四年六月，磨勘轉朝散大夫；十一月，召赴行在奏事，除右司郎官；閏十二月，兼權樞密院檢詳文字，以廬、黃督戰賞轉朝議大夫。淳祐元年正月，除太府少卿兼左司；二月，以采石調遣功賞轉中散大夫；四月，兼敕令所刪修官；八月，以督府結□賞轉中奉大夫；十月，除太府卿兼左司檢詳；十二月，除司農簿，兼職依舊。二年二月，除權兵部侍郎淮東制置安撫使，兼知揚州兼屯田使；三月，兼淮西制置屯田使；四月，□□府進書賞轉中大夫；九月，旨許便宜行事。三年正月，□淮□年勞轉太中大夫，除華文閣侍制，賜金帶，職任仍舊；四月，以左司提領鹽事賞轉通議大夫；九月，以敕□□□書賞轉通奉大夫。四年正月，除寶章閣直學士；四月，以明堂恩特封河內縣開國男；五月，除權兵部尚書。五年五月，除煥章閣學士；六月，□刑部尚書，並仍任。六年二（月，以）明堂恩進封河內縣開國子；三月，召赴行在，辭，繼落職，降太中大夫。九年二月，復元官職，提舉江州太平興國宮；三月，除依舊煥章閣學士，知靜江府廣西經略安撫使；十二月，兼轉運使。十年三月，除徽猷閣學士，京湖安撫制置使，知江陵府；七月，旨許便宜行事；九月，兼湖廣總領。十一年六月，以廣西平黎賞轉正議大夫；九月，除寶文閣學士，陞大使。十二年正月，除龍圖閣學士，仍任；三月，以湖廣總所羅賞轉正奉大夫；四月，以明堂恩進封河內縣開國伯。寶祐元年四月，以荊閫年勞轉宣奉大夫；六月，除端明殿學士，仍任；七月，兼夔路策應大使。二年六月，除資政殿學士，仍任。兼節制四川邊面與執政恩數；閏六月，除四川宣撫使，兼京湖制置大使，特賜同進士出身；十二月，以明堂恩進封河內縣開國侯。三年十月，以宣閫年勞轉光禄大夫。四年三月，召赴行在，辭；四月，除資政殿大學士，知福□福建安撫使，又辭；八月，依舊職，提舉臨安府洞霄宮。五年正月，依舊職除湖南安撫大使兼知潭州；十一月，兼節制廣南任責措置備禦。五年十一月，以明堂恩進封河（內）郡開國公；十二月，兼廣南制置大使，移司靜江府。六年正月，除廣南制置大使，兼知靜江府；三月，兼廣西轉運使。開慶元年正月，陞觀文殿學士，仍任。景定元年四月，淂□□乞休致，不允，召赴行在，辭；五月，落職；八月，降正奉大夫。二年四月，敘復元官職，予祠；六月，依舊觀文殿學士，提舉臨安府洞霄宮。五年四月，依舊職知慶元府沿海制置使。咸淳元年，乞休致，不允，累疏力丐歸田；二月，淂請繼□職。四年六月，又乞休致，未幾，腹疾微作，對親客語如平時，入夜翛然坐逝。變出不虞，痛哉！遺命上遺表。七月，旨依所乞，特與守光禄大夫，生前致仕。十月，□特贈開（府儀同）三司，食邑累加二千八百石食，實封四百戶。先君以慶元戊午八月三日丑時生于江陵，太保公參帥幙時也，咸淳戊辰六月二十八日薨于里居之正寢，享年（七十又一）。兩娶吳氏，累贈安康郡夫人、晉寧郡夫人，皆先公而卒。子杓敘奉議郎，前特差充沿海制置使司，主管書寫機宜文字；杞承奉郎前差監德安府，在城酒稅□□□□□□□次適承直郎特差充淮西安撫使司準備差遣洪起東，次許適承事郎史瑑卿。孫國華、國□並承奉郎，國蕃、國薈。孫女二人。嗚呼！杓等不孝，不天弗自賁□□□□□□□君，銜恤茹哀，忍死襄事，以是年十二月丁酉奉匶歸于常州宜興縣善權山之原，葬日□如敘生平梗槩納諸壙，孤哀子杓等泣血百拜謹書。

忝眷新除敷文閣學士太中大夫知慶元府兼沿海制置使洪□□□。

明故資政大夫正治上卿禮部尚書掌太常寺事蔣公墓誌銘

M-4

[簡稱]
蔣守約墓誌

[保存地址]
宜城街道東廟巷周王廟

[尺寸]
縱 72 釐米，橫 70 釐米，
厚 18 釐米

[備註]
底佚。

[刊立日期]
明天順二年（1458）

萬曆《重修宜興縣志》卷七載：蔣守約，字德簡，自幼入道會真庵。永樂初，徵補神樂觀舞生，尋授贊禮郎，累官太常寺卿，升禮部尚書。天順改元，致仕歸，未幾復召起，俾典祀事。年七十八，卒於官。不娶，以族子悅嗣蔭，補國子生，知玉山縣。守約為人潔清誠恪，外肅內溫，翛然有出塵之度。故天語有"敬慎廉潔"之襃，而學士錢溥表其墓亦曰"雍雍文雅，殊有林下風致"云。悅子稱中正德丙子鄉試。（參考墓表）雖不由科目而躋崇秩，寵冠一時，遇亦隆矣。　卷二載：畫錦坊為蔣守約立，改廢。

嘉慶《增修宜興縣志》卷七載：樂舞、明醫非列《選舉》，然蔣守約、王玉並躋上卿，而其人謹願，非如方士竊位者流，特附《征辟》之後。

《磚場蔣氏宗譜》卷十載《蔣大宗伯傳》：宗伯姓蔣氏，諱守約，字德簡，宜興人。正德間，徵補神樂觀樂舞生，旋授太常寺贊禮郎，歷陞右寺丞。正統初，擢少卿進卿。景泰監國，轉禮部侍郎。時帝意欲易儲，于忠肅屢乘密勿之餘，輒數言之，帝弗納，退謂公曰："君無他責，帝無猜忌，以婉諫可也。"公即進言："上皇北狩，誤於權璫，意欲蕩靖邊氛，垂功萬代，不期為寇所乘，陷於不測。幸樞臣于謙迎陛下監國，鎮定神京，謙復正言卻敵，弗為所挾，謙真社稷臣也！然太子立，詔告中外，天下臣工共所見聞，若無罪廢之，恐後世忠臣不知作何書法。謙言不可廢，其言是也，陛下即宜聽之。"帝復弗納，公即與朝臣數十人公疏爭之，大忤帝意，落職歸里，屏居西郊，足無城市之跡，已絕京華之念。未幾，天順改元，復徵拜禮部尚書，俾典祀事，非公願也。年已七十有八，壽終於位，不娶，無子，以族子悅嗣，蔭授玉川縣知縣。賜進士出身南京工部右侍郎前都察右副都御史撫治鄖陽年世姪沈暉譔。

明故資政大夫正治上卿禮部尚書掌太常寺事蔣公墓誌銘（篆蓋）

大明封奉政大夫左春坊左庶子兼翰林院侍講徐公墓誌銘

M-5

[簡稱]
徐琳墓誌

[尺寸]
縱 70 釐米，橫 70 釐米，厚 13
釐米

[刊立日期]
明成化八年（1472）十一月初九

[撰書人]
李應禎具狀，商輅撰文，姜立綱書
丹，陳鑑篆盖。

[保存地址]
宜城街道東廟巷周王廟。

[備注]
漢白石。
盖正面為徐溥撰書於成化七年的
祈告文。
誌載墓址位於（滄浦）瑞雲山。

大明封奉政大夫左庶子兼翰林院侍讀徐公墓誌銘

萬曆《重修宜興縣志》卷十載：徐知府鑑墓在龍潭。康熙《重修宜興縣志》卷一載：紫雲山，在大盧山北（薔薇塢東），萬山叢繞，有徐少師溥祖墓。

萬曆、康熙、嘉慶《宜興縣志》均有徐琳傳。

《洑溪徐氏世珍集》卷二輯錄誌文，略有差異，漫漶莫辨者幸可資校補。

［祈告文］

此洑溪徐老庶子墓，仁人君子，幸無壞傷！

大明成化七年，孝子溥等謹告。

［誌文］

大明封左春坊左庶子兼翰林院侍講徐公之墓（篆蓋）

大明封奉政大夫左春坊左庶子兼翰林院侍講徐公墓誌銘

賜進士及第資善大夫兵部尚書兼翰林院學士知制誥經筵官淳安商輅撰文

徵仕郎中書舍人直文淵閣永嘉姜立綱書丹

賜進士及第前朝列大夫國子祭酒兼經筵官翰林院侍讀學士古吳陳鑑篆蓋

公諱琳，字廷璽，姓徐氏，世家常之宜興。曾祖十六，隱弗仕；祖福，以子貴，贈户部郎中；父鑑，刑部主事，進户部郎中，瓊州知府；母吳氏，封宜人。公天性孝友，自幼器宇不凡，十歲侍瓊州府君官南京，應酬門户，儼如成人。一日，府君退朝，不樂，公問知為祖母病抂鄉，遂請奉吳宜人歸省，時年十二，衆驚異之。已而府君扈從留北京，以夏尚書諫北征，坐逮下獄；公聞，倉皇就道，抵揚州，值冰凍，即舍舟陸行，至京，舍逆旅，終日惴惴，夜臥脇不沾席，如是者三年。會仁廟登極，赦，始歸。後府君官海南，卒，公迎喪歸葬龍潭山，山深多虎，方開壙，一虎躍出，人皆駭散，公拜且泣曰："衆為我父供役，寧啖我，毋傷人。"虎遂俛首去，人以為孝感所致。吳宜人病逾年，公日夜侍湯藥弗離側，及卒，哀毀過禮。初府君歿，衆子幼，公極力撫教，為畢婚娶。比長，求分異，公不能止，田宅器具，恣其所欲。從姪早孤，撫教亦如之。及以盲廢業，復買田贍給，為育其子，嫁其女，骨肉之間，恩義兼至。公蚤有志用世，以父歿弗果。家居嚴抂教子，諸子出就外傅，暮歸必程督其業之勤怠。長溥，進士及第，授翰林編修，公喜曰："先人遺言，子孫勿復為刑官，兒今免矣。"數貽書，訓以居官守身之法。溥嘗再告歸省，公趣令還朝，曰："委身事君，宜力圖報稱，何以私恩為念哉。"溥分禄歸養，公曰："吾家幸足用，此禄宜推以給族姻之貧者。"卒以為常。遇歲歉，必減租焚券，發倉廩以賑濟鄉人，前後所出粟，不啻萬餘石，賴以全活甚衆，雖例有旌典，弗願受。始公在北京，有老醫史仲文者，里人也，妻死以遺骨託公歸，渡江，風濤驟作，舟人覺有異，索之同行，知者窃勸棄水中，公不應，終獲以濟。正統間，里中苦粮長掊尅，羣愬以巡撫，願得公代，公力辭不就。公素長者，然性剛直，是非無所徇。人有不平事多質扲公，邑大夫有問，則以吏弊民隱為言，不及已私。鄉人以軍役致訟連年，吏受甲某私以坐乙，事下里鄰，公諭甲，俾認之，甲不聽，罄貲予吏，得釋。後二十年，部使者廉得其情，卒以軍歸，甲時貲產已盡，始悔不用公言。景泰甲戌，邑大水，里胥長報災傷數多，率分諸大家要厚利，以免徵三百石歸公，公謝曰："吾家田實不潦，敢欺公乎？"其人慙愧而去。縣東南郭三里許曰汰溪，公愛其山水清勝，且窀邇先塋，遂自城中遷居之。堂搆宏壯，貽謀深逺。前當查林、黃瀆諸鄉孔道，公為造橋修路，以便行旅；復造舟西渡，以濟病涉；割善地為義塚，以葬親戚之貧無歸者。公善綜理家務，□未嘗萌發兼并意，而產業日增，有以田来售者，率厚償其直；典質不能贖者，有所求輒還之。每戒子孫□以守法務，質實絕去浮靡之習。平生不置妾媵，衣服飲食無所擇，惟祀先宴賓，極於豐腆。晚年以家事付諸子，數從溪翁野老游衍，自署荆南漁隱，以示遺世之意。客至必置酒張樂，酣嬉竟日，言不涉時事。滄浦有山曰瑞雲，預營壽藏其間，并搆福源寺為往来游息之所。讀書務求大義，不泥章句，陰陽醫卜，亦皆涉獵，論議慷慨，事之得失及後来成敗，歷歷有見。雖智數過人，然能持大體，一裁以正。人有過，能優容之，以故人無貴賤老少，皆知敬愛公及稱道公之德弗衰。公以溥貴，初封文林郎、翰林編脩兼司經校書，進封奉政大夫左春坊左庶子兼翰林侍講。配何氏，初封孺人，進封宜人；子男四：溥，歷編脩、進庶子兼侍講，其名位未量；濟、淪、澍，皆克家；女三：以適吳吉、蔣蘭、吳經；孫男十，女四。公生洪武己卯七月二十三日，今年壽七十三，何宜人亦壽躋七十。先是，溥求同朝士夫詩文，寓歸為二親壽，不意公遂遇遘以卒，實成化辛卯六月十七日也。訃至，溥號慟欲絕，即日解官，歸奉襄事。上聞，特遣官即其家賜祭。溥以中書舍人李應禎狀来乞銘，將卜卒之明年十一月九日葬公瑞雲山，并刻石藏之，銘曰：

人之實行，莫先孝悌。天降是衷，匪由外至。卓哉徐公，克全所畀。孝親一念，羙於幼稺。推而友于，擴而慈愛。恩周宗族，惠施鄰比。信友忠君，皆自兹始。吁嗟徐公，鄉邑善士。積厚羙宏，徵扲令子。存沒光榮，褒典未已。琢石鑴銘，以詔来嗣。

徐夫人何氏之墓

M–6

[簡稱]

何妙賢墓誌

[尺寸]

縱 65 釐米，橫 65 釐米，厚
13 釐米

[刊立日期]

明成化十三年（1477）十二月

[撰書人]

徐溥具狀，王㒜撰，吳寬書丹，
李應禎篆蓋，陳俊鐫。

[保存地址]

宜城街道東廟巷周王廟

[備註]

漢白石。
誌載墓址位於（滄浦）瑞雲山。

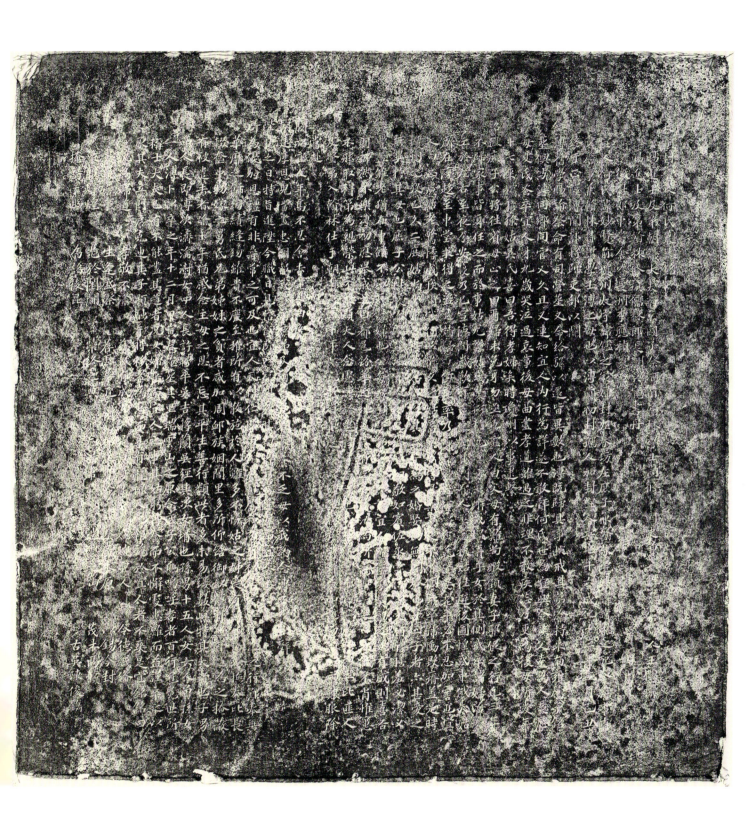

《荻溪徐氏世珍集》卷二輯錄誌文，雖有差異，漫漶莫辨者幸可資校補。

［誌文］

徐夫人何氏之墓（篆蓋）

明封宜人何氏墓誌銘

賜進士及第朝議大夫南京國子祭酒前翰林學士司修國史兼經筵官郡人王儔撰

賜進士及第翰林修撰儒林郎長洲吳寬書丹

微仕郎中書舍人長洲李應禎篆蓋

宜人何氏，諱妙賢，前瓊州太守諱鑑之冢婦，封左春坊左庶子兼翰林院侍講諱琳之配，今詹事府少詹事兼翰林侍講學士溥之母也。以溥貴，初封孺人，加封宜人，壽七十六，成化十三年五月己丑終于正寢。溥聞訃將歸，吏部以聞，上念溥舊學，賜諭祭，命有司營塋，又命給驛以還，皆異數也。溥既歸，具事狀，戒其弟瀹，持來南雍，屬予銘塋。儔与溥同鄉，同官又久，且又連知宜人內行為詳，遂不敢辭。何氏世為宜興令族，父逵，為人長厚，母夏氏蚤卒，宜人才九歲，哭泣過哀。事後母曲盡孝道，雖遇之非理，不敢疾怨，乃更為後母所愛。年十七，來嬪於徐，姑吳氏喜曰："吾得孝婦矣。"時瓊州以事逮繫詔獄，庶子公將往省，母止之曰："爾婦未免身，勿呕也。"宜人曰："父母有難，尚暇顧妻子耶？"促之行。凡三年不歸家，事皆身任之，而於事姑尤謹，姑或憂形於色、百方譬解，或娛弄子女於其側，或率諸婦治女工於左右，至夜分安寢乃已。宣德間歲歉，有盜夜捶其門，宜人呕起扶姑徃避後圃，惶惑中俄失姑所在，復趨至中堂求得之。盜退，諸婦曰："何輕率乃尔，脫遇盜何以自免？婆婆老年，必不忍加害也。"宜人曰："正慮姑老驚悸成疾爾，我何足惜。"久之，姑屬疾，躬侍湯藥，晝夜不離側。比卒，號慟毀瘠。蓋是時，瓊州之歿已久，二庶姑尚少，事之一以姑禮，撫其三子為之婚娶而無間於己子，三子者亦甚愛之無異於其母也。庶子公性嚴毅，治家有法，宜人事之終身，相敬如賓，佐烝嘗，待賓客，酒醴膳羞必潔必豐，蓋雖老猶在中饋，不以委諸婦也。公每教誨子弟、程督課業，宜人輒從旁獎勸之勉，有成則喜，否則拂然不樂。溥初應舉，戒之曰："都邑紛華之地，兒未有室，憂汝為所誘。"溥曰："不肖惟患不能取科第為親榮，此不足煩大人念慮。"溥於是持身益謹，凡載赴鄉闈，未嘗一涉非禮，一比匪人，及登第，入翰林，仕于朝者□二十年，亦凡載省親庭，所以致教戒於溥者，益加淳切。溥丁外艱服除，當赴闕，以宜人年高，不忍捨去，宜人曰："吾家世受朝廷厚恩，兒當盡忠圖報，我有爾諸弟及爾長兒在，奉養不乏，毋以我為念。"溥不復敢辭。陞見之日，特旨進陞今職，日見信任，所以寵賜於其親者日益隆渥，而宜人不待，此上所為優加恩禮，有非尋常之可及也。宜人天性仁厚恭儉，處親族和而有禮，居室無妬忌之行，自奉無華靡之飾，紡績縫紉，雖貴不廢，至推所有以散施扵人，雖多不悋。姑之姊喪，有女□□□撫養，比長，輟奩中物嫁之。舅氏兄弟姊妹之貧者，咸加周邺，族姻閭里，多所仰給。御奴僕有恩，有過為之掩蔽，有被遣去者，踰十年，猶感念主母之恩不忘。其平生善行類此者多，未易縷數，此特其大者也。子男四人，長即溥，次濟、瀹、澍；女四人，長許聘，卒；吳吉、蔣蘭、吳經，其次女壻也。孫男十五人，女六人。曾孫女一人。溥卜以卒之年十二月甲寅，奉柩窆其里瑞雲山之原，合庶子公兆。嗚呼！孝者，百行冠冕世所稱，士大夫已有不能盡其道者，況女婦乎？而宜人之事其姑，躬□養而不懈，處患難而益謹，卒之以承其夫，立門户，克迪其子，顯融于時，移孝為忠，而享有寵禄，天之報施於宜人者不爽，是宜銘。銘曰：

孰為婦道，孝敬不渝。慈教有成，是曰母儀。婉婉宜人，令德咸備。嶷嶷詹事，生逢盛際。荐歷華近，眷注日隆。揆厥本原，以錫今封。象服煒煌，光於閨閫。榮終之典，尤異常品。瑞雲之山，茂木高墳。掩詩于幽，為詔後昆。

古吳陳俊鐫。

徐元栻墓誌銘

M-7

[簡稱]
徐元栻墓誌

[撰書人]
李應禎著

[尺寸]
縱 43.6 釐米，橫 45 釐米，
厚 10 釐米

[保存地址]
宜城街道東廟巷周王廟

[備注]
蓋右下角殘損。
2012 年 7 月宜興市文管辦徵
集於宜城街道溪隱村。
誌載墓址位於滄浦灣瑞雲山。

[刊立日期]
明成化十四年（1478）四
月十三日

墓誌塔銘

徐元栻墓誌銘（篆蓋）

徐元栻墓誌銘

宜興徐學士時用與予交三十年，契誼甚厚，因為其仲子元栻□□□既納聘而學士君以內艱歸。未幾，予□□□制□官南京□取道過家，聞元栻以疾就醫□□□意歸得相見，且與商治療之宜，遂合并之歡應有□日及抵家，則元栻已死去再旬矣。扵乎！悲夫！元栻幼失恃，鞠于其祖母太夫人，至是太夫人歿，悲傷思慕，遂□□成疾，疾不半載而遂死，其得年才二十又一。扵乎！悲夫！□□□□其清粹眉目娟秀可愛，自幼不肯與羣兒嬉既□□□弟之過尤為其祖父庶子公所期待，常曰："昌吾門者，此兒也。"方七八歲時，作《思母詩》，便有悲切動人之語。（侍祖）母能得其歡心，待諸兄弟恩意尤篤。兄楷留司家□□書畫，一戒之若老成更事者。在京師，讀書官署中，朝而往，暮而歸，步履循循然，不左右視，見者屬目。學士君既為時聞人，所接皆當世鉅卿名士，其耳濡目染視尋常已不啻數倍，而復孜孜學問，不憚劬勩，時時作為文章，蔚然可觀，盖深有志扵繼承，不幸遽夭而死。其卒也，成化十四年四月丁未，後十三日庚申葬于滄浦灣瑞雲山其母杜宜人墓側，予為之著葬銘，匪獨以洩私哀，亦以慰吾元栻扵地下云耳。銘曰：

嗟哉徐生，何才且賢，不與以年？扵乎蒼天！

奉訓大夫南京兵部貟外郎長洲李應禎著。

大明故奉議大夫吏部考功司郎中邵先生墓誌銘

M-8

[簡稱]
邵暉墓誌

[尺寸]
縱 57.5 釐米, 橫 57 釐米,
厚 9.5 釐米

[刊立日期]
明成化二十一年（1485）

[保存地址]
宜城街道東廟巷周王廟

[備注]
底佚。
2017 年 4 月, 宜興市文管
辦徵集於宜城街道。

[文獻著錄]

　　萬曆《重修宜興縣志》卷八載：邵暉，字日昭，成化乙丑會試第二人，累官吏部考功郎中。敦慎簡澹，門無私謁。公余靜坐一室，恬以養性而已。（生於正統五年，卒於成化二十一年）子棠，庠生，能修行，以孝聞。

　　《邵暉妻陳氏墓誌》（私藏）載："邵公以易學魁天下，襄然士望悵不及，見之後乃友"，"考功故宋郡馬省之後，世家宜興之城塘，父瑄，母王氏"，妻陳氏"宜興亳村之世家"，"其子曰楠曰棠"，三女，孫男四，孫女四。

　　萬曆《重修宜興縣志》卷二載：進士坊，為邵暉立。

　　康熙《重修宜興縣志》卷十載：邵郎中暉墓在城塘橋大郎墩。

[誌文]

大明故奉議大夫吏部考功司
郎中邵先生墓誌銘（篆蓋）

大明故光禄大夫柱國少師兼太子太師吏部尚書華盖殿大學士贈特進左柱國太師謚文靖徐公墓誌銘

M-9

[簡稱]
徐溥墓誌

[尺寸]
縱68釐米，橫68釐米，厚10釐米

[刊立日期]
明弘治十四年（1501）三月十七日

[撰書人]
吳儼狀，李東陽撰，吳寬題盖，
周文通書。

[保存地址]
宜城街道東廟巷周王廟

[備注]
漢白石。

[文獻著錄]
　　誌載墓址位於滄浦瑞雲山。萬曆《重修宜興縣志》卷十載：徐太師溥墓在南陽山。《溎溪徐氏世珍集》卷三輯錄誌文載：葬南陽山。

　　萬曆《重修宜興縣志》卷八載其傳（略）：徐溥在相位數年間，薦謝、李二公入閣，六部多得其人。是時，百姓樂業，四陲無驚，天下號治平焉。史稱其因事納忠，隨才器使，屢遇大獄，保全善類，從容調劑，弭謗消讒，雖無勇功知名，而培養國家元氣多矣。王文恪謂其承劉吉恣威福、報私怨之後，一以安靜誠信，中外咸寧。行政不必出於己，惟其是；用人不必由於己，惟其賢。時推其有休休大臣之度焉。

　　（濟美堂）《吳氏宗譜》卷九之三載吳儼撰《徐文靖公行狀》。

　　《溎溪徐氏世珍集》卷三及《李東陽集》輯錄誌文，雖均有差異，漫漶莫辨者幸可資校補。

明故光祿大夫柱國少師兼太子太師吏部尚書華蓋殿大學士贈特進太師諡文靖徐公墓（篆蓋）

大明故光祿大夫柱國少師兼太子太師吏部尚書華蓋殿大學士贈特進左柱國太師諡文靖徐公墓誌銘

資政大夫太子少保禮部尚書兼文淵閣大學士知制誥經筵國史官長沙李東陽撰

通議大夫吏部左侍郎兼翰林院學士長沙吳寬題蓋

奉直大夫禮部員外郎兼司經局正字萊陽周文通書

少師徐公之卒，其子元楷、元相具書請予銘，予從公後，晚辱知厚，慟其亡，久未忍作也。踰年，以葬期告，乃為銘。公姓徐氏，諱溥，字時用，學者稱為謙齋先生，世居常之宜興；曾祖諱福，當元季有陰德于鄉；祖諱鑑，國朝永樂間累官瓊州府知府；父諱琳，皆贈光祿大夫、柱國、少傅兼太子太傅、吏部尚書、謹身殿大學士。公為縣學生，景泰庚午，舉南畿鄉貢。甲戌，廷試第二，授翰林院編修，予告歸。天順丁丑，英廟復辟，命兼司經局校書，侍東宮講讀，憲廟每目屬焉。甲申，以登極恩，超擢左春坊左庶子，兼侍講充經筵講官，預修英廟實錄。成化丁亥，稽武職誥黃。己丑，歸省。辛卯，丁父憂，特遣官賜祭。甲午，擢詹事府少詹事兼侍講學士。乙未，典禮部會試，校閱精當，所得省殿二魁皆至大用。丁酉，丁母何夫人憂，賜白金、楮幣及葬祭。庚子，擢太常寺卿兼學士。數年間，歷掌翰林、詹事、春坊、司經局事，蓋前此所未有者。辛丑，再典會試。尋擢禮部左侍郎，仍兼學士，進退奏對皆稱上旨，援據論議有聞于時。甲辰，知會試貢舉事。以陝西旱，代祀中鎮、西海、河瀆諸神，雨輒應。丙午，改吏部，佐理銓選，清慎有加。久之資望并積，而為當道所尼，憲廟有意柄用之，未果也。丁未，今上即阼，易置內閣臣，公首膺簡任，入參機務，尋擢禮部尚書，兼文淵閣大學士。更化之際如：止貢獻、停工作、黜左道、屏斥邪佞、登用老成，固出宸斷，而公之佐翊有力焉。弘治戊申，修憲廟實錄，充總裁官，同知經筵事。庚戌，復出典會試。三試禮闈者，前此亦未有也。辛亥，加太子太傅兼戶部尚書、武英殿大學士。賜白金文綺襲衣廄馬，又賜罪人家屬。上察公篤厚可大任，旋置元僚，禮遇隆重，賞賜無虛日。公益勤輔導，制勑誥命，務崇簡雅，啓沃謨議，必據正義、守成法。見人有才行可用，極力引拔，寸長片善，亦加甄錄，至忘其過。大臣有罪廢媒進者，公持其議，竟不得行。藩府有大獄，羣議洶洶，公力贊其決，事始定。留都獄連引貴近，或為觀望，亦贊成之。其他事多秘密，公又謹重不泄，外人無知者。甲寅，加少傅兼太子太傅、吏部尚書、謹身殿大學士、進階光祿大夫、柱國，賜三代誥令。蓋自筮仕，歷四十餘年，凡五錫命，至是而極。乙卯，公家置義田，以贍羣族，請命于朝。上優詔獎答，仍復其徭役為世勸。丁巳，修《大明會典》，充總裁。會年七十，以疾在告，上疏辭，不許，命醫診視，遣中使賜羊酒楮幣，仍令風雨大寒暑免朝。戊午，皇太子出閣進學，加少師兼太子太師、華蓋殿大學士、尚書如故，領東宮講讀事。未幾，公得目眚，命醫遣使如前。三上疏乞歸，上以公累朝耆德，方切依毗，屢詔慰留，最後辭益懇，乃許之。賜勅給驛，遣官護送還鄉，令有司月給米五石，歲給輿隸八人，仍賜襲衣金楮，特官其孫文煥為中書舍人。公卿而下，賦贈祖餞，皆歎羨不能置。越明年，己未九月十一日，卒于正寢。上聞訃震悼，輟視朝一日，賜棺槨、米布諸物，遣行人諭祭者九，贈特進左柱國、太師，謚文靖。恩數之厚，殆世所僅見云。公風采凝重，言動有則，而溫然可親，侍親孝謹。居喪再廬，墓側有白鳩白鴈之異。與羣從叔弟情誼周洽，親舊有急，則賙之。處官恭慎，事值棼錯，每從容應之，皆中理會。及當端揆決眾疑，未始有疾言怒氣，而卒以大定。德量宏裕，或遭橫逆，人不堪其難，而含忍茹納，不見行迹。故大夫士無疏戚邇遠皆飲德沾惠，終其身無怨懟者。若其引身避位，斷斷不移，卒之名茆不虧，恩眷無斁，巍然為一代名臣。考其始終，亦可以無悔憾矣。公博古多識，為詩清潤有思致，文必根理道，四方購乞碑板相繼，有《謙齋集》若干卷。尤好表章先賢，同邑吳尚書雲，洪武間死事交阯，事久湮沒，公言于守臣，奏之朝，賜謚贈官，歲致祭焉。公生宣德戊申七月二十一日，壽七十有二，辛酉三月十七日葬瑞雲山。配杜夫人，早卒；繼李夫人，先賜葬，于是今祔焉。公四子：長元楷，義授都指揮同知；次元杙，早卒；元相，義授承事郎；元概，恩授中書舍人，亦卒。女一，適通政司知事張邦祥。孫八，文煥其長，次文燦、文熺、文輝、文燁、文炯、文炳、文煒。女孫五。曾孫一，曰坦。狀乃公甥吳編修儼所著，其事尤祥，今掇其大者如此。銘曰：

瑞雲山高溪水清，元氣下結扶輿精。公居太史官列卿，文章作緯禮作經。入掌帝制持邦衡，補袞五色山龍形。廟堂高居坐不傾，一朝令出民弗驚。調齊甘苦成和羹，四方士類歸陶型。盡遣衿佩為冠纓，尺量寸敵桷與㭏。大者梁棟當明廷，公心不倦亦不矜。盡弭怨謗銷讒爭，功成身退古有恒。公歸自保哲且明，君寵極重臣身輕。翩然乘風遡高冥，山迎水徯如平生。骨肉歸復魂上征，天為萬古還英靈。此山此水仍茲銘，後百千年乃其徵。

文靖公墓坊

M-10

[簡稱]
徐溥墓坊

[保存地址]
宜城街道東廟巷周王廟

[尺寸]
縱 39.5 釐米, 橫 72 釐米, 厚 22 釐米

[刊立日期]
明弘治十四年 (1501) 三月十七日後

[備注]
2016 年宜興市文管辦於宜城街道山林村徐溥墓遺址採集, 應為墓坊殘件。

[銘文]

……文靖公……

明故陳孺人習氏墓誌銘

M–11

[簡稱]
陳嶽配習氏墓誌

[尺寸]
縱 55 釐米, 橫 54 釐米, 厚 7 釐米

[刊立日期]
明正德二年 (1507) 十二月初四

[撰書人]
董益狀, 蔡相撰文, 翁信書篆。

[保存地址]
宜城街道東廟巷周王廟

[備注]
誌載墓址位於滄浦山。
2008 年 3 月, 宜興市文管辦於丁蜀鎮徵集。

明故陳孺人習氏墓誌銘

賜進士出身朝列太夫河南等處布政使司左參政　　　　錢塘蔡相撰文
賜進士出身朝議大夫雲南按察使司僉事　　　　　　　邑人翁信書篆

工部司務陳君嶽之配習氏出自宜興河西舊家祖而名聞
所狀求乞予銘按狀孺人姓習氏出自宜興河西舊家祖而名聞
萬道父謙源咸抱潛德以儷陳君龍為邑舊族雖弗耀世而名聞
綸紳用是克生令德姑甚孝主中饋綜理甚密處娣姒無間言故
給紳信府君已歿姑不洽以義周皇不周皇司務公官於

二親歿口外而息然處家經營理縣蓄粒疑家用益饒于時公士
未長閱人勤一懇慶案督屬之奉祭賣翰公賦未肯後當舉何
司發載孺人筆然慶案經督屬蓄粒疑家用益饒于時公士
代宗林敦師男有造而女有韶失方朝偕老自以為縟夫何
闔固出順不能首還大楊子受覽遂致冓疾期年而於是受詘困治甲
十月二十八日生女二長遷北京鴻臚寺序班范經邑許生楊嫡府庠生
探妨為孺氏次曰文孫女一適府庠生楊嫡俱家生王
孫曾二女不俱幼今撐正德丁卯冬十二月初四日葬於涂洧
遂父一哀盡人事姑盡婦事夫盡妻道而訓子恪盡母道宜其涉
以文福朗天不祐而假如此詳逐為之銘曰
俾彼坤于孰納幽局
夙而復有親故之好煩陳業是隆
銘刻厥美永納幽局
翼夫迪子淵慎承恭敬養
天不祐

明故陳孺人習氏之墓（篆蓋）

明故陳孺人習氏墓誌銘

賜進士出身朝列大夫河南等處布政使司左參議錢塘蔡相撰文

賜進士出身朝議大夫雲南承宣布政使司右參議邑人翁信書篆

　　宜興工部司務陳君嶽之配習孺人既卒之二年，即其司教董君益所狀世次行事，來乞予銘。按狀：孺人姓習氏，出自宜興河西舊家，祖諱真，父諱源，咸抱潛慝，勤生而豐業。父質直嚴毅，雖弗耀世，而名聞縉紳，用是克生令德，以儷陳君。陳尤爲邑舊族，家巨而冨；孺人歸時，舅公信府君已歿；奉姑甚孝，主中饋綜理甚密，處娣姒無間言，故能親疎內外，而恩罔不洽、義罔不周。至司務公官於國二十餘載，孺人煢然處室，經營生理，絲蓄粒聚，家用益饒。于時男女俱未長，孺人勤勤懇懇，躬督屬之。奉祭事、輸公賦，未嘗後，皆聲稱□甚。司務公休致歸，男有造，而女有歸矣。方期偕老，日以爲樂，夫何（男）策代公入城證族人訟，歷年輸賦文串，爲仇人所竊，坐是受誣困於囹圄，官府不能直。孺人傷子受冤，遂致醫疾，期年而終，實弘治甲子年十月二十八日，享年六十又一。生男二，長曰策，邑庠生，娶徐氏；次曰籍，聘郭氏。生女二，長適北京鴻臚寺序班范經，次許邑庠生蔣□仁。孫男二，長曰言，娶龔氏；次曰文。孫女一，適府庠生楊鎬。俱策生。曾孫男一，女一，俱幼。今擇正德丁卯冬十二月初四日，葬於滄浦山祖塋之次。噫！孺人事姑盡婦道，事夫盡妻道，而訓子盡母道，宜其□□以受福，胡天不祐而假之眉壽，豈非數耶？予寓上都，締交陳君□□，已而復有親故之好，頗知其詳，遂爲之銘曰：

　　翼夫迪子，淑慎柔恭。敬我蒸嘗，□滋農功。倬彼壼政，陳業是隆。天不佑善，□□□□。銘刻厥美，永納幽扃。尚介□□，□□□□。

工部司務梅庵陳公墓

M-12

[簡稱]
陳嶽墓誌

[保存地址]
宜城街道東廟巷周王廟

[誌文]

工部司務梅庵陳公墓（篆蓋）

[尺寸]
縱 46 釐米，橫 43.5 釐米，
厚 10 釐米

[備註]
底佚。
2008 年 3 月，宜興市文
管辦於丁蜀鎮徵集。
據其妻習氏墓誌（M-11）
載，墓址位於滄浦山。

[刊立日期]
明正德二年（1507）十二
月初四後

明故封南京翰林院侍讀學士吳公之墓

M-13

[簡稱]
吳經墓誌

[尺寸]
縱 70 釐米，橫 68 釐米，厚 12 釐米

[刊立日期]
明正德六年（1511）十二月二十六日

[撰書人]
邵賢狀，靳貴撰，書丹、篆蓋之人莫辨。

[保存地址]
宜興市博物館（宜城街道解放東路 38 號）

[備注]
漢白石。
蓋底有多處殘損。
誌載墓址位於城南篠嶺。

賜進士出身中順大夫詹事府少詹事兼翰林院侍

正德四年己巳閏九月十三日封南京翰林院侍
持邵副使用之狀屬貴與克溫為兄交往以計聞其
與德稱宜登期頤而遂以計聞其
曾祖德明姚周氏祖以中贈戶部員外郎姚湯氏贈宜人
質直而文人推長者公其仲子也幼以穎為戶部員外郎姚
路重焉太師徐文靖公時為編修而喜曰此吾鄉逸少也遂以其女妻之此
然每試場屋輒不偶既而克溫以公所講校者登進士甲科官翰林公始克溫
封勑祖其上禮部又有勸其留太學以待用者公曰蕡不能久達吾觀蓋是時徐宜人年踰
君事已即歸又有勸其留太學
六十朝夕侍側承其歡戲綵若嬰兒然徐宜人悅視公亦若嬰兒然者忘其十之老也正德
以史事徵時逆蓬方橫公之屢貽然書以速進為戒比忤謹致仕歸公自
堂嘗中落時田僅百畝又於周濟無問戚各副其請雖數有員者辛不以自辭鄉人頼為
食肉袍終其身不變又樂於誦讀親坐臨視即有疑輒為講解其未勝冠及笄未成帛為編
甚擇師必求名士夜課諸子皆本教惟謹生平寡嗜好屏聲色惟公歿
不素善論事成敗每較古昔為斷曰後當然竟無一不如其言非其人不與交既久輒
食肉其有服涉戚多者輒手裂之諸義輙為
沈司空時賜壽七十有五配許氏贈宜人為真率會比一時名勝無太子太師吏部尚書謹身殿大
弟也禮許氏春坊贊善之孫皆先卒男三人長頤次顥次顯子五人
至今官得出次儉許出次倫許出次大學生傳女一人聘沈家食不僅識者咸以比克溫洛官
時徐
文炳其婿也
獨怡然慰之俾遂厥志詠是而論使得為世用其所建立又豈謂與戲者倫哉公
起克溫復其官而見矣克溫以今年辛未十二月二十六日壬申葬二
戶部提舉之次銘曰
則賢琦琳皆曾祖祖旦書詩克覺勳倫于父胡嶠其逢弗試以府銅官隆隆新藥窊谷有來必豐慶所鍾

萬曆《重修宜興縣志》卷七有其傳。

（濟美堂）《吳氏宗譜》卷九之三輯錄誌文，雖有數處差異，可資校補。

［誌文］

剛故封南京翰林院侍讀學士吳公之墓（篆蓋）

□□封南京翰林院侍讀學士吳公墓志銘

賜進士及第管詹事府事通議大夫吏部右侍郎兼翰林院學士內閣專管誥勅經筵日講官同修國史大明會典通鑒纂要京口靳貴撰

中大夫光祿寺卿直文淵閣侍□經筵□□□□□

賜進士出身中順大夫詹事府少詹事兼翰林院侍讀學士經筵講官同修國史□□□□□□

正德四年己巳閏九月十三日，封南京翰林院侍讀學士宜興吳公卒。公之子克溫即其家伻來，持邵副使用之狀，屬貴為銘。貴與克溫為兄弟交，雅辱公知，嘗拜堂下見，公長身修髯，豐神凝遠，適與德稱，宜登期頤，而遽以訃聞，其忍以不敏辭耶？公姓吳氏，諱經，字大常，別號味菜，世為宜興巨族。曾祖德明，妣周氏；祖以中，贈戶部員外郎，妣湯氏，贈宜人。父玉，戶部員外郎，妣徐氏，封宜人。戶部公質直而文，人推長者。公其仲子也，幼以穎敏，為戶部公所篤愛，遣授《尚書》於莆田顧孟喬氏，孟喬甚器重焉。太師徐文靖公時為編修，見而喜曰：“此吾鄉逸少也！”遂以其女弟妻之。比歸，入縣學，名益彰，然每試塲屋輒不偶。既而克溫以公所講授者登進士甲科，官翰林，公始充貢。有謂公當得封勅，沮其上禮部者，公曰：“吾不可不一面吾君。”事已，即歸。又有勸其留太學以待用者，公曰：“吾不能久違吾親。”蓋是時，徐宜人年踰八十，公年亦望六十，朝夕侍側，承歡戲綵，若嬰兒然，徐宜人悅，視公亦若嬰兒然者，忘其年之老也。正德改元，克溫以吏事徵，時逆瑾方橫，公憂之，屢貽書以速進為戒，比忤瑾致仕歸，公顧喜曰：“兒為吾榮多矣。”吳氏業嘗中落，戶部公沒時，田僅百畝，又以分給兄弟，公夙夜助勸，力田簡費，卒致饒裕。然自奉簡約，蔬食布袍，終其身不變。又樂於周濟，無問疏戚，各副其請，雖數有負者，卒不以自懈，鄉人賴焉。家訓嚴甚，擇師必求名士，夜課諸子誦讀，親坐臨視，即有疑義，輒為講解。其未勝冠及業未成者，不許衣帛食肉，其有服涉華侈者，輒手裂之，諸子皆奉教惟謹。生平寡嗜好，屏聲色，日惟手一編以自娛，至老不衰。善論事成敗，每援古昔為斷，曰：“後當然。”竟無一不如其言。非其人不與交，既交，輒傾肝肺。晚與沈司空時暘輩十餘人，為真率會，皆一時名勝云。公以子貴，再封至今官，得壽七十有五。配徐氏，贈少師兼太子太師吏部尚書謹身殿大學士之女，即文靖公女弟也；繼許氏，春坊贊善之孫，皆先卒。子男三人：長儼，即克溫，翰林院侍讀學士，以文學行誼重抡時，徐出；次儉，許出；次太學生儔。女一人，聘沈敕。孫男子三人：長驥，次駉，次騄。女子五人，任佇、華俸、徐文炯其婿也，餘尚幼。公孝謹勤儉，開明朴易，家食不售，識者憾焉。比克溫落官歸，人咸以為懟，而公獨怡然慰之。俾遂厥志跡是而論，使得為世用，其所建立，又豈謂謂齪齪者倫哉？公沒後數月，瑾敗，朝廷起克溫復其官，而公不及見矣。克溫卜今年辛未十二月二十六日壬申，率二弟葬公城南篠嶺祖塋之次。銘曰：

戶部揭揭，鄉國之哲。封君承之，俎豆書詩。卒復其始，是父是子。學士犖犖，俊髦先覺。孰倡于前，封君則賢。璜珩黻黼，是子是父。胡崎其逢，弗試以庸。銅官窿窿，荊溪溶溶。有来必豐，慶源所鍾。

明故中憲大夫通政使司右通政王公墓誌銘

M-14

[簡稱]
王玉墓誌

[尺寸]
縱 74 釐米, 橫 75 釐米, 厚 10 釐米

[刊立日期]
明正德十二年（1517）三月初九

[撰書人]
毛憲狀, 撰文、書丹、篆蓋之人莫辨。

[保存地址]
宜城街道東廟巷周王廟

[備註]
漢白石。
早年出土後用作門臼, 磨泐嚴重。
2012 年 10 月由宜興市文管辦徵集。
誌載："次女適太學生杜格"。參見 M-16《杜格墓誌》。

[文獻著錄]

　　萬曆《重修宜興縣志》卷七載：王玉，字汝瑛，成化末舉明醫，為太醫院醫士。弘治初，每用藥輒有奇效。孝宗暨皇太后甚嘉寵之，累官至通政，賜麒麟服一襲、犀帶一圍，又嘗御書藥方以賜焉。（著有《醫案》傳世）子廷相，（正德間例貢）官御醫。

朙故中憲大夫通政使司右通政王（公墓）（篆蓋）

明故中憲大夫通政使司右通政王公墓誌銘

賜進士及第光祿大夫柱國太子太保戶部尚書兼武英殿大學士知制誥國史……

賜進士及第通議大夫吏部右侍郎……

中憲大夫太常寺少卿……

正德二年丁卯，太醫院使王公汝瑛請老，章再上，詔允之，且復其舊官通政使司右通政，俾乘傳而歸。六年以□□，上特命有司諭祭。公之遭遇終始哀榮，亦可謂盛□□□□□其子□□□□□□□□□□□給事中毛君憲狀請予銘，以圖不朽，予素□公□□□□□□□□□□□□□（公諱玉，字）汝瑛，世為常之宜興人，大父文質，隱德弗耀；父茂□以公貴，贈□□□□□□□□□；妣黃氏，贈恭人。公幼有偉聲，倜儻不羈，少長涉獵史傳□□□□□之□□□□□□□□□療者無不愈，即不可愈必預以告之，後雖更□醫，卒不愈也。成化十年甲午，詔天下訪良醫，有司以公薦，既至，名益著。壬寅年間，□□□□□憲宗皇帝嘉之，擢太醫院御醫，尋陞院判，日有金幣，上導□□之賜□□□□□□孝宗皇帝寵任。四年，陞院使，掌院事。十二年，陞通政使司右通政。□□□□□□□□□□□顧問，奏對多稱旨，□□宸翰，録內府秘方賜之，人以為榮。正德改元□□□□□□□□□□慨然思為退休□曰：小兒多病，傷於飽，吾一韋布士□禄至此，於吾□□□□□□□□歸□□□□□□□□與朋舊宴集其中□□□□□□□□□□□咏，還往不絕時，號為“耆英會”云。公卒于正德十年二月十八日，距其生正統癸亥年八月□，享年七十有三。子男一，廷相，太學生。女二：長適儒士□□，次適太學生杜格。孫男二皆幼，孫女三。廷相將以正德十二年三月九日，葬邑之□村里祖塋□□自卜地也，□□□□□□，封恭人。公歷仕三朝，□官九卿，□□□□□□□□九□□任用寵數頻繁，而一□□□□□□□□□□□□□□□□□□□□水之故哉？公技雖精，□□□□□□□□□□□□□□□□□□□□□□□□□□減或盡用其方，且為延□□□□□□□□□□□□□□□□□□□□□□□孫黎民者，可勝計哉？！公道大行而不計□□□□□□□□□□□之經紀其家，則其所自□亦□人□□銘曰：

惟君國醫，弗良其良。畢□□長，以□□□。汝能汝縉，院章炳□。□□□□□□□□□□□□□□□□□□□□□□□□□于醫，亦君之傷。

明故徵仕郎南京都察院都事沈公墓

M-15

[簡稱]
沈暉墓誌

[保存地址]
丁蜀鎮浀東村大潮山福
源禪寺

[尺寸]
縱 67 釐米，橫 70 釐米，
厚 10.5 釐米

[備注]
漢白石。
底佚。

[刊立日期]
明正德十三年（1518）

[文獻著錄]

　　沈暉，字時暘，別號豫軒。天順庚辰進士，由南京工部主事遷都察院右副都御史，巡撫勛陽，以南京工部侍郎致仕。楷書得顏真卿筆意，詩有魏晉風，著有《豫軒集》。萬曆《重修宜興縣志》卷八、嘉慶《增修宜興縣舊志》有其傳。

　　萬曆《重修宜興縣志》卷二載：都憲坊，在（今浀東村）黃瀆，為沈暉立。

　　萬曆《重修宜興縣志》卷十載：沈侍郎暉墓在鳳凰山。康熙《重修宜興縣志》卷十載：沈侍郎暉墓在鳳川湘子嶺。

　　（濟美堂）《吳氏宗譜》卷九三四輯錄吳仕撰《沈豫軒行狀》。

[誌文]

明故徵仕郎南京都察院都事沈公墓（篆蓋）

明故太學生杜君墓誌銘

M-16

[簡稱]
杜格墓誌

[尺寸]
縱 61 釐米，橫 61 釐米，厚 16
釐米

[刊立日期]
明正德十六年（1521）十二月
二十四日

[撰書人]
楊宗源狀，吳仕撰文，胡忠
書丹并篆蓋。

[保存地址]
宜城街道東廟巷周王廟

[備註]
底石下角及左上角損泐。
2017 年 4 月，宜興市文管
辦於高塍鎮黃干村徵集。
誌載："配王氏，右通政王
公汝瑛女"。參見 M-14《王
玉墓誌》。

[文獻著錄]

　　誌載墓址位於黃干里。萬曆《重修宜興縣志》卷七載：杜格，正德間例貢。

　　（濟美堂）《吳氏宗譜》卷九之四輯錄誌文，略有差異，可資校補。

剛故太學生杜君墓誌銘（篆蓋）

明故太學生杜君墓誌銘

賜進士出身奉訓大夫禮部祠祭司郎中姻生吳仕撰文

賜進士出身亞中大夫廣西布政使司右參政邑人胡忠書丹并篆蓋

正德辛巳春，予與友婿東莞大夫楊宗源、督府教讀邵律夫，偕如外氏，哭吾內子□□（杜君正）夫。既有女奴抱嗣孤燧而前曰：“吾奉吾主母命，以語諸君：妾夫不幸早世，所圖以不朽（者惟文）字是賴，今葬有日而墓無銘，將俾吾夫之懿行沈泯無傳，是妾之日夜悲而未已也。諸君（不鄙）杜宗，有懿親焉，矧皆賢而又能文辭。苟無悲吾夫之生而無成也，則已；如悲吾夫之生而無成也，忍使之死而遂泯乎！敢以稚子見，請銘。”予劣且不文，遜弗敢諾。楊君於吾三人爲長，乃作而言曰：“是吾等責也，無煩爾憂。”於是撰其世次行履爲之狀，以畀予，而邵君復授予以意，俾序而而銘之。按：杜君諱格，常州宜興人。曾祖諱元凱。祖諱鎬，秉禮蹈義，蒙慶基焉。伯祖諱欽，永樂甲申登進士，爲給事中，累官太僕寺寺丞，蜚聲茂績，垂其宗光。父諱瀚，愛竹府君，實趾美太僕，以成化戊子薦於鄉，君蓋其季子也。母趙，生母陳。趙碩人性端重不苟，家人罕有當其意者，君事之曲盡得其歡。伯兄仁夫性樂易有容，因而召侮；君濟以剛毅，人皆憚之。家故饒財，自愛竹翁歿，君兄弟皆幼，幾于不支，乃悉意經畫，克自儉勤，以裕厥用。數年致田疇盈千，錢緡千，米以石計千，雜穀粟金帛稱之，而僮僕爭集，門戶爲張。然尤好學，尚文事不廢，所居廳事西闢一室，購古圖書實其中。客至，視有可意者，延入與語，質古訂今，終日無倦容。每夜分，疇明日所應事事，籍記之，以備遺。晨起，據籍一一釐之，衆務翔集。隣有要津，以洪巨水高，涉者病焉。君捐貲梁之，迄今爲利。弘治乙丑，游鄉校不第，未幾，應例入太學，納交天下士。君性資穎絕，於所習經外，涉獵星筮、輿地家書，得其肯綮，對客談不厭，而又謙抑善下人，以故四方人士多樂就之談，而交游益附，華問彌廣。君生而美髭豐下，見者偉焉。比長，有幹局，人期之以必亢厥宗，雖君亦自仕不疑，而壽不克終，天之不欲吾外氏有興也，其如之何哉！年四十有二，以正德己卯四月二十八日卒，其卒之又明年辛巳十二月二十四日，卜葬于黃干里祖塋之次。配王氏，右通政王公汝瑛女，賢而有識，觀（前所致語可徵已。子二男）一女，皆夭。今有男一，即燧，爲兄仁夫少子，君卒後用衆議所立，聘王氏。女一，爲從子燼女君存日所育之，長適溧陽楊璐。銘曰：

器利矣而折，鼎實（矣而顛。有美杜君，而不永年，銘）茲玄石，賁于重泉，更千百禩其尚傳。

從兄承事郎朴菴公墓誌銘

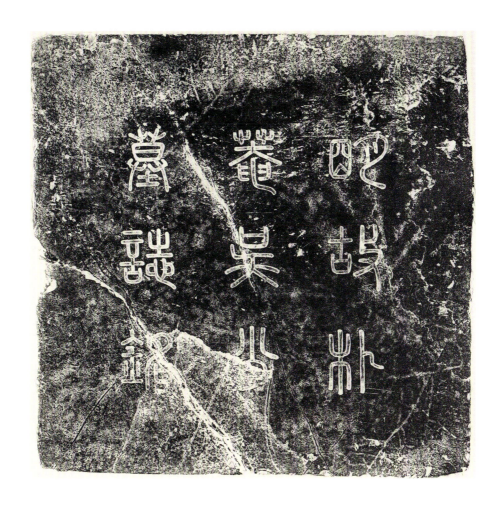

M-17

［簡稱］
吳浹墓誌

［撰書人］
吳溪撰，陳道成書。

［尺寸］
縱 63 釐米，橫 64 釐米，厚 10
釐米

［保存地址］
宜城街道東廟巷周王廟

［刊立日期］
明嘉靖八年（1529）

［備注］
蓋左下角斷裂。
誌載墓址位於（城南）筱嶺。

朴菴公墓誌銘

……軍……郎朴菴公墓誌銘

微　任　國子……生……書　舍……銓……運……

銘曰……趙以儉……取便省……諭之曰古……者士……過……也於是乎皋……因……徳……作……

夫……則……朴……養于吾宗為大宗予其……以無……但……

奇吾兄弟……其……嘉……事……中和終……世示……延……奇異……無加……

王……報……舉其……廉……飲……公……博……寛……之用是……謰……賢……鄭……士……

無兹……覩……人廉……感而……長……缺……兼……官……樂於官……其……

不歸谷於民也……租……者……公固愛而……重……官……觀味……無……懐……天……

復不思復……民有不能供……隨……有以……情……而賢者……至……攘臂……

惟閤門自谷……而進……之……泉以死之日……知者無遠近皆……昂已……無……昌……夫……

公……亦引……公生平不喜……飲……朝……長……期……蕭然……性……其……無……寡父……

哀馬公……與無懐葛天氏之民也……之後即浩然……五月十……元年庚子於嘉靖壬寅定已……

二月……十二日也……人謹……大……謹……世……封安父……配許氏……以次子洽……

之民……四月……日……辛年……士有二……生於天……順義巳……延……筱……孫之……定已丑十……子男……

貢封南涼西城兵馬副指揮……王氏施氏……圖……封……蕭子……及次適陳子道成皆……

曰……校曰……女……適孔子鎮次適……之……

國子生孫男三曰……奎曰……養其別……之後連楷之東溪公之……

命也公諱洪字……動馬隨……渾涂白璧無瑕兹反玄宅于其示悲……

翰馬嘻……

（濟美堂）《吳氏宗譜》卷一之一載（略）：（六世）浹，字中夫，號樸庵，邑庠生，例授九品散官。（女）三適雲南按察司經歷陳橋陳道成。

明故朴菴吳公墓誌銘（篆蓋）

從兄承事郎朴菴公墓誌銘

徵仕郎中書舍人弟溪謹撰

國子生子壻陳道成謹書

予宗子朴菴公既沒，諸子不忍葬，殯于堂者八年。嘉靖己丑，予奉使趙藩，取便歸省，因諭之曰："古者，士踰月而葬，惟禮之中。今者久殯，情實重矣，禮則過也。"扵是乎舉葬事，屬予為銘。夫銘，傳後之文也，□□□□□□銘，然朴菴于吾宗為大宗之大宗，予其敢以無文辭？但今世□□者□□異彰奇，吾兄立身平易，處事中和，終世不欲立奇異，無如□□□□□□，惟謹舉其槩，敘其家世而已矣。公內親九族，外盡賓客，雅量□□□□□無所競，人靡有不感而懷之者。萬石長缺，僉舉扵官，官不能□□□□□離兹役。民有不能供公租者，公憐而寬之，用是逋負者衆，卒虧國□□□以償，不歸咎扵民也。隣有以橫逆加之者，至攘臂肆詈，雖鄰人不勝其怒，公惟閉門自咎，不思復其人也。親而賢者，公固愛而重之；不肖且疎者，若親公，公亦引而進之。是以死之日，知者無遠近必吊，吊者無親疎必盡其哀焉。公生平不喜飲，半酌之後即浩然長吟，期適其性，公其無懷葛天氏之民與，無懷葛天氏之民也。公生扵天順辛巳五月十三日，卆扵嘉靖壬午十月四日，享年六十有二。以宗子獲從先世葬于篠嶺之原，寔己丑十二月二十二日也。曾大父諱奭，大父諱芳，父諱繡，世有隱德。父以次子洽貴，封南京西城兵馬副指揮。妣王氏、施氏，施亦例封安人。配許氏。子男三：曰棠、曰校、曰橄，女亦三：長適孔子鎮、次適潘子立、又次適陳子道成，皆國子生。孫男三：曰寵、曰寀、曰守。守繼其從叔楷之後，遵楷父東溪公之治命也。公諱浹，字中孚，朴菴其別號云。銘曰：

靜焉嘻嘻，動焉怡怡，渾乎白璧無瑕疵，兹反玄宅兮其不悲。

明故福建右布政使致仕進階資善大夫澤西杭公墓誌銘

M-18

[簡稱]
杭濟墓誌

[撰書人]
毛憲具狀，林文俊撰文，吳仕
書丹并篆蓋，何練鐫。

[尺寸]
縱 65 釐米，橫 65 釐米，厚
13.4 釐米

[保存地址]
宜城街道東廟巷周王廟

[刊立日期]
明嘉靖十三年（1535）十二月
十六日

[備注]
蓋佚。
2008 年 10 月，宜興市文管辦
於丁蜀鎮徵集。

[文獻著錄]

　　萬曆《重修宜興縣志》卷八、嘉慶《增修宜興縣舊志》卷八有其傳。

　　萬曆《重修宜興縣志》卷二載：大方伯坊，在百瀆，為杭濟立。

　　誌載墓址位於（百瀆里）鳳皇（凰）山。嘉慶《增修宜興縣志》
卷九載：杭布政濟墓在百瀆靜壽庵西。

明故福建右布政使致仕進階資善大夫澤西杭公墓誌銘

賜進士出身南京禮部右侍郎前兩京國子祭酒

右春坊太子右庶子經筵講官翰林國史官門生莆田林文俊撰文

賜進士出身太中大夫四川布政司右叅政前福建河南等處提學副使門人吳仕書丹并篆蓋

嘉靖甲午閏二月八日，澤西杭公卒，春秋八十有三。公之董學于閩也，文俊猥在門下，辱陶甄焉。竊禄以來，違□□□餘□□矣。前年，公以八十自壽詩并手簡遺予，其字細楷，不類老人書，謂壽且未涯也，乃遽至是。當訃至南都，予跳哭於寢，爲文祭之。後數月，封走使者來告遂曰："願為幽室之銘。"嗚呼！予胡忍不銘？按：給事毛君憲狀曰：公諱濟，字□卿，其先自中州來居于杭，後徙宜興東霞埠。始祖諱愷，再徙今百瀆里，在笠澤之西，故公號澤西。幼穎異，十歲能爲詩，長從鄉先輩卜從大遊，博綜經史，貫穿百氏，爲文下筆凜然，與弟都憲公淮，皆以文學見重于□吳。弘治壬子，年四十一，領應天鄉薦。明年第進士，授吏部稽勳司主事，進考功司員外郎。冢宰喬公宇亦為郎中，公與協心共事，考覈職官，允然時望，進稽勳司郎中。以親老乞歸省。無何，陞福建按察司副使，□學敦文，□俗作人為己責，教人必先經術而本於德行，以身先之，士習翕然丕變。嘗署司印，或以儒生易之。□□靖吏法，狴無滯囚，老吏驚服，使者飛章薦之。當軸以舊嫌，抑不以聞。久之，陞福建布政使司右叅政，值汀□□□屬公以鐳，曲慮周防，寇不能鈔掠，軍食饒給，踰年賊平。公守邵武，威行惠敷，吏民畏愛之。大方伯北京□公常用印適交承吏盜印去，公不爲意。既而得之，封識宛然。人以其量似裴中立，竟坐是調廣西。尋丁父憂。服除，補河南左叅政，分守南陽。南陽地近湖襄，流民雜處，且多豪强，公開示以禮，而裁抑以法，皆帖帖服。榮寵以□欲置人於死，公曰："吾不能殺人以媚人。"力爭不可，竟釋之。陞福建右布政使，閩人聞公再來，懽聲溢路，□□□□□，故民困為之蘇醒。有賂鎮守市舶，議造海船者，臬司亦爲所惑，公獨抗議，以爲非便，事遂寢。正德丁丑，以年及乞致仕。優游林壑將二十年，兩遇榮□□進階資善大夫。公爲人戇直剛方，言動必以禮，與人交不爲婟婟取容，有過則面折之，然胸次洞達坦夷，不□□楷，故人雖憚其嚴，而樂觀之。居官任職，不避怨嫌，尤以冰蘗自勵。為吏部時，監司素善公，里人有以千金求選事□者，叱而拒之。既致仕，屏跡不至公府，鄭御史慕按部至常，求見不可得，以楮金為題，問□，固辭不受□，以類如此。自奉簡約，衣惟敝袍，食不二羞，不畜姬侍，年六十三喪其室子，遂不復娶，□□□□及事命童子□□□而已。事親至孝，問得美味，親未嘗，不敢先嘗，居喪不以哀廢禮。友愛諸弟，出入必偕。遂出，公以老，用諸人昇都憲，公常衣冠徒步後從，鄉人兩賢之。卒之前一日，偕諸弟泛舟飲酒賦詩□□，約明日遊蓼莪菴，比晚還家，臥牀問霽否，趣家人治具，忽噎口而逝。聞者皆悼惜之，曰："善人亡矣。"故舊門人，有千里來會哭者，郡邑大夫臨弔□則。遂以乙未年十二月十六日，葬鳳皇山之原，從先域也。曾祖敏，祖徵，父倫，封吏部稽勳司主事。母王氏，贈太安人。配王氏，封安人。子男一，太學生□，文行不忝其父，出次室朱氏，先公歿，娶武進楊監生伯升女，□□□鄉進士楊士瞻孫女。孫男三：惟銳，聘無錫秦都事韋軒孫女；惟銑，聘武進楊監生子貞女；惟錦，幼未聘。孫女五：一適武進黃監生元敘子萬金；一適沈亞卿豫軒孫紹，恩生；一適武進白康敏公孫仲；一適武進孫□□朝濟子溥，庠生；一聘吳監生克慎子驌，庠生。公自少至老手不廢書，為文章，典則義理如其人，尤長於詩，□□有《澤西稿聯句集》若干卷。銘曰：

吁！杭世綿奕，起伏弗□。委祉禪休，慶澤蜓蜿。乃及于公，昂昂軒軒。志惟慕古，學乃泝原。爰□□□，出□文幡。身為□明範，教□□□。□叅省政，遂長薇垣。公曰退哉，無若觸藩。乞身于君，養□丘壑。其□未食，以貽子孫。歲時之佳，或琹或樽。山躋水泛，偕其弟昆。金春玉應，詩篇□□。詠風所被，薄俗□□。唯公齒德，邦人所尊。水之渤瀣，山之崑崙。今則已矣，閟于九原。刻詩墓門，公乎永存。

何練鐫。

明故杭孺人王氏墓誌銘

[簡稱]
杭奎配王氏墓誌

[保存地址]
宜城街道東廟巷周王廟

[尺寸]
縱 52 釐米, 橫 52 釐米, 厚 12 釐米

[備注]
蓋佚。
2008 年 10 月, 宜興市文管
辦於丁蜀鎮徵集。
誌載墓址位於(百瀆里)鳳
凰山。

[刊立日期]
明嘉靖十五年(1536)

[撰書人]
包萬象叙狀, 張愷撰并書丹篆額。

[誌文]

明故杭孺人王氏墓誌銘

賜進士出身福建都轉運使致仕進階中奉大夫八十四翁東洛張愷撰并書丹篆額

孺人姓王氏, 太學生杭君聚賢之配、御史中丞雙溪公冢婦也, 年十六, 歸于杭。越十有五年而嬰疾, 又十二年而殂。其家人哭之哀, 戚里内外, 罔不悲□, 君子以是徵懿德焉。按狀:王氏為毗陵右族, 楚府典膳澹軒□□□, 娶范氏, 生孺人, 少莊重, 勤女工, □□□□□□□年十二失恃, 哀動隣里, 遂依其父之妾□, 居無色難□□□□□□□□□□□舅姑, 敬事夫子, 咸得其懽心, □太淑人潘總内政, 既而從公于官, 孺人□□之力□課織, 服勤斂華, 外内井井, 不以煩聚賢, □聚賢得專意□□, 孺人□力也。然竟以劳成瘻痺, 在床褥虧分□□□□□□□□□□□王□誨以婦道, 生子愛同己子, 給遺惟均, 無有□□□□□□□□□□之。澹軒卒, 力襄後事, 逮葬, 慨然嘆曰:"吾先人即□吾死□□□□。"丙申八月廿三日, 疾轉劇, 遂卒。距其生甲寅四月三日春秋四十, □□□□□太學生, 娶大司馬鳳山秦公孫女、鄉進士思魯女也;次士□□□□□□□□□卒, 皆孺人出。次士鉉, 聘宣聖後南陵節推守太□□□□□□□□□次士銘, 未聘, 皆王氏出。女一, 亦側出。孫女三, 幼於□□□□□□□□□九日辛酉營兆于鳳凰山之新阡窆焉, 士鎛予聘女夫□□□□□□□□□師庠彦包君萬象叙次之, 衰絰詣予, 徵為銘, 中丞文□□□□□□□□□忍銘也, 聚賢名奎, 家義興之陽溪, 而中丞父子兄弟□□□□□□□□:

嗟嗟淑媛, 為女則孝, 為婦則賢, 四德孔全。而□□□, □□□□, □□□天, 嗟嗟淑媛。

從子吳潮墓誌銘

M-20

[簡稱]
吳潮墓誌

[撰書人]
吳仕書

[尺寸]
縱 53 釐米, 橫 53 釐米, 厚 11
釐米

[保存地址]
宜城街道東廟巷周王廟

[刊立日期]
明嘉靖二十一年(1542)十二月
初九

[備注]
蓋佚。
誌載墓址位於(城南)筱嶺。

[文獻著錄]

（濟美堂）《吳氏宗譜》卷十之二輯錄誌文，略有差異，可資校補。

[誌文]

從子吳潮墓誌銘

嗟乎！吾宗有二子，曰瀚，曰潮，相率為善，而相繼以亡也，可勝悼哉！潮以成化癸邜八月二十二日生，少其兄瀚四歲；其卒也，以嘉靖辛丑六月初三日，先其兄一歲。停喪於家，未克葬，且葬矣，及是其兄不幸繼之，似有待也。長子集，卜以壬寅十二月初九日葬之于篠嶺祖塋之側。宅兆相比，時日相同，豈友愛之夙乎，而運數之亦會乎。初，潮與其兄皆少孤而貧，乃植志自樹，佐其兄，勤生服賈而強勉為善尤力。叔琮死，無嗣，棺殮周至，其所遺貨業，悉推以與其婿，不分毫染；媚姊老而貧，預治棺具遺之，曰：“姊老吾亦老，於時恐不暇為計也。”其厚於同氣如此。從弟渤，貧不自贍，量資給之，與之貿易，而其二子橋、述，亦賴以有立，宗人稱之。每暑月，疫癘作，囹圄尤甚，乃問

醫市藥，并具酒食餉之，歲以為常，不計其費。鄉人王甲者，歲稱貸，有負時，反周之，異日感其意，不欲言，至欲鬻子婦償之，聞之大駭，焚其券。隆冬渡河，見二人赴水將死，趣進棹援之，躬為之注酒附火，藉以不死。徐問其故，乃為索逋者所迫耳，遂括舟中米，為石者十有二，悉代之償，二人感謝而去。嘗一日過市中，見有鬻豕者，得贗金，叫呶欲死，問知其故，乃以己所有美金如數易之，投之於水，曰：「無遺害於人間。」居肆所得亦然，蓋與其兄不期而合也，豈居家庭之間，時相告語及之哉？嘉靖庚子，送其子應試之留都，道遇一婦，携所生兒與其夫哭之哀，詢之知有負於人，不克償，將鬻其身於人為乳媼，取其直償之，母子割離，以故悲。乃捐金為之償，其夫婦感激泣下，遂捨去，不問其名。他若貧婦之束草以葬者，與之棺；隣人之葬無所者，與之地田；父之寒無襦者，鮮所衣衣之，如是者不可勝計。嗟乎！世之高貲之徒，窺利所在，猶不免孳孳焉，以圖為溪壑之盈。若一介之夫，計其貲，未中人逮也，而乃嗜義若渴，蹈之若不及然，不亦足稱也哉？潮字中信，南洲其別號也。曾大父諱旭，大父諱達，父諱珎。娶蔣氏，繼娶楊氏，皆有賢行。子男三：長集，蔣出，邑庠生，綽有聲；次采，次果，尚幼，俱側室閔氏出。女三，長適李東，蔣出；次二，尚幼，楊出。茲集將啟其母合而窆焉。銘曰：

古稱忠信，十室所有。世季風漓，紛其稂莠。若茲二季，萃於一家。稱曰忠信，可謂非常。山盤水迴，篠嶺之陽。永歸於是，繫以銘章。

賜進士出身中順大夫河南按察司副使奉勅督學致仕叔頤山吳仕書。

明故耕隱吳公墓誌銘

M-21

[簡稱]
吳耕隱墓誌

[尺寸]
縱 53 釐米, 橫 54.6 釐米,
厚 14 釐米

[刊立日期]
明

[保存地址]
宜城街道東廟巷周王廟

[備註]
底佚。

[誌文]

明故耕隱吳公墓誌銘（篆蓋）

吳公墓誌

M-22

[簡稱]
吳禎墓誌

[尺寸]
高 136 釐米，寬 61 釐米，
厚 17 釐米

[刊立日期]
明嘉靖二十六年（1547）十月
初刊，清康熙二十三年（1684）
八月重立。

[撰書人]
曹三暘書

[保存地址]
官林鎮桂芳村太宗圩橋西塊

[備注]
碑首剔地平雕雙鳳朝陽紋，
兩邊剔地平雕纏枝蓮紋。
誌載墓址位於太宗圩東南。

吳公墓誌（額）

賜進士出身大理寺左評事年家眷弟曹三暘書贈

太宗吳，義興舊族也；自始啟緒，至虜士文彬，仁腴義梁，詩冠禮裳，德望重於鄉評，清白表……施，貧窮有濟求請，三吳言："有道君子，必歸諸翁焉。"及今年翁楨公七秩有五矣，囑家事曰："……可為利奪，毋污世德，毋穢情田，有違我訓，名曰不才，生不齒諸族，死不入諸廟也。"厥子……休□□□之操，梅月之心，時爲碧筩之飲，黄花之詠，視點也春風沂水之樂，不多讓也。……翁迺於太宗圩東南地，豫爲寄藏，且立石於右，以垂不朽。念予知翁之深，重翁之德也，乃爲之文……，銘曰：

南山有泉兮清且漣，吾翁世德兮萬派一源。南山有巘兮蜿且蜒，吾翁有後兮千古綿延。

祖慶，妣史氏，生三子：長諱禎，次諱福，幼諱祥；妣朱氏生五子：長諱璇，妣張氏生一子；次諱璣，妣周氏生二子：長諱金，次諱鐦；三諱璐，妣徐氏生一子，諱鈿；四諱琢，妣蔣氏生三子：長諱鈞，次諱釭，三諱□；五諱琰，妣陳氏生一子，諱鉉。

祖智，妣曹氏生一子，諱祐；妣潘氏生五子：長諱瑞，妣潘氏生四子：長諱鎮，次諱□，次諱□，次諱□；次諱璽，妣路氏生二子：長諱□，次諱鉞；三諱璧，妣潘氏生二子：長諱□、次諱鍥；四諱燦，妣蔣氏生二子：長諱□，次諱鍋；五諱瑾，妣蔣氏生一子，長諱銑。

皇明嘉靖丁未歲小春月吉旦，五世祖祐等立石。

大清康熙歲次甲子仲秋日穀旦，十世孫士餘、士□、士让。

明故浙江布政司都事頤泉杭公墓誌銘

M-23

[簡稱]
杭奎墓誌

[尺寸]
縱 65.5 釐米，橫 66 釐米，
厚 15.5 釐米

[刊立日期]
明嘉靖三十四年（1555）閏
十一月二十三日

[撰書人]
王問撰并書篆

[保存地址]
宜城街道東廟巷周王廟

[備注]
誌載墓址位於百瀆里鳳
凰山。

萬曆《重修宜興縣志》卷七載：杭奎，雙溪公冢子，（正德間例貢），遙授布政司都事。有孝行，能詩，頗得父風。

明故頤泉杭公墓誌銘（篆蓋）

明故浙江布政司都事頤泉杭公墓誌銘

公諱奎，字聚賢，號惕溪，更號頤泉，□□□都□□□□□□屈餘杭□□□□□□□□□□□□世□□□□□□徙居百瀆里鳳凰山之南，曾祖漱玉翁以子貴，封吏部主事，子六人，□□□□□弘治癸丑進士，官福建右布政使；次淮，號雙溪，弘治乙未進士，官都察院右副都御史。公□□□□子也。□□□□髫時隨宦京邸，陽明王公與雙溪翁□□□會每過，即摩公頂曰："此子丰神秀朗，□□□也。"□□□□致期為公□□每有心見，馳聲場屋間，屢蹶，志益銳，遂奉例入胄監，甘泉湛翁尤器之□□□□□士而學加密矣。嘉靖戊子，雙溪翁以總憲督賜歸，公葺圃娛翁，翁與賓親日暢詠其中，皆公先意承之也。歲戊戌，雙溪翁命公之京就選，公以不遂違膝下為辭，辭弗獲也，乃北上，授浙江布政使都事□□□□□覺有變，悲愴不能，達曙，遂促裝□，舟次淮陽，而先太夫凶訃至矣，公以弗及躬殮為之哀，□柴□□上表請葬典，襄禮井井悉備，泉壤與有光焉。先是頤□金沙禪寺有唐陸君陽講易臺，水石幽崎，雙溪翁時樂寓之。及謝世，公思往事，構得寺左閑壤一區，就建祠寢，以棲翁神，仍募僧，畀之田廬，俾世守之。泉出自上之金沙，公因更號曰頤泉，亦志永思也。公事母太夫人甚謹，臥護北堂，不入私寢者十餘年。或有事扵□越宿遽皇皇然歸，而太夫人之使亦至矣，益□舉不忘，母子若更相為命者。及太夫人歿，哀毀襄禮悉如先翁之儀。卒不復仕，公居鄉，輯睦周恤不□，嘗有通貸，無虞百金，終不計其償也。乙巳歲燠，阻飢，公捐□□之利其衆樵采，所活幾百人。侍御史饒公移文獎善，用敵風化，一時物議衷然，以公為舉首。蓋公廉靜□□□時譽之則，然而遵晦恬曠，殆非世緣所能縻也。居嘗嗜吟，遺稿若干，有先翁遺法。公平生重然諾，□交際，雖氣度柔嘉，而正誼不阿。訓諸子，勉繩祖武，毋徒玩揭以為世羞。歲常厚禮名俊，以端師範。故公之子多有立，綜家推赤任人，弗尚小察。公自紹承先志，囊無贏貲，二十年來惟恐廢墜，然食指浩繁，歲糜□□遠措瘴疾，時士鏵夙夜憂惶，多方軫攝□因□復不愆于常矣。士鏵授職都署，方圖寄養以便調護，□或中梗，迺弗果。頤公忽疾作，噤弗克語，士銘輩醫禱并作，而功罔施，公奄然逝矣。維嘉靖乙邜秋七月五日，距其生弘治己酉八月一日，享年六十七。配王氏，楚府典禮武進王澹軒女，先公卒。子男五：長即士鏄，以祖蔭授南京光祿寺寺丞，嫡出，初娶太子太保南京兵部尚書無錫秦鳳山孫女，繼娶無錫鄉貢進士黃鶴峰孫女；次士銘、士鑪、士锜、士鈇，俱側出。士銘，邑庠生，娶衍聖公之裔袁州府推武進孔南陵孫女；士鑪，娶郡庠生武進徐荆南女；士鈇，幼未聘，王出；士锜，聘萬南皋女，金出。女三：長適深澤縣丞無錫吳小□子太學生應唐，次允胡忠安公孫光祿寺丞夢竹孫來賓。孫男五：長立中，未聘；次立志，聘賓州知州武進楊百山孫女；立道，聘鄉進士周少虛孫女；餘幼。孫女六：長適吏部考功司員外萬希菴子邑庠生曉，次適太學生堵覺菴子太學生佶，次適徐文靖公孫太學生南陽子啟□，次適太僕寺少卿武進吳劍泉子太學生履謙，次允太學生吳荆洲子達順，次允吳文蕭公子光祿主事雪舫子夢翼。嘉靖三十四年閏十一月二十三日，士鏄輩爰相厥隧奉公柩厝扵鳳凰山祖塋之次。銘曰：

世靡滔滔，誰回逝波？公長華腴，弗隨弗波。數焉家風，淑慎古初。業敦詩禮，勤服穫鋤。養素抱朴，矢心靡他，懿茲孔彰，幽美寔多。遹求厥宇，托體山阿。風泉泠泠，岫雲峩峩。有懷斯人，傷如之何。

嘉靖乙卯秋九月吉旦。

賜進士出身奉政大夫廣東按察司僉事以南京兵部車駕司郎中致仕錫山王問撰並書篆。

明故誥封太夫人林氏墓誌銘

M-24

[簡稱]
吳儼繼配林氏墓誌

[撰書人]
漫漶莫辨

[尺寸]
縱 76 釐米，橫 76 釐米，厚
12 釐米

[保存地址]
宜城街道東廟巷周王廟

[刊立日期]
明嘉靖三十五年（1556）

[備注]
漢白石。
誌載墓址位於梅林。

　　吳儼，字克溫，成化丁未進士，以庶吉士授編修，遷侍讀學士，累升南京禮部尚書，卒贈太子少保，諡文肅，著有《忠節錄》《孝宗實錄摘稿》四卷。《明史》及萬曆《重修宜興縣志》卷八、嘉慶《增修宜興縣舊志》卷八有其傳。

　　萬曆《重修宜興縣志》卷十載：吳尚書儼墓在梅林。

　　（濟美堂）《吳氏宗譜》卷九之三載錄同邑萬士和撰《文肅公配誥封夫人林氏行狀》。

剛故誥封太夫人林氏墓誌銘（篆蓋）

剛故誥封太夫人林氏墓誌銘

□□□□□□□□□□部尚書致仕前翰林院侍讀學士……

□□□□□□□□□□□□周慎……

　　□□□□□□□□□□故南京禮部尚書諡文肅宜興吳公之継配□□□□□□□□□□□州府知府□先是□□告侍養于家，乃與其弟光祿寺監事□卜以窆之又明□□□□□□□□□□□原之□□□□□□□□□□□□□為狀來乞銘，余□□翰林□□公後辱知□深，且太夫人之賢，寔□□□□□□□□夫人□□□□□□□初其以戰功授南京牧馬所百户者，由其父□□□□□□□□□夫人□□□□□□德文肅公時為南翰林學士，喪原配沈夫人□□□□□□□□□□僅十月□□□□□□扵祭祀職扵禮服實難其継，太夫人□□□□□□□，文肅公為人方嚴清介，□□□□，不屑內顧瑣細，太夫人為之處分料□□□□□□□□□□□□相□□，太夫人委屈調護，□無間言，□□□□□□□□□命尚寶製裘□□公嘗歎童使之不慧，太夫人□□□□□□□□□□□□謹□致孝也，已所生子每事降等，服食不敢□□□□□□□□□□□□必□□□極其豐備，由是自尚寶君洎諸妹□□□□□□□□□文肅公奄捐舘舍，太夫人年未三十而二子孺弱□□□□□□□□□有光□文□□□太夫人之教也，至於薪貲業則命□□□□□□□□年世□□□□□□□厚，終其身不少衰，下迄臧獲婢侍未嘗辱□□□□□□□□□性□儉約□□長富貴而自奉菲薄，居常綺紈珠玉無所御，紡績織絍□書不廢，為諸子□□□□峨冠者不得□□□□□不許□其門，家庭之訓斬如也。遠近頌仰以加，□□□古稱貞□者□□□不能過焉。生弘治庚戌八月十三日，享年六十有六。始封淑人，後以尚寶君考績，晉封太淑人。子男三人：長即□，沈夫人出，娶故少師華蓋殿大學士費文憲公宏女；驂，娶都運使東洛□公□孫女；□□□□□□府都事沈公謹孫女。女三人：長適國子生任竚，側室王出；次適通政使司經歷華倰，沈夫人出；□□□子□□□，側室周出。孫男十：夢□，娶德□□判沈公謨孫女，継聘太學生杭君榖女；夢周，邑庠生，聘按察司僉事成公周孫女；夢熊，邑庠生，娶南吏部尚書李文安公傑孫女；夢桂，邑庠生，聘兵部左侍郎□公榮女；夢弼，娶國子祭酒□公霽孫女；夢鯉，聘刑部尚書白康敏公昂孫女；夢松，未聘；夢豹，聘黃岩尹汪公□逵女；夢蓮，聘尚寶卿史公際女；夢翼，聘都御史杭公淮孫女。孫女一，適刑部郎中華公雲孫邑庠生之充。曾孫男女各□人，□桂弼即後尚寶君者也。銘曰：

於卓邦媛，儷我文蕭。柔嘉維則，儉恭雍睦。乃継乃續，乃蕃卿族。有孫有曾，爰嗣爰續。維魯敬姜，克相以斂。維魏芑母，克慈以効。太君兼之，下亦胥傚。有家式隆，有子兢孝。婦以夫榮，母以子貴。得一者稀，矧茲兩至？累命直褒，哀榮崇備。豈曰其常，天降仁智。蔚蔚梅林，尚書之阡。龍章昭囬，明燭幽埏。配以淑德，彤管式宣。既祔既安，於千億年。

明故文林郎北流知縣洑濱徐公同室吳孺人合葬墓誌銘

M-25

[簡稱]

徐文炯同室吳氏合葬墓誌

[尺寸]

縱 57 釐米，橫 61 釐米，厚 10.5
釐米

[刊立日期]

明嘉靖四十三年（1564）十二月
十六日。《吳氏墓誌》撰書於嘉
靖二年（1523）十月七日

[撰書人]

《徐文炯墓誌》尹臺撰，萬士和
書丹，史際篆蓋；《吳氏墓誌》
吳仕撰，吳忠書丹，邵天和篆蓋。

[保存地址]

宜城街道東廟巷周王廟

[備注]

兩通誌文同刊一石，誌載墓址位
於永祥山。

萬曆《重修宜興縣志》卷七載：徐文炯，（正德間例貢），羅田、北流知縣。

《荻溪徐氏世珍集》卷四輯錄兩通誌文，（濟美堂)《吳氏宗譜》卷九之四輯錄《兄女徐君孺人墓誌銘》（《吳氏墓誌》），雖有差異，漫漶莫辨者幸可資校補。

［誌文］

明故文林郎北流知縣荻濱徐公同室吳孺人合葬墓誌銘（篆蓋）

明故北流知縣荻濱徐君墓誌銘

賜進士出身資善大夫南京禮部尚書前南京國子祭酒太子少詹事翰林侍講學士

管院事同修國史會典兼理誥敕永新尹臺撰

賜進士出身中奉大夫江西布政使司右布政使前翰林院庶吉士甥萬士和書丹

賜進士第中順大夫致仕太僕寺少卿門甥史際篆蓋

宜興徐氏，其傳以自南唐中，歷今上下垂七百年。蓋至我明太師文靖公遂以德業文章顯當代，翊贊四朝，功勛弘多，人以比李太初、王子明之為相也，其受知敬皇帝尤專特。荻濱生弘治改元之歲，在文靖諸孫中最愛，身際其時之盛，肆今六七十年間，獨能守業嗣遺，宜學終始，無忝前聞，人風訓可不謂難能矣乎。余不及識君，然君之子光祿監事均，嘗游余門，因問得聞其世□，君之卒也，均来請銘，余受之不忍辭云。敘曰：君諱文炯，字大章，荻濱其別號也。父曰雲谷公元相，是為文靖中子，孝友恭恪，恂恂鮮子弟之過，終其身不仕，人稱為相門賢允。君少飫祖父家誨，沉靜不苟言笑，長習舉子業，絲膠入太學，嘗以通家子謁少師鉛山費公，公一見深器之，曰：“文靖有孫若此，子可觀世德耶？”雲谷公性好振施，不殖生產，晚歲費用或不稱，其出予君，承志經紀其間期務，悅親不少問，及其私蓄，文靖公創義莊田千畝贍族，事聞先朝，世推宗士之有義信者司其計，君受委族長老典推筦者十八年，小大無一不歸心焉。歎先世遺文歲久不無散失，手親讎校，并其宗譜家乘，重梓之。其他禮文所當秩修者彬彬，無弗悉心興治，然未嘗矯情，以拂眾也。中歲筮仕山東布政司理問，以獄文無害，首為大吏所推許，會遭母夫人憂，歸。乃久侍雲谷公，不忍出。後強赴銓補，因擢廣宗知縣，復聞雲谷訃，未及任而還。既闋改知羅田縣，以劾治豪家罪被累調廣東陽江。時適有強宗構訟積歲不能決者，君為剖治之立竟大吏錄其能。縣苦猺獞出沒，君撫馭多威信，政獲大行。尋有忌之者，入覲，再改廣西北流。北流俗朴嗇，類陽江，君莅政益精明，上下交誦稱之。直指使檄清他邑弊蠹毛指無少滿，因大奖重其賢。秩滿，所司注令上銓考，君久倦游，遂浩然致其事以去。是時，兄尚寶文燦、弟岷府長史文輝，相繼請歸，皓首龐眉，頎然褒博聚一堂，人莫不高尚其風，以為兄弟廉退並一時，殆近世所鮮及者。君性至孝，居常痛思二親不逮養，時薦享獻必為之潸然出涕，旦朔家廟詣謁，比老猶夙興具冠服，率子弟致恭肅，不稍以寒暑疾疴廢也。嘉靖甲子二月二十五日，以疾卒于家寢，春秋蓋七十有七云。君娶吳氏，先卒；繼楊氏。子一人，即均也，娶湯氏，繼丁氏。女四，其婿沈統、蔣孝常、李洽、陳一本，皆名家子，仕中外。均卜以是歲十二月十六日，將奉匶合葬永祥山吳孺人之墓，先期介其族戶部郎中林狀來速銘，余聞"世祿之後鮮由禮"乃自古記之矣，有如君者，處能孝敬扵家，出能勤慎扵官，可不謂行應銘法矣乎？余既特敘之。復為之銘曰：

徐在陽羨，五季肇宗。既遂而競，乃興鉅公。其德載遣，奕世猶顯。俁俁洮濱，志修行展。隱不遺親，出不瘝仕。我秩非崇，我守逾勵。既倦而歸，伯塤仲箎。有翕其和，世鮮倫媲。其壽豈少，其德則弘。有來嗣紹，遐不繩繩。永祥新阡，草膴木茂。百世斯瞻，銘詔爾後。

明故徐母吳孺人墓誌銘

賜進士出身奉政大夫禮部郎中從叔吳仕撰

賜進士出身亞中大夫廣西布政使司右參政吳忠書丹

賜進士出身承德郎尚寶司司丞邵天和篆蓋

吾從兄訥齋有一賢女適於徐君大章，不幸以嘉靖癸未十月七日卒于家，徐君奉其父雲谷封君之命將葬，乞銘於予，予方有先君之喪，辭之，再徐君請益堅，拜且泣曰："吾妻歸吾十七年于茲，吾意沾一命以為榮，不虞遂無及也，吾何以塞吾悲？竊惟文辭可以著其不朽，而今之能文辭者必稱夫子。矧諸父也，其知之也宜詳，曷不一言以慰吾妻於地下，以塞予悲乎？"予不獲已，諾焉。予之所知者，自幼及笄，而為女者耳，其歸于徐為婦為妻為母者，吾不及知，非徐君言，其誰乎。徐君又泣且言曰："吾妻未入吾門也，吾母蔣夫人竊慮之，曰：'婦幼而無母，姆訓無聞，恐將不於婦道有歉乎？'比入門，執婦道甚恭，事無巨細必咨而後行，吾母更喜而謂吾父曰：'吾聞吳宗女多賢，今婦若爾，豈其教固在吾有不得而知者乎？'其孝於舅姑者如此。吾兄弟眾，娣姒亦夥，長幼糸差，處之為難，吾妻祇上惠下，各得其宜，中外稱之，其和於娣姒者如此。吾妻少為大父贈禮部侍郎味菜府君所鐘愛，資送特豐，吾母每有所需，未嘗不應，既而悉推以遺吾，曰：'大父所以資送妾者，以事君子耳，敢自私乎？'未幾，用之殆盡，囊橐罄然，而顏色不變，甚識大體，不事私藏，又如此。吾初應例入太學，挈之北上，其在邸舍，齏鹽是甘，不事華侈。一日吾與諸年少游，荒於藝業，乃置所習女工，起而諫曰：'妾聞君之大父以經術相天下，學者宗之，君不圖趾美進士，而就例至此，以為非計。然妾之所以期待君者，以他日之有立也。而所為若是，妾不足齒，不重為大父羞乎？'吾之所以不忘交遊而獲繫志扵儒業者，抑吾妻相之也。初生數子皆不育，既而得均，甫八歲，即遣就塾，少有嬉戲，捶且詈不少貸；其待諸女視子尤嚴。比病革，召均，□屬予吾曰：'妾侍巾櫛以來，所生惟是耳，君如念妾愛之，無徒事姑息為也。教之俾有立，以光門戶，妾雖死無憾矣。'愛而知勞，雖危不忘，吾不知古之賢母所以教其子者，視此何如哉？吾妻之賢行多，不能勝舉，其歸於吾門者，惟是為著，敢述以告，非吾私也。"嗚呼！吾兄女之賢，知之亦久矣，孝于家有不移于舅姑者乎？睦于族有不施于娣姒者乎？飭於其躬有不以相其夫而教其子者乎？然則，徐君雖不言，其賢猶可徵也，況於備舉而言之乎？弘治戊申七月七日，其生辰也，距其卒年三十有六，賢而不壽，其可傷哉！曾大父諱玉，戶部員外郎，贈禮部右侍郎尚璞府君；大父諱經，即贈禮部右侍郎味菜府君；父儉，即吾從兄訥齋也，母陳氏。徐君名文炯，大章其字，為贈太師文靖公孫，修謹有文，聲稱籍甚。子男一，即均。女三，長聘少司空沈豫軒之孫統，次字成國公朱恭熙之孫希忠……銘曰：

其出維何，宗伯之門。其歸維何，太師之孫。襲華媲美，疇克與倫。矧有令德，無愧前聞。壽雖不遐，名則永存。我銘其藏，以詔後昆。

明故都察院都事石菴曹公墓表

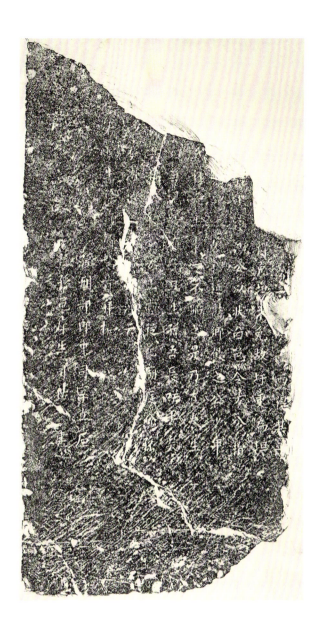

M-26

[簡稱]
曹珂墓表

[尺寸]
殘高 63 釐米，殘寬 34 釐米，厚 28 釐米

[刊立日期]
明嘉靖四十四年（1565）

[撰書人]
徐顯卿撰，曹司佐書。

[保存地址]
楊巷鎮英駐村瑯玕馬燈陳列館

[備註]
碑殘存左下角。

[文獻著錄]

《瑯玕曹氏家乘》載曹珂卒於嘉靖四十四年。

萬曆《重修宜興縣志》卷十載：都察院都事曹珂墓在瑯玕山。

曹珂，字國用，正德乙卯舉人，遙授都察院都事。萬曆《重修宜興縣志》卷八、康熙《重修宜興縣志》卷八有其傳。

[碑文]

……兩得其所……得免，坦□免，故圩更為坦……溉，公以狀白邑令方公，捐……鄉□之。公少年……代，□□生事，一不踏之。是乃古人生……子且生孫，吾長咲去矣……共稱公□□上官從化廟庭尔，孫……云……侍生徐顯卿頓首拜撰，孫刑部郎中司宰立石，侄孫邑庠生司佐書……

明故孺人王氏墓誌銘

M–27

[簡稱]
徐垚妻王氏墓誌

[尺寸]
縱 59 釐米，橫 59 釐米，厚 16 釐米

[刊立日期]
明萬曆二年（1574）閏十二月初八

[撰書人]
徐垚狀，王鑑撰，夏範書丹并篆蓋。

[保存地址]
宜城街道東廟巷周王廟

[備注]
2010 年 7 月，宜興市文管辦於宜城街道溪隱村徵集。
誌載墓址位於滄浦仁壽山。

明故孺人王氏墓誌銘（篆蓋）

明故孺人王氏墓誌銘

賜進士出身奉政大夫吏部稽勳司郎中錫山王鑑撰

中順大夫加陞正四品俸級服色前進階修正庶尹通政使司右叅議江陰夏範書丹并篆蓋

吾常之巨族，義興以徐文靖公家稱首，武進則推王文肅公家，不惟科第濟美，胤胄蟬聯，而又世篤忠貞，樹德垂慶，心竊慕焉。是歲冬，太學徐君垚自持亡室王孺人狀謁誌墓中石，且懇懇意必得予銘，辟弗獲。按狀：孺人姓王氏，晋太傅導之裔，元季諱德甫者，自維揚徙扵常；諱友諒者，國朝永樂間為延平郡丞；諱守正者，其子也，宣德間任兵部武選主政，俱以文肅貴，贈太子少保、吏部尚書；諱儼者，登景泰辛未進士及第第三人，歷官太子少保、南京吏部尚書致仕，贈太子太保，是即文肅公；文肅生諱沂者，由成化乙未進士官至都察院右副都御史；生祥炳，任都事，號益齋，配陳氏，寔生孺人。生而慧，然遲重，慎舉止、不戲狎。甫七歲習女紅，溫淑恭默、雅有令儀，父母最鐘愛。尚寶司卿徐束洑聞其懿行，為垚求婚，敬委禽焉。先是東洑念前配王宜人早世，孺人其從姪也，愛□□□。徐之先，鐘離人；南唐有諱綱者尉扵吳，占籍義興；諱福者封君尚書郎；生鑑，以尚書郎出守瓊州，瓊州生琳。三代俱贈柱國、少傅、兼太子太傅、戶部尚書、謹身殿大學士，以文靖公貴也。文靖諱溥，特進少師兼太子太師、吏部尚書、華蓋殿大學士、贈太師左柱國，生封符卿元相，元相生文燦即東洑，尚寶司卿垚其仲子。孺人年十七適徐君，入門而上下稱賢，既饋而翁姑交賀。翁宦京師嘗病□，孺人聞之，憂形扵色，昕夕必禱焉。翁自册封荊府還告休致，得以甘旨奉養，順意承顏，能盡婦道。時姑氏且捐館，又恨未識面，謀扵夫，往拜□之母蹇太孺人，若即姑之見也。蹇適有恙，臥牀褥室榻前，拜畢，潛而出涕，悲咽不能言，見者無不□泣。徐君援例入南雍，偕之卒業；理內政咸井井。君所欲行者，行之不問，不自專也。孺人甘淡薄，尚□素，節儉纖嗇，以是日用□不至匱乏，而扵賓祭必豐潔。君直戇，面叱人過，孺人誡之曰："處世故□□有容德乃大，褊急終賈釁。"君亦感悟，迄今不有小忿加扵人。姒娣愉愉和悅終始無間，事伯母祈氏尤加敬待，童僕勞役均而□□恤，盛怒弗施箠楚。平居雖家人不見其形，鄉鄰不聞其聲，從容安靜，性然也。君逾三十未得嗣，翁有憂心，命抱生女子之，愛若已出，保視謹密，稍長教誨甚嚴。君詫問之，孺人曰："女弗男比，今為吾女，他日為人婦，可縱之耶？小有失咎，將誰歸？"壬戌，孺人生子，翁欣況。後連產三子，翁已逝，恒歎曰："翁慮孫少，尤念我久未育，今多育子，翁不及見，痛哉！"兒彌月及朞歲，未嘗不流涕，居喪則盡哀成禮，三年不少懈，遇時食及所嗜好者，不祭不敢嘗。孺人以生育多，兼之辛勤欝結，嬰疾綿劇，疾革，語君曰："吾疾必不起，與君中道而別，是大數也。第不能助君以昌祚，死後□□□虜不足，百爾從儉可也。"言迄而卒，為嘉靖丙寅十二月三十日，距其生嘉靖甲午閏二月初八日，享年僅三十有三。子男四人：啟鍊、啟釗、啟鈍、啟鎡。鈍早卒，鎡側出。女二人，長許吾邑庠生王信真，次許武進裴嘉楫。茲卜萬曆甲戌閏十二月初八日，安厝于滄浦仁壽山先塋之側。吏部尚書郎□□□而為銘，銘曰：

維徐與王兮，一郡之望。家聲隆振兮，門閭相亢。孺人于歸兮，徐得佳侶。仁孝賢明兮，閨□□刑。俾列女傳兮，姬姜并明。年雖不永兮，子多且英。日弘厥緒兮，終賁爾□。後者□□兮，□□此銘。

諭祭禮部尚書贈太子少保諡文恭萬士和

M–28

[簡稱]
諭祭萬士和文

[尺寸]
殘高 62 釐米, 寬 87 釐米, 厚
15 釐米

[刊立日期]
明萬曆十五年(1587) 七月
十九日

[保存地址]
徐舍鎮鯨塘社區活動文化
服務中心

[備注]
碑首佚, 碑身下部殘缺。
邊飾卷草紋。

萬曆《重修宜興縣志》卷十載：萬訓導吉墓，子吏部員外士享墓，並在澗南。萬尚書士和墓在明珠山。萬知府春墓在煙山。

《萬氏宗譜》之《三房耕隱公支文恭公分支係表》載（略）：（七世士和）薨，享年七十一。訃聞，天子輟朝一日。……遣常州府知府譚桂諭祭二壇，遣行人安希範頒給二品全葬工料銀四百兩，諭葬澗南明珠山之陽，遷煙山，又遷澗南九龍山父墓左……尚寶司少卿毗陵唐鶴徵述行實，宮詹長洲徐顯卿行狀，大學士婁江王錫爵撰墓誌銘，大學士吳郡申時行撰神道碑銘。

《萬氏宗譜》卷十七（先塋）載：古齋公（吉，士和父）墓在澗南九龍山，效字號山八十九畝。文恭公（士和）墓在澗南九枝崗，載邑志，諭葬煙山，遷此。育菴公（春，士和長子）墓在筱嶺。嘉菴公（會，士和三子）墓在煙山掛簾山，效字號二十畝。

《萬氏宗譜》卷十五（恩綸錄）輯錄此文，今據之校補。

《徐舍鎮志》第二十三章及二十九章載（略）：明墓葬神道，位於煙山村勝山水庫東側，規模宏大，由東向西，兩側分列石柱、文官、石馬、石獅和十二生肖，中立牌坊一座，另有一龜駄碑及石臺、石凳。1960年修理水庫時龜駄碑毀損，殘存半截。1968年"破四舊"時神道整體被毀。

［碑文］

維萬曆十五年歲次（丁亥，七月戊子）朔越十（九）日丙午，皇帝遣直隸常州府堂（上官知府譚桂，）諭祭禮部尚書、贈太子少保、（諡文恭）萬士和曰：惟（卿淳篤）之資，（淵深之學，早儲）中秘，（歷）踐郎（曹，禔躬矩矱之中，抗）志紛華之表，洊（更藩服者，晉陟朝端）貳卿，糸禮樂之司，（首善作師儒之）範，爰從時望，俾（正）春（官，老成丕式）於（巖）廊，恬退遽（安於家食，懸車未）久，捐舘俄聞，追念舊（勞，特頒卹典，）爾靈不昧，尚克祇承。

明故資政大夫正治上卿禮部尚書

贈太子少保謚文恭履菴萬公墓志銘

M–29

[簡稱]
萬士和墓誌

[保存地址]
宜城街道東廟巷周王廟

[尺寸]
縱 71.5 釐米，橫 70 釐米，厚 12 釐米

[備注]
誌載墓址位於縣西澗南里明珠山。文革期間墓（傳在今堂前社區彭莊）遭掘毀，誌底破碎散佚，幸蓋完好，2017年 5 月由宜興市文管辦於新街街道徵集。

[刊立日期]
明萬曆十五年（1587）十二月十九日

[撰書人]
徐顯卿狀，王錫爵撰

［文獻著錄］

《明史》及萬曆《重修宜興縣志》卷八、嘉慶《增修宜興縣舊志》卷八有其傳。

《萬氏宗譜》卷二十一輯錄王錫爵撰墓誌銘，卷二十二輯錄徐顯卿具行狀。

［誌文］

明故資政大夫正治上卿禮部尚書贈太子少保諡文恭履菴萬公墓志銘（篆蓋）

禮部尚書贈太子少保諡文恭萬履菴公墓志銘

萬曆丙戌十一月二十日，致仕禮部尚書宜興萬公卒於家。訃聞，有詔賜祭葬，贈太子少保，諡文恭。故事，大臣非起家翰林，無諡，文者蓋特典也。萬曆丁亥，公子春等將以十二月十九日葬公于縣西潤南里明珠山之新阡，而以同里侍郎徐君所為狀來乞銘。錫爵故嘗以鄉先輩事公，春風靈雨噓潤實多，誼無所辭銘。按狀：公諱士和，字思節，履菴其號。先為鳳陽人，諱勝，徙宜興。勝生壽，壽生雄，雄生璵，璵生吉。吉為桐盧訓導，配李氏，生公。公貴後，贈祖、父皆禮部侍郎，祖妣、妣皆淑人。公生五歲能誦詩，比就外傅受小學，弱冠補博士弟子，舉嘉靖庚子鄉試，明年成進士，選讀中秘書，閣試數最，于例得史職，以不合分宜相解舘，且授給事中，請部得儀制主事。丙午丁訓導公艱，服除補精膳，以母老乞南遷南職方員外郎，得迎養李淑人於京邸。會淑人以疾還，所司重念公母子情，議假一便節，取道歸省，公不可，曰："豈有人親臥床而須假節以行者？"遂棄官歸，竟得侍淑人終。服除補南車駕，調儀制，出為江西僉事。是時登第已十五六年，諸同館者日去為大吏，而公獨逗留南署，以銀青外補，澹如也。久之進副使，督學貴州。貴俗故褌，夷民挾兵弩出入，弦誦稀闊，公至則時時召諸生為下帷都講，未幾皆化翕然。己未，遷湖廣參政，治苗，先是治苗使者頗禽獸畜之，好任用一切，苗以故怨望多叛，公曰："古不有朝羽人、從裸國者乎？"乃悉芟去苛法，時其疾苦，噢咻之，群苗聽撫者二十八寨。而是時三殿大工方興，採木使車旁午，驛道騷然，公曲為調停，辰沅之間賴以休息。辛酉拜江西按察使，分宜既有前隙，見公屢調且按察其鄉，意殊不懌，于是梁給事中揣指摭他過劾公，公趣歸不置辨，撫臣為白于朝。會分宜敗，乃復以原官，起家山東，踰年擢江西右布政，乙丑轉廣東左。故事，藩政總之左使，右使以嫌例不得可否，公謂："方伯重任，朝廷設左右以提衡之，安所取伴食坐嘯乎。"乃約分日治事，于賦政多所釐革。廣民輸輓內帑歲累不貲，公乃稍徵運費，令計吏領之，民大稱便。丙寅，遷應天府尹，未出境而新御史受代至，公辭之不以藩司禮見。御史啣之，求公事可釀為罪者，日榜笞主權掾，掾且死杖下，終無所得，御史猶怒不已。時香山泰泉黃公家居，名嚴潔，長者，不交有司，至是忽謁御史，御史驚以為重己，黃公入則揖御史曰："老夫憊久不任筋力，茲強為萬公來，萬公非可混者。"御史慚，無賴事遂罷。未抵應天，拜都察院右副都御史，督南都餉。時去振武之變未還，公懲宿弊僚，上便宜六事：嚴考課、議本折、省遠倉、處水兌、減曠緩、專委任。而召解長，悉受記，使知歲解費額，因勒石漕次，軍民賴之。轉戶部總督倉場右侍郎，頃之，改禮部左。會華亭罷相，相新鄭，公意有所不可，即上疏引疾，疏四上乃得歸。公歸而望益重，與雲間陸公以碩德相頡頏，每部使者有所推戴，未嘗不首兩公云。今天子即位，陸公起為大宗伯，詔起公南少宗伯，典國子教事。公尚務以誠厚化人，即有不率教，終無所譙讓，士亦以此不忍負之。癸酉陸公致大宗伯歸，江陵則請以公代為大宗伯，欲以收輿望。公因陸公去，頗測江陵所鄉，殊不欲就，上疏再辭不得請。比至，則江陵亦頗知公不可狎，意殊咈然，猶謬為引重。公任典禮，見民間服用奢靡，首以崇儉約、端風化為務。宗室諸請，必接籍以時關白，事無留行，賄蠹剗落。歲終上四方災異，因條陳杜倖門、容戇直、汰冗員、抑干請，皆指切時政、人所諱言者。適江陵以事怒祠祭郎中王君象坤，公力為辨。會有詐郎印牒為奸利者，事覺，主者欲坐郎，以公言得解，江陵由此益嗛公。公故與朱成國有隙，成國進封議起，公獨謂高皇帝約"非宗室不王"，持不肯署議。時又有大璫為方士乞官，公復持不可，公最忤江陵以此兩議。乙亥會給事中余懋學坐直言褫職，江陵正無所發怒，及見公，懼公有所言，一揖徑出，公故緩行，因目謂江陵曰："近日處分得毋太甚。"江陵色變不答，自是欲逐公，而言官承望者遂劾公衰懦，公亦力乞罷，乃得賜乘傳歸。歸之後，鑿垣屏居，絕意世事。然聞朝廷一善政及一善人進輒喜，至聞政事闕失、宵人用事，當食未嘗不廢箸也。得忠諫疏，必焚香盥手讀之。久之，柄相、倖璫相繼敗露，與天下更始，徵車所賁，羔雁成羣，於是復起公南禮部，而公以老懇乞骸骨，疏再上，天子重違其意，特加資政大夫、正治上卿，以優寵老臣，用羽儀於世云。又三年，而公卒。嗚呼！錫爵蓋觀公所行事，殆斤斤質行君子也。始公自少時，則已從唐荊川先生遊，先生為世名儒，師友間要在以古人學問、名理、行誼相切磋，先生得之最深，然顧嘗謂錫爵曰："吾師刻身練名節，習於世故，實萬倍不敏，乃師用才高，不能無見鋒鍔，而不敏僅僅藏拙自守，默而圖寡過。"已而華亭徐文貞先生家居，以二幣遺公，而公不受，先生因指謂錫爵曰："吾生平見萬公，馴行廩廩，肅步而趨，自謂能及之，顧視此等一芥取予，雖尊貴無靦容，而老夫甘退舍讓此公矣。"公既以世人齗齗歸，而里中豪緣間稍侵辱之，時錫爵亦新以避仇居海上，而公遺之書，謂："世俗侮老欺幼，意自常態，吾徒不得以此悔自信心，忘自反心。"旨哉！靈丹半匕，真小子續命膏也。公內行甚修，孝友發於天性，居二尊人喪，三年不入內。伯兄司勳公以毀歿，公喪之極哀。而其再起山東時，仲兄應貢與偕北上，卒于邸，殮送之盡厚。為卿貳歸，年已及耆，事叔父莊甚，不命之坐不敢坐。性雅淡泊，居室無長物，歷官兩粵，囊中無丹青、犀象、珠璣、瑪瑁、異香之裝。或終年不製衣，非賓祭不繫鮮。至族戚交遊，緩急乞貸，未嘗以乏為解。嘗建大宗祠，割上腴田無所悋。所至節愛鎮靜，清淨不擾，或為民計遠久，如貴之義倉，七盤嶺之引水，廣庫之石樓，輒捐俸為之。少子曾妻之母死，以田二頃遺女，公誡曾無受田。嘗有德于貴陽土酋，夜以千金餽公，公怒麾之去。視江右篆，積羨至五百餘，代者籍以遺公，公謝卻之。在辰沅，水陸廩既悉從裁去，公嘗自言："吾為兩司，始知實心任事，即是真才。"又曰："吾仕廣於人無苟取，始識得一廉字。"公之於學，未嘗標揭門戶，居鄉立朝，無崖岸嶄截之行博皦皦名，要之始終不失赤子心，為吏與儒，屹然稱天下大臣長者。嗚呼！桃李成蹊，豈待言哉。終身口不道人過失，而獨於可否之際斬如未始稍狥。文貞之求解相位也，諸大臣各疏留，公獨否，然文貞竟以此益重公。而公歷忤分宜、新鄭、江陵，亦以此可以觀公，亦可以觀三朝士風相德之大較云。公生于正德丙子十月十三日，距卒享年七十一。病革時，有星墜屋東北，徹卒咸睹。及卒，士友無問識不識皆流涕。所著詩文大抵規模伊洛，暢而邃于理，有《履菴集》行于世。配張氏，有内德，能成公志，累封夫人。子五：長春，以公廕任南京後府經歷；次習，次會，次智，俱太學生；次曾，邑庠生。四子張夫人出，智側室史出。女二：長適尚寶少卿唐鶴徵，即荊川先生子也；次適己丑進士吳正志，為監察御史吳君達可子。孫男七，孫女十四，其婚配皆名家。銘曰：

周敝于文，救之以忠。古今之感，實慨予衷。儒也文敝，縱辨於理，枯竹專門聚訟，以起吏也，文敝相鶩，名高雞鳴。孜孜舜跖，秋毫不見。萬公提提，其履大人之心，不失赤子。言稱其師，本本原原。屋漏之修，筊蹄可捐。廷執大議，五鹿折角。退屏其名，如玉韞璞。為鄉太邱，為國山甫。為師陽城，為吏何武。是曰完人，出處皆真。懕撼當塗，吾道之屯。箕尾既歸，備膺典冊。系諡以文，以旌殊德。猗嗟乎公，千載頌聲。古三不朽，我銘其徵。

賜進士及第光祿大夫太子太保禮部尚書兼武英殿大學士知制誥事經筵國史玉牒總裁太原王錫爵撰。

明故奉政大夫陝西西安府同知東岡曹公墓誌銘

M-30

[簡稱]
曹景暘墓誌

[撰書人]
曹司宰狀，徐顯卿撰。

[尺寸]
縱 60 釐米，橫 59 釐米，厚 16
釐米

[保存地址]
楊巷鎮英駐村瑯玕馬燈陳列館

[備注]
蓋銘磨滅，底局部剝蝕莫辨。

[刊立日期]
明萬曆十八年（1590）九月

[文獻著錄]

萬曆《重修宜興縣志》卷八、嘉慶《增修宜興縣舊志》卷八有其傳。

誌載墓址位於白石山。萬曆《重修宜興縣志》卷十載：曹同知景暘墓在瑯玕山。

徐顯卿《天遠樓集》卷十四輯錄誌文，雖有差異，幸可資校補。

明故奉政大夫陝西西安府同知東岡曹公墓誌銘

鄉進士曹君司（宰）蘁其先大夫西安府同知東岡先生也，乞銘于余，余謝不斐，既則念古者銘人德善功烈，必擇其國之人為之詞。洎余（辟地）願為陽羨人，而君不□而辱收之（國中），而余於先生為年家子誼不可辭，乃次其狀銘諸墓。按狀：公諱景暘，字子升，別號東岡。其先句曲人也，考諱（天瑞）者，徙家宜興新市里，世善良力田，族齒漸夥，里中輻輳。居勝國時，紅巾賊所至殘掠，獨斂兵過新市，云"此善人里巷也，留之"，聞者（歎）異，因號"留巷曹"云。七世祖顯三再徙琅玕，顯三生大一，大一生孟霖，孟霖生立，皆有隱德。立生詔，稱耆儒，教授于鄉，以孫三暘貴贈南京工部尚書；詔生珂，正（德己卯魁）南（畿），仕都察（院）都事，殁祀鄉賢。都事公舉三子：曰一暘、曰二暘，皆才而殀；公為都事公幼子，穎敏而誠篤。都事公性嚴，平居以孝友忠信大（節勗）諸子，公能不言躬行，都事公喜可知也，曰："吾有子"。公既喪二兄，尋遭母秦太孺人艱，哀毀幾不欲生，都事公曰："吾老矣，若奈何不（割哀而寬我）乎？"公為解顏侍左右，務得都事公驩，退則飲泣不能已。公髫年游邑庠，每使者都士，輒以德藝竝優，再受上賜，名藉甚。鄉之雋彥多出其門，其教人亦必根本于孝友忠信，不沾沾鉛槧為也。嘉靖乙卯舉于鄉，時都事公春秋高，公朝夕以色養，即一出不敢違離，命之仕，唯唯。比疾時，侍湯藥，衣不解帶越數十旬，及殁，其孺慕哀毀一若秦太孺人喪。已而念都事公命，謁選天曹，少宰涇陽魏公為（鄉梓）廉循良，以公守金州。地（當兩陝）要衝，民積困于供億，公至，首為裁省一切，民賴以蘇。當道者檄取美錦，里甲不能辦，公為捐餘俸市之；已而當道悉狀，乃大媿。屬邑洵（陽刁疲甚），徭役歲訟不均，邑令束手，監司檄公臨覈，迺帖然稱平。陝中盜劉才父子嘯聚數萬衆，據紫陽、石泉、平利諸險，結寨剽掠，官軍不（敢攖）其（鋒，幕府專）以征勦（責）公，公惻然曰："蠢茲荒裔，敢稱亂至此？！吁，吾赤子也！夫使吾奮威武若朝歌、武銚之烈甚盛，（無）宰為張（廣陵）解散之，立（功）等（爾，活萬人者有。"）後乃布示（恩信，俾轉）禍為福，明日賊率所部降。是役也，不折一矢，不費斗糧，不戮一人，而數萬衆悉慶欣歌之曰："使君不掘牛山谷，一夜龍飛（欑槍伏），金州太平兩陝熟"。蓋其功不獨在金州，迄今兩陝以為元功云。當公之甫下車也，民白："州治三面漢水，岠谷攅陁，每霖雨漲溢，則城市水深丈餘，民居蕩析"，公曰："此吾恫瘝也！"輒循視便宜，募役千餘人，滌淤疏滯，且為民祈祀山川甚虔。終公之任，（數年）漢水不溢，民謂善政所感。比去，而金州陷為漢江矣，州人思公，則又歌之曰："曹侯去，何時還？失我趙臺山！"趙臺山者，梁時漢水橫溢，民所辟徙處也。越數年而同邑王君升倅成都，道涇陽謁魏少宰于家。謂王君曰："嘗借子國曹君牧吾金州，其為政先教化，緩刑罰，廉明仁恕，民歌思之，殆元康、（神）雀間循良吏邪！"其推重如此。（蓋）金州治行業已弟最，竟稍遷貳西安守。西安都會首郡，公綽有餘日，當道者（交章）以能□□聞，且暮且不次擢；而公乃拂衣去，上下（爭）留之不得也。公故薄名利，既歸，益斤斤名檢，皭然不滓窳于俗，尤慎交迕。嘗與吏部郎大宗伯兩萬公、王吳兩別駕同受業唐太（史應）德，迨白首而切劘益篤，廉謹益著，人毋敢干（以）私者。邑令黃君道瞻於士大夫不輕許可，獨重公，延致大賓。公居恒恂恂若處子，而大丈夫（節）槩，臨事輒不可奪；性儉約，所居湫隘，顧獨崇飭先祠。至飯饑椇喪，即廢箸不恤，內外族黨姻戚咸被其恩。萬曆戊子、己丑歲大祲，出粟賑族以百計，賑（鄉）以千計，所全活不勝數。病且革，呼諸子若孫屬之以成人，如平時神氣不亂云。徐生曰："忠信篤敬，雖蠻貊之邦，行矣"，信哉斯言也。當曹氏之先積德累慶，是以免于紅巾之難；逮公守金川，以片言平劇盜；本之方（寸）懇悃，能默喻于彊梁慓悍、不可誨化之眾。何其先後一轍哉！（雖然，）當陝之亂，公赫（然）擁旌纛、伐鉦鼓、提長鎗大刀、雕戈藥矢，奮甲而驅之，俾沃野伏屍，漢江（染）血，然後奏凱獻馘，其功烈豈不（焜耀輝）赫于一時，乃公卒不以此易彼，煦煦以德意馴擾之，民到于今受其賜。公雖伏在下僚，其碩德偉望與從兄大司空後（先并美，稱難）兄弟。由是言之，士誠豪傑，出而康濟民物，處而（標準子弟），夫豈以位之崇卑論哉？！公生正德戊寅九月戊午，卒萬曆己丑十月辛巳，年七十二。元配楊孺人，繼配戴孺人。子男四：長司宰，隆（慶丁卯與）余同舉于鄉，娶李氏；次司政，太學生，娶唐氏；俱戴出；次司典，太學生，娶鍾氏，側室許出；次司貞，郡諸生，娶周氏，亦戴出。女三，適（馮汝材）、萬（華）、黃耀義。孫男十人：長師曾，邑諸生，娶吳氏，宰出；次師禹，未聘；師稷，聘萬氏；師契，聘于氏；師（龍）、師益未聘，政出；次師旦，聘蔣氏；師望，聘任氏；師尹，未聘；典出；次師心，未聘，貞出。孫女八人：宰女二，長適王道洽，次未字；政女四，長適（吳正國），次字張（明義），餘未字；典女二，長許任某，次幼。曾孫男一：重茂，聘蔣氏；曾孫女一，未字；俱師曾出。婚嫁皆搢紳世家大族，不勝書已，詳狀中。司宰等將以公卒之明年庚寅九月丁卯奉柩窆白石山祖墓之次，遵遺命也。銘曰：

譙國之才獨八斗，有亢其宗德更厚。西安府君似傴僂，意氣崚嶒竟罕偶。名宦穹碑秦人口，歸來陽羨群峰陡。白石松楸一高阜，彩虹盤互昌厥後，要令速朽終不朽。

賜進士出身通議大夫吏部右侍郎兼翰林院侍讀學士國史副總裁記注起居經筵日講官前協理詹事府掌院事國子祭酒徐顯卿譔。

明故將仕郎徐聞簿秀溪湯翁墓誌銘

M-31

［簡稱］
湯敬訓墓誌

［撰書人］
徐顯卿撰，王稚登書丹，張鳳翼篆蓋，王允泰鐫。

［尺寸］
縱 57 釐米，橫 57 釐米，厚 13 釐米

［保存地址］
宜城街道東廟巷周王廟

［刊立日期］
明萬曆二十八年（1600）十一月

［備注］
蓋、底四邊綫刻卷草紋。
誌載墓址位於舊臨津城（今都山村）九偃山。

萬曆《重修宜興縣志》卷七載：湯敬訓，（嘉靖間例貢），徐聞簿。

明故將仕郎徐聞簿秀溪湯公墓誌銘（篆蓋）

明故將仕郎徐聞簿秀溪湯翁墓誌銘

賜進士出身通議大夫吏部右侍郎兼翰林院侍讀學士國史副總裁

記注起居經筵日講官前協理詹事府詹事掌院事國子祭酒徐顯卿謹撰

明□□□□□□□□□□□□□吳郡王穉登書丹

明□□□□□□□□□□□□□吳郡張鳳翼篆蓋

余家陽羨□□□，其山川□□□，其人多長者，如陶朱、鹿門之流，皆質行而厚簡、深藏而晦用，于彼靡若不相及也者，而卒以全其□年□□往幾百歲，余實愛而志之。會庚子冬，秀溪湯公圽，厥子手蔣戶部狀泣血請志銘，余□□□古君子也，可無銘？按狀：公諱敬訓，字子明，秀溪其別號也。陽羨西，舊有臨津城，湯世居焉。國初，有諱安者，式廓其業，安生祥；祥生政；政生璿，歷承事郎；璿生鎬，為東丘公，授指揮同知，倜儻好義能詩文，有《東丘蕘集》行世，是公之王父也。公父為痴龍公，諱應隆，官宜城，亦有隱德；娶趙，生八男子，公行四焉。公生而孝乂，六七歲即嶄嶄露頭角，痴龍公愛而奇之，私祝曰："昌吾後者，此子也。"既而痴龍公捐館舍，兄弟分析相讓，田廬取其荒頓者，奴婢引其老者，器物取其朽敗者。兄弟數破其產，還復賑給，有被誣陷訟者，代為申理得脫。既以貲遂雍，就選延平府椽，以清慎著。上官有需而不得者輒短之，公輒告歸，品概益為郡守公重。尋升任紹興一清倉，糧宿蠹，制三等簿致，故軍吏不得為奸，活人命甚眾。既轉徐聞簿，徐聞故濱海，多盜，一日城困告急，舉縣錯愕，公徐設策行間，寇賴平焉。公績益多，然以耿介不能脂蠹取當世懌，遂拂衣去。公凡蒞官三任，而署政五縣，毫無所染，非氷蘖也不可云。掛冠之日，□□兄少龍公嘯詠泉石，于手足藹如也，于弟子熙如也，于臧獲煦如也。公素性樸嗇，所交以誠遇人，一言一步，俱無欺飾，甚質；飲醇忍污，親故無失好。子視諸姪，晜之讀不恡費給，痛楊孺人之早世，而重撫其女甥，至有為之給田產畢婚娶者，甚厚。髮齒爪甲一一檢藏，念先體所遺，待易簣而附之身。墓田廢，獨捐金恢復，歲時祭享無匱，甚孝。衣取蔽膝，食取充腹，至老膚腴無□腆之好，甚儉。食貧歉寠，葬其子之師而益之脯金，甚好施。公之舉子最遲，子其甥，而後亦竟得佳子。長君能讀書，克其業。公年垂八十而猶及見其成立也，天之報施何如哉！公素強無恙，過從親友，數里韋布而徒，蹩躄行道上，無識其為八十翁者。革之日，從姪舉孝廉，猶能具衣冠為贊賓客中，復而溘焉，□□然竟無牀褥呻吟之苦。問後事，止張目，欲兒子讀書做好人，是可謂考終者與！公生嘉靖癸未，卒萬曆庚子，春秋七十有八，元配楊孺人。男二：長孟男，娶同邑太學生有庵陳公女；次仲男，聘鳳化簿同邑育菴儲公女，側室王出。女五：長適溧陽周公儲長子邑庠生立賢，次適同邑福建按察司經歷萬公棟長子民望，次適邑人任公元良子敏學，次適無錫庠生秦公校次子□□□默，皆楊出，幼字户部主政省菴蔣公子百祥，王出。甥任霖澤，是公所撫，叺為己子者，□□□□丞西雲吳公女。今以十一月八日長君選地于九偓山卜兆，而食蓍日，而吉壤吉□□□□事，爰系之銘。銘曰：

不絀于下寮，英智乃便；不琢于浮靡，其朴乃全。豐于施弥以自堅，嗇于生弥以長年。□□艱後，而子克焉。公福維何？南山有泉。

萬曆二十八年歲次庚子仲冬吉旦勒銘，邑人王允泰鐫。

（明故陝）西西安府同知贈奉政大夫
東岡曹公諱景暘暨配封太宜人（戴）氏墓

M-32

[簡稱]

曹景暘暨配戴氏墓碑

[尺寸]

殘高 105 釐米，寬 57 釐米，
厚 21.5 釐米

[刊立日期]

明萬曆三十五年（1607）清明

[保存地址]

楊巷鎮英駐村埌玗馬燈陳列館

[備注]

碑右上角殘缺，下部有橫向凹
槽，應曾作它用。
兩邊剔地平雕卷草紋。
殘缺碑文依據 M-30《曹景暘
墓誌》補全。

[誌文]

（明故陝）西西安府同知

贈奉政大夫東岡曹公諱景暘暨

配封太宜人（戴）氏墓

萬曆三十五年三月清明。

南京刑部郎中（男司宰）立。

明故勅封文林郎湖廣黃州府黃岡縣知縣見如吳公墓誌銘

M-33

[簡稱]
吳時賓墓誌

[尺寸]
縱 59 釐米，橫 59 釐米，厚 11 釐米

[刊立日期]
明崇禎六年（1633）三月二十日

[撰書人]
吳允初狀，文震孟撰，蔣允儀書丹，
周延儒篆額。

[保存地址]
宜城街道東廟巷周土廟

[備注]
宜興市文管辦於丁蜀鎮徵集。
誌載墓址位於苔莊。

[文獻著錄]

康熙《重修宜興縣志》卷七載：吳時賓，以子允初贈黃岡知縣。

（濟美堂）《吳氏宗譜》卷五之一載（略）：（八世）時賓，字賓之，號見如，
由邑庠入太學。

賜進士及第禩誥奉大夫柱國少傅兼太子太傅史右都書實錄總裁經延日講官前禮部左侍郎南京翰林院侍讀學士掌院事左春坊左庶子中允司經洗馬翰林院國史修撰邑人周延儒篆額

明故封文林郎御廣黃州府黃岡縣知縣見知吳公墓誌銘

司農寺丞大夫人誥軍功援台司陽慶地方都察院右僉鄉御史宣道

剛故敕封文林郎湖廣黃州府黃岡縣知縣見如吳公墓誌銘（篆蓋）

賜進士及第光祿大夫柱國少傅兼太子太傅吏部尚書實錄總裁經筵日講官前禮部左侍郎南京翰林院

侍讀學士掌院事左春坊左庶子中允司經局洗馬翰林院國史修撰邑人周延儒篆額

賜同進士出身中憲大夫提督軍務撫治鄖陽等處地方督察院右僉都御史前太僕寺少卿河南道掌道事

監察御史邑人蔣允儀書丹

勅封文林郎湖廣黃州府黃岡縣知縣見如吳公墓誌銘

余同年蓋有陽羨吳兩階選部云與余交甚善，後遭逆閹摧折，益相引為聲氣之友。今上龍飛，其猶子登上第，兩階復語之曰：“過吳門當一見吾同志。”余扵是與吳氏蓋交兩世焉。而自其先宗曰文肅公與先太史又相契也，則得稱世交素矣。無何，進士君奉選部公狀并手具行畧，為其封翁請幽宮之銘，誼固不容辭，乃按狀而得封翁之生平則實有可志者，又非直以世交故矣。吳封翁者，諱時賓，字仲寅，一字見如，即文肅公曾孫。祖為尚璽公驥，考贈奉直大夫吏部郎中夢桂，與詹宜人生三子，季為選部公，而仲則翁也。仲、季少同學，長同補博士弟子，俱英英見頭角，有聲秋苑間，而試京兆輒不利。已鼓篋成均，再試復再不利，而翁倦矣。比選部公登賢書，與伯兄相顧色喜曰：“吾可以報兩尊人扵九京哉。”則又曰：“天乎，何不使我兩尊人一及見之乎！”而選部公以壬戌登第，歸迎而謂之曰：“有弟在，吾無憂哉。且吾先人賫志以沒，吾與若奉遺體以行扵憂患之途，幾三十年，唯恐一旦隕越，傷地下心，若今日成名顯親矣，吾是以無憂。雖然，吾憂方大耳。自古富貴驕奢禍敗，編如貫珠。夫今之冠進賢冠而紆金拖紫者何限？不旋踵而禍敗隨之者亦何限？若閱世既久，何事吾言，吾亦不欲盡言傷賢者意。唯力反末習，上追家法下式兒曹斯為真能顯親者矣！”選部公唯唯奉教。仕戶部能脩其職，不務詭隨，失逆璫意，遂遭削奪，翁乃喜“是真不負吾家聲者乎”！蓋文肅公亦嘗忤逆瑾而禍幾不測者也。無何，長子聯第選部，公亦□環從田間起擢選郎，而吳氏家聲益振。封翁於是年且六十，其舍城市而山居亦十有七年矣，進士為令具餘皇以迎，固弗徃。益杜門深棲，怡怡于于，日與故人長老為清娛，不問外事。出則駢肩徒步，弗為鳴騶呵殿貴倨之態，猝而遇之，不知其為封翁也。既膺寵錫有章服，亦僅歲時伏臘一再御，餘則篋之笥中。不造請，不居間，邦君大夫干旄相屬，不相酬應，其制行高潔類此。居平無汎交、無狎遊、無妄言、無窳習、無沉飲、無旁嗜，至民依是郵，則擾鋤襏襫，經營必謹小物克勤，則木屑竹頭處置必當，御臧獲即敝袴之賞不濫施，居鄉党即算器之遺不妄受，昔賢所謂“覘豪傑者，以覘其微細處無所滲漏”，其翁之謂歟？翁弱冠失怙，即遭家難，飄飄風雨，幾不能自持，而以一含忍勝之，以推讓弭之。當有戚屬受侮，所親憤而成疾，且革。翁曲為開譬，其人拱手曰：“吾安能望若若固犯而不較者。”而自其子貴，斂約逾甚。嘗遊澄江，寓蕭寺，澄江令徃謁詒僧，僧辭無有，令怒欲鞭之，而後僧知老書生之即封翁也，其厚德恬循又類此。扵乎，此可志以示今之為封翁者乎！而進士君甫登第，即以覃恩封翁如其官，選部公始擢銓曹，亦即用覃恩贈其父母，豈非吳氏隱德之報也哉？故世家舊族，非甲第蟬聯之足貴，而德業聞望相輝映扵後先斯可貴也；如吳封翁之所培植者深，而啓佑者遠矣！翁生扵隆慶壬申九月二十九日，卒於崇禎壬申正月五日。取蔣氏，封太孺人。子二人：長即進士君允初，筮仕黃岡知縣，政聲流通，三年奏績矣，取張，封孺人，禮部主事贈尚寶卿納陛女；次允禔，取錫山秦，出繼伯氏。孫男三：從鼎、從履，俱禔出；從謙，進士君出。孫女四，聘字俱名族。先是翁弱齡病疹，殆矣；俄有南岳道人及門，三呼三應，遂平復如初。而四十時，於舟次中病，抵家垂絕，有毉密投葭五銖，瞿然曰呼：“吾生矣。”至卒之歲，朝猶衣冠祀先，忽謂其弟侄曰：“吾三日後有大難，過此可與若等娛樂。”至期奄然而逝，大怖將臨，無怛無戀，殆所稱夙具道骨者耶？葬以癸酉年丙辰月丙申日，墓在苕莊原，銘曰：

生於壬申，終於壬申。觀化一巡，乃返其真。學殖弗試，德積弗施。以貽其子，永昌厥世。惟世之昌，惟流之芳。中則有藏，視銘其光。

賜進士及第奉議大夫右春坊右庶子兼翰林院侍讀纂脩國史直起居注管理誥敕撰文經筵日講官文震孟撰。

明太學生際明蔣公元配周太孺人志銘

M-34

[簡稱]
蔣際明暨配周氏誌銘

[尺寸]
第一石縱 52.5 釐米，橫 52.5 釐米，
厚 13.5 釐米；
第二石縱 52 釐米，橫 52 釐米，
厚 13.5 釐米

[刊立日期]
明崇禎九年（1636）十二月
二十六日

[撰書人]
周詩雅撰文，白貽清書丹，惲
厥初篆蓋。

[保存地址]
張渚鎮犢山村白雲山圓通禪寺

[備注]
刊分兩石。局部損泐莫辨，第
一石尤甚。
誌載墓址位於荆溪石墓嶺。

[誌文]

　　……不資，田以千計…“…日當蔭汝！”太孺人泊如不問也。□□宜人□浙東□□謂太孺人……泊如不問也。今太孺人壽……氏□明公有□□□以高才□留□庠讀……才不偶，謹例于中翰之選，非其好也，其後……良友昌裔□□立奮□宮太儒人為之加□而諄……不與商董得失之數，占考夢卜之兆也，此其苦心……昌裔□，次□名京兆，其憫太孺人於地下可……孺恭之色□此相，過君無虛句，甚或……早卑，子輩何一不依依膝下，□其温……器……自休……之曠人各□之…婚…持□□豈起…五體投地………若此□以薄□天……覓之隣子休□□□議之……字昌裔，子皆□太孺人□先□人……上觀光明自在□女□…太孺人雖死也，而寔不朽……賈之金匱石室真足為□熙□人□失太孺人……享年八十有一，□先王大父南京戶部主事……誥封永州府知府□公女孫，先太孺人三十四年……昌裔。
女孫女三：長適邑庠生……清河間府同知□□公□□河間……

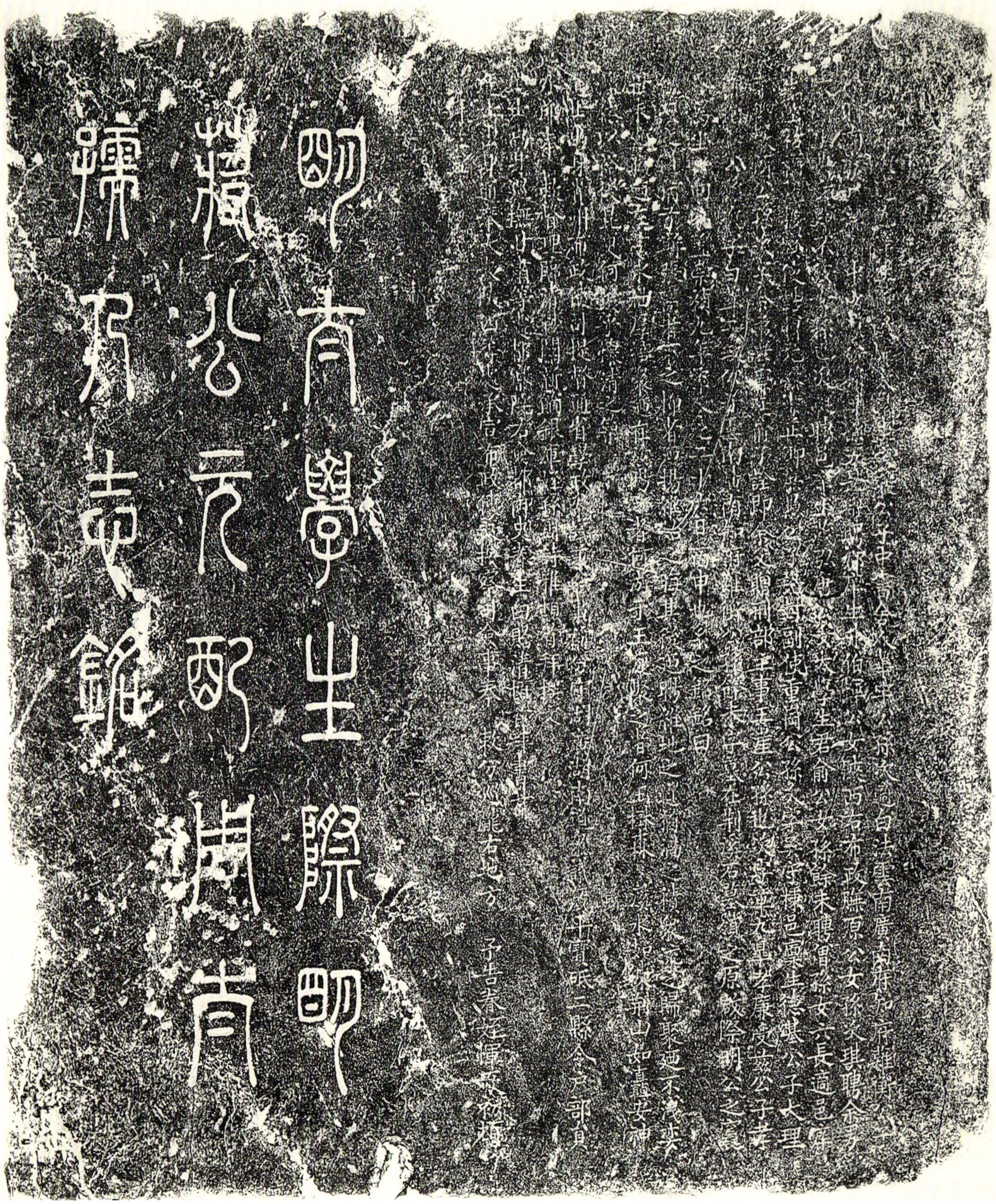

……次適邑庠生……；次適王文莊公子、中書舍人華宇公孫；次適白法，雲南廣南府知府薙衡公子；……孫五：長玠，聘郡庠生升伯惲公女、陝西右布政臚原公女孫；次琪，聘余男……女，即不佞女孫也；次斑，聘邑庠生茂弘唐公女、太學生君俞公女孫；餘未聘。曾孫女六：長適邑庠生……使誥贈光祿寺正卿庶愚公子、誥封副使重崗公孫；次字吳守棟，邑廩生德基公子、大理寺卿慕所公孫；次字余弟□□□俞子詮、即余父贈刑部主事王崖公孫也；次字章九皋孝廉受茲公子孝……公孫；次字白□子政公子、雲南廣南知府薙衡公孫；餘未字。墓在荊溪石墓嶺之原，啟際明公之窀合焉，坐□甸□。蓋崇禎九年季冬之二十六日丙申也，系之銘，銘曰：

石墓之嶺，猶弓斯張。高者下之，抑者廼揚。維始之晦，其後廼暘。維地之道，猶滈之積。衆流之歸，聚廼不洩。奕世朱□，□適在□。水曲厚涪，聚廼有茲。暘之者何？淤于王庭。聚之者何？玉樹森森。溪水如練，荊山如蠹。安神□懷，以裕後昆。更何擬乎？懷清之築。

賜進士出身貴州布政使司提督通省學政糸議兼僉事□分守湖廣湖南道糸議廣平寶砥二縣令戶部員外郎奉敕督理臨清鈔關新餉銀庫姪孫周詩雅頓首拜撰文。

賜進士出身巡撫甘肅等處都察院右僉都御史眷生白賝清頓首拜書丹。

賜進士出身通奉大夫陝西等處承宣布政使司按察司僉事奉敕分巡隴右地方予告眷姪惲厥初頓首拜篆蓋。

明太學生際明蔣公元配周太孺人志銘（篆）

明勍虜殉難兵部尚書贈少師諡忠烈九台盧公之墓誌銘

M-35

[簡稱]
盧象昇墓誌

[撰書人]
楊廷麟撰

[尺寸]
縱 61 釐米，橫 56 釐米，
厚 10 釐米

[保存地址]
南京博物院

[刊立日期]
明崇禎十五年撰，十七年
（1644）刊立。

[備注]
2018 年 9 月中旬，宜興市文管辦致
函南博，并委派張君文先生至南博
朝天宮庫房傳拓，自此《盧象昇墓
誌》正式公諸於世。

誌載墓址位於瀨上西嵪岕。康熙《重修宜興縣志》卷八有其傳，卷十載：盧司馬象昇墓在溧陽西洋岕。嘉慶《增修宜興縣志》卷一載：象山，在茗嶺北……有盧忠肅公祖墓。……晨山西為西瑤岕，盧忠肅公墓在焉。卷八載其傳（略）曰：……十五日副將劉欽獲其尸……楊參軍廷麟迎入真定……至明年二月二十八日始大殮……（崇禎十四年）乃贈象昇太子太師、兵部尚書，賜祭葬，世襲錦衣衛千戶。福王時，追諡"忠烈"。卷九載：盧大司馬象昇墓，西窯岕（宜溧交界處）。

據《宜興文史資料》第六輯《發掘考證盧象昇住址墓址記》（盧逸平）文載（略），1983年月初，作者前往溧陽戴埠鄉河洛崗盧家墳山調查，發現盧象昇祖父盧荊玉墓誌一合（誌載明天啟三年九月十九日葬於瀨上長山西陶岕），並發現一通清嘉慶二十四年三月所立墓碑，6月初均由溧陽文化館收存。（按：《盧懋崗暨配吳氏及盧荊玉暨配張氏合葬墓碑》現藏溧陽博物館，《盧荊玉墓誌》今佚。）盧象昇墓在與宜興西渚交界的原戴埠鄉東干大隊西窯岕西側神山北坡。據說，原墓雄偉高大，墳圈數畝，因清兵至，墓坊未續，石材均散失墓地周圍，建國後用於修築水庫。1977年盧象昇墓誌出土，作者於1983年7月初在西窯岕找到誌蓋（反置作過溝石），8月中旬在西渚潘山找到誌底（1982年春季被村民拉回砌作豬圈）。8月底，宜興縣文化局、南京博物院對此合墓誌作了妥善處理，九月初從西渚運至南博保管。

［誌文］

明殉難兵部尚書贈少師諡忠烈九台盧公墓誌銘（篆蓋）

明勤虜殉難兵部尚書贈少師諡忠烈九台盧公之墓誌銘

□□□以鳴仗出贊元戎，得佐員盧公幕，悉公之為人，忠義果烈，蓋其性成也。已血戰殞身甚慘，大約與周子隱死六陌事同，哭鉅鹿不過陳陶□□之一二而已。予愧不能同死，慟而求諸□□之殯焉。乙卯秋，帰櫬于宜；壬午年，予特抵宜省其家。嗚呼！公死，予何能獨生，且生而無一言慰地下？遂豫為墓誌銘以遺之。公諱象昇，字建斗，號九台，常州宜興人。生而敏異，甫齔有大志，誦文信國《正氣歌》輒慷慨泣下，曰："讀書人當如此矣！"未弱冠，為邑諸生，嘗謁周孝侯祠，恭拜企慕焉。下帷桃溪，數月不窺園，讀史至忠孝大節，必整衣冠莊誦之。性至孝，大父母尤所憐愛。辛酉舉于鄉，壬戌登進士，奔大父喪，癸亥赴選，公掇科名早，尊人受封，年□□仕，時人榮之。公悁吶如故，初仕監臨清倉，有徽人汪中□謁公，刺遺甚禮，止甾豆豉，啟視則金也。公哂曰："是子以□知賞我耶？”反之，人無知者。臨清故輸粟諸邊，每二鍾不能致一，是歲南粮適遲至踰期，公厚值募海舟，七日而達，□粮□萬餘，南人□食其德。丁卯□□外進郎中，同郡高、顧、李、繆諸公俱罹璫禍，公憤不欲生，繕疏申救，以重違而□□命□寢，時詔天下為魏璫建祠，有□北自長安來，噭以屢戢，公抵書不報。同時部郎皆加京卿，公獨力請□□明□公即稱神君□□□□各憲□□□□距□。己巳，東□□□，公募兵入衛，會虜退，天子遂命公偹兵。大明□□□□□□白面書生□□以來既□□□□偹兵，兵事益閑，嘗□□□□□流寇，猝遇賊數萬，公被創戰益屬，賊乘高臨之，有四白袍賊扼公，公□□斬□□，乃退。自是□□後□□□□□□□□□之賊相戒□盧□王所臨郡邑竟千里□□□□□立寨并村之法、守戰之策莫善于此，雖古良將弗及也。公受節鉞總制豫、齊、楚□□計所□兩至□□□南□荊州江漠□□□□□□□□□屏徵□巡撫湖廣，鞭楚藩□子□□□宗党股栗，公受命總理七省，時□□□□□□而□□同率勝兵追勦，賊□□乞降，會東虜入宣邊，朝廷震驚，詔還公入衛，公□□□□三十里，□□天子又命公總制□□□□後七田□兵郤虜□詔褒之，□□□□外艱□□□□□時新□陳公弓至虜□逼□□□□臣□□□□□敗虜，天子□□對公而陳，□□□□□趨□□分□□□□□□我□□曰□□□□□無數，□□聖恩誓不與虜□□，天子壯之，公既督師□□□□□□□□□□部□□□□□撫議內处□□則予□偹位經筵，□□之所壯，痛維□之□君□繕疏糾楊、高等四人力請，皇上□兵權□付，感公以□□□□□□□□□□□前□□□公同□兩□□□□□□□日咸公自分死國，□遺予就道□乞粮，公時所統騎止半萬枵腹，而馳至賈庄，身先士卒，大敗之。□□□□□□□公瞋目大呼，□□□□人□□□□□□□□□之曰公不欲我同死耶？公素塵土金幣，好交遊，兒時荆玉公常□□以錢，乃曰：“安用此□？徒買阱資耳！”□□□□□□□□□養士三百年以文□，正當□□□□□□□□□□□□□□□其問我□□此烈□有正氣□□□□宋之韓、岳焉。□□□□以□□之何以哉？公死後□□□□殘秦、晉、燕、豫、楚、蜀諸境，外遭□□，內斃寇難，歲無宁日。嗚呼！安能再得如公者為上□長□耶？公居邑西南之茗嶺，生萬曆庚子年三月初四日，死崇禎戊寅年十一月十二日。皇父戀崗，邑庠生；祖父荆玉，己酉科孝人，宰兩邑多惠政；父崑石，邑廪生。前娶汪氏，贈夫人，早卒，繼娶仝授□□□□□。萬曆丁丑科進，為王□公□孫女，父廪生道洽公之女。生三子：長以□，庠生；次以□，次以行。明年葬于瀨上之西崤岕，為之銘曰：

公□□名，遂□真□。□□□□，比于睢陽。振風□里，死而後已。□□□□，□□□□。

賜進士弟出身翰林院修撰經筵日講學士通家侍教弟楊廷麟拜撰。

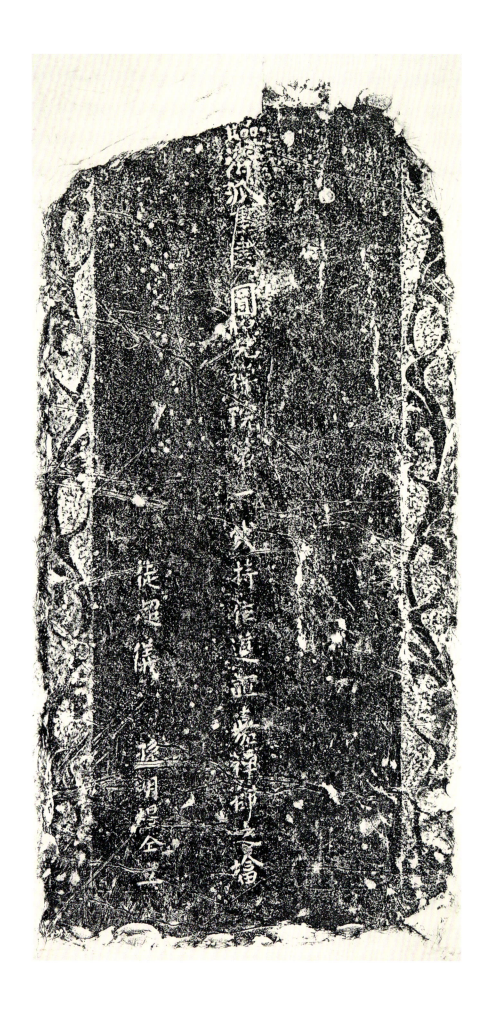

臨濟派重建圓覺禪院第一代持住道誼嘉禪師之塔

M-36

[簡稱]
道誼禪師塔

[保存地址]
周鐵鎮分水村慧林禪寺

[尺寸]
六棱柱體，高 54 釐米，
邊長 26 釐米。

[備注]
參見第一册 S-88《重建靜壽
禪寺碑》。

[刊立日期]
明崇禎十四年（1641）至
清初

[文獻著錄]

　　康熙《重修宜興縣志》卷十載：慧林禪院，在縣東北六十里百瀆，明嘉靖五年杭奎捐資，建為杭中丞香火，崇禎十四年僧道誼重修。

　　光緒《宜興荆谿縣新志》卷九載：慧林禪院，在百瀆，兵毁，同治七年重建，舊志入萬一區。（今隸萬二區）

[塔銘]

臨濟派重建圓覺禪院第一代持住道誼嘉禪師之塔

徒超儀、孫明煜仝立。

唐伏虎稠錫晏禅師墓

M-37

[簡稱]
稠錫禅師墓碑

[尺寸]
高 108.5 釐米，寬 52.5 釐米，厚 15
釐米

[刊立日期]
據碑文書風，此碑推定為明代刊立。

[保存地址]
新街街道銅峰社區南岳寺

[文獻著錄]

《佛教文化在宜興》（大德高僧·稠錫）載：20 世紀末，宜興銅官山建設國家級蓄能電站，施工時發現稠錫塔塚，建於唐天寶十四載，並發現此碑。

稠錫禅師，名清晏，桐廬人，開元間卓庵南嶽，遠邇趨向，遂為大禅刹。《咸淳毗陵志》卷第二十五、《泰定毗陵志》（永樂《常州府志》卷十二輯）、萬曆《重修宜興縣志》卷十均有其傳。

[碑文]

唐伏虎稠錫晏禅師墓

圓慧禪師正受之墖

M-38

［簡稱］
圓慧禪師正受塔

［尺寸］
六棱柱體，高 83 釐米，邊長
28 釐米。

［刊立日期］
清康熙十五年（1676）八月

［撰書人］
湯原振撰并書

［保存地址］
屺亭街道前亭村村史馆

［備注］
塔銘刊分四面。

［文獻著錄］

　　康熙《重修宜興縣志》卷十載：高士庵，在縣東北二十里開寶區，
明萬曆間繆希雍、湯兆京延僧悟通、本信建（成於崇禎辛巳），吳興朱
國楨題額，邑人路邁記。

圓慧禪師正受之塔

（永寧）高士菴圓慧禪師塔銘

□人隱與顯不同量，名與實不同功，惟是律身行已，未嘗求異扵人，而人所不……存乎其間，盖心與行役，則少壯中晚必多遷變。欲得真如，証不二法門，是惟……枯槁寂滅，鮮有能得者。吾扵圓慧師，每從蒲團晤對中，竊嘆世人之□之愚……其塗者，何自苦也。即長安道上，車馳馬驅，紛紛名利之場，聲華非不焯□，一……色變而驚心，可勝道哉？或以巖棲谷隐，屏跡山林，一念絫尋，轉成妄執。妄著……力疾擾鋤，與田夫牧豎行忘爾我。自謂心空，而進退不知，周旋失距，其於……乎其難之，若圓慧可為苦行頭陀矣。而恂恂扵道，何多邁焉？孰□受偈朗……諸有，不生幻心，漠然澹然，所謂如愚，殆若是乎？跡其生平，髮齓時師事心……侍，不啻如所生，樸誠謹愨，其少長固非妄誕者流，及壯而躬瘁蘖苦，一切□行之……身先力作，清規肅穆，內外靡不秩如。受具禹門，精操學律，嚴……躬足……尼寺塵脅不觸，居士榻禪誦不輟，弢光隐霧，高士之風，庶無……力……起而作，宵衣而定，無寧晷、無懈思，以一人親其勞，而舉室之人……力之瘁也。丙辰秋八月，以微疾示化，集諸弟子囑曰："各安澹泊，各由……足，學吾之兢兢蹈履，宜勉旃。"遂沐浴更衣而逝。此誠全受全歸，……智者亦奚足窺其萬一哉？師諱常真，字圓慧，邑中徐氏子也。占壽六十七，僧臘……二年，弟子清綸荨奉師全身，塔扵本山院之右。銘曰：

慧性空朗，早絕塵緣。堅持貝葉，之力不遷。禹門掭律，三爭……辭況瘁，艱苦身先。風高白社，種自青蓮。其生如寄，其脫如神。……松月孤圓。雲深石迥，窣堵巋然。

康熙十五年歲次丙辰仲秋穀旦。

法弟湯原振頓首拜撰并書，徒清綸、清純，孫淨一、淨如、淨□、淨□、淨山、淨□，沙弥行□淨合造。

（印：□□□）

明重興大蘆無際和尚墓

[簡稱]
無際和尚墓碑

[尺寸]
高 98.5 釐米，寬 46 釐米，厚
14.5 釐米

[刊立日期]
清康熙二十六年（1687）十二月

[保存地址]
宜興市林場大蘆寺分場大蘆寺

[備注]
碑下部斜裂，并有殘缺。
上端及兩邊剔地平雕花卉紋。

[碑文]

明重興大蘆無際和尚墓

康熙歲次丁卯季冬穀旦。

監院第□□世孫本致立。

磕亭老農聲岐徐子孺人吳氏之墓

M-40

[簡稱]
徐翊鳳暨配吳氏墓碑

[保存地址]
芳橋街道夏芳村徐塘田自然村

[尺寸]
方柱體，高 168 釐米，邊長 65 釐米

[備注]
因碑呈四方體，俗稱"四方碑"。正面朝西，碑額楷書，上端飾以兩朵綫刻四瓣花，中刻"長""生"二字，東面楷書"銘曰"，南北兩面草書"自題"，形製罕見，為墓主去世前一年預立。
1985 年 1 月 24 日公佈為宜興縣文物保護單位。

[刊立日期]
清康熙三十二年（1693）八月

[撰書人]
徐翊鳳撰

[文獻著錄]

《芳橋鎮志》第二十三章輯錄碑文，有訛誤。

嘉慶《重修宜興縣舊志》卷八載：徐翊鳳，字聲岐，天資敏異，經史百家無不通耳，工詩詞，斗酒後數千言立就。同邑許豈凡、黃珍伯、陳其年咸推其才氣奇崛。視兄嗒鳳殆有過之。年近強仕，絕意進取，乃築我園磕亭以自娛，自號"磕亭老農"。著有詩詞行世。（康熙《重修宜興縣志》卷九輯錄徐嗒鳳《磕亭記》）

[碑文]

磕亭老農聲岐徐子孺人吳氏之墓

公又別號眠雲道人。

康熙三十二年歲在癸酉桂月穀旦。

姪瑤、男璣、玲扶石立。

銘曰：

　　鬴亭老農，非聖非仙。能畊能讀，半儒半禅。甘貧甘隱，亦愚亦賢。斗酒之後，高吟数篇。時歌時泣，似狂似顛。可生可死，自嘲自憐。満懷浩氣，鐫石以傳。願爾子孫，記我之言。高曾遺訓，永矢勿諼。晝畊隴畝，夕親硯田。保兹世業，奕奕綿綿。

如夢令·自題

自笑此生無據，讀破青編弗遇。甘苦寸心知，羞與旁人訴語。歸去！歸去！好覓清涼國住。

又

生臥梅花書院，死葬釣魚亭畔。到處任逍遙，了却一腔愁怨。莫戀！莫戀！獨向天涯遊玩。

東漢汕亭羡墓

M−41

[簡稱]
蔣澄墓碑

[尺寸]
高 195 釐米，寬 80 釐米，厚 26
釐米

[刊立日期]
清康熙五十一年（1712）三月

[保存地址]
宜興市博物館

[備注]
碑身中部縱鑿為二，左半中部
橫裂。
宜興市文管辦徵集於官林鎮都
山村，初存周王廟，2016 年移
存今址。

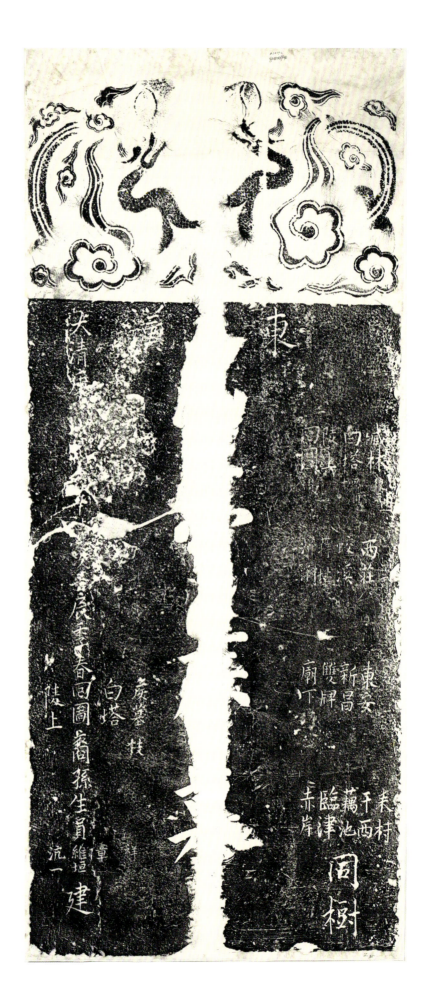

　　咸淳《重修毗陵志》卷第十六載：蔣默，字秀芳，詡四世孫。父橫，仕為大將軍，從光武討"赤眉"有功，以司隸羌路譖誅。默兄弟九人渡江散處。帝尋悟，命錄其後。默居陽羨滆湖東，封為雲陽亭侯，終諫大夫。子何，前將軍、邵陵侯；孫志，襲祖封。澄，字少明，橫幼子，居陽羨滆湖西亙亭，封亙亭鄉侯，仕至刺史。五子：孟，東亭侯；通，陽羨西亭侯；休，襲父封，丹陽太守，餘無聞。卷第二十六載：蔣亙亭鄉侯澄墓，在都山南。

　　《宜興文史》第六輯及《宜興古韻》第二章載，據宜興《品報》報道，1948 年 5 月 16 日，考為宜興蔣氏第一百十四世的蔣介石先生攜夫人宋美齡女士，專程從南京前往宜興，上午十時許到達徐舍後，轉乘汽艇穿過都山蕩，到達侯墓村（今蔣家村），在當地族人陪同下，祭掃了蔣澄墓，並在此墓碑前與族人合影留念，並檢視宗譜。午後二時回徐舍，一行沿京杭國道轉錫宜路去無錫，次日返寧。不久，蔣介石先生撥款脩葺了宜興東廟巷亙亭侯廟，並題"世德清芬"匾額，鈐印"中華民國總統印"，落款"蔣中正"。

東漢亙亭侯墓

　　臧林復元，白塔思順、土□，陵上、囘圖、西莊、蛟溪、蔣垱、洴淵、東安、新昌、雙牌、廟下、耒村、干西、藕池、臨津、赤岸，同樹。

　　大清康熙五十一年歲次壬辰季春。

　　侯墓枝、白塔、囘圖、陵上　裔孫生員祥、章、維垣、沆一　建。

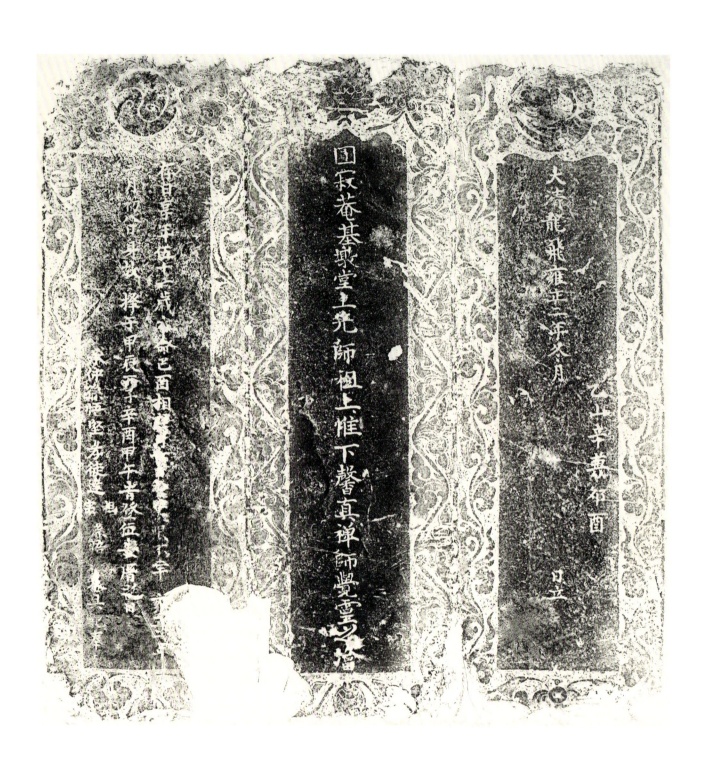

佛日景禅师五十五岁□茶毗□□舍利

作作日身成择于甲辰卯辛酉甲午青後伍基屑法后

大师沤陸坚本範建洪应塔主

国寂苍基聚堂上先师祖上惟下馨真禅师觉灵□燈

大清龍飛雍正三年冬月

乙丑辛嘉彬酉

日立

圓寂菴基墩堂上先師祖上惟下馨真禪師覺靈之墻

M-42

[簡稱]
惟馨禪師覺靈塔

[保存地址]
宜城街道東廟巷周王廟

[尺寸]
六棱柱體，高 65 釐米，邊
長 20 釐米。

[備注]
塔三面銘文，四邊剔地平
雕卷草紋。
墓址位於屺亭街道屺山。
2016 年 11 月，宜興市文
管辦於宜城街道徵集。

[刊立日期]
清雍正二年（1724）十一月

[塔銘]

圓寂菴基墩堂上先師祖上惟下馨真禪師覺靈之墻

存日享年伍十六歲，本命己酉相□□□□□□□限不幸雍正二年二月初八日身故，擇于甲辰丙子辛酉甲午嘗登位安厝之日，承仲孫悟堅，孝徒達恒、宗，孫悟全具祀奉。　乙山辛兼邜酉。

大清龍飛雍正二年冬月日立。

盧馬尚祖兆□□□御兄師儀士□鴻公於前明萬厯己未公□
□□□□雁守兩□戈山央若干回曰明□□未立公□□□□山
□房□□□承辦厯年託多不無侵佔遺派今於乾隆□□□□
戶名□厄辦凡山稅山祖祠後西房子孫公收公□□□□□
四址□杜于孫益渖逓董之契為此立石永禁□
山界四址
東至大坳
西至南陽祖墳山溝
□南北至□□公祠山山悦重
族分揚裔孫　天□□林
　雲□□周獻元公同嚴立
　翁　　　祖元乾
十八□　　人谷甫十二月

徐埈暨配吳氏墳山界碑

M-43

[簡稱]
徐埈暨配吳氏墳山界碑

[尺寸]
高 102 釐米，寬 55 釐米，
厚 20.5 釐米

[刊立日期]
清嘉慶十八年（1813）
十二月

[保存地址]
宜城街道東廟巷周王廟

[文獻著錄]

康熙《重修宜興縣志》卷七載：徐埈，冠帶（由儒士）。

《洴溪徐氏家乘》卷二載：（十二世）埈，鶴山公（元相四子文煒）四子，字望卿，號少鶴，行十三，禮部冠帶儒士，生於嘉靖戊戌十月二十日，卒於嘉靖癸亥六月二十五日，年二十六。通政使吳達可贊像。配吳氏，山東萊州府通判贈光祿寺卿駿女，守節題旌建坊下漳第，生於嘉靖丁酉四月十八日，卒於萬曆己未七月初九日，壽登八十三，合葬南陽山。子三，天錫（原名遵道）、遵憲、遵路。女一，適通州同知萬智。

[碑文]

十、十一世高高祖考禮部冠帶儒士少鶴公、妣旌表貞節吳氏孺人於前明萬曆己未年合葬南陽山靡字兩號，墳山共若干畝，自明以來，未立公堂戶名，租稅俱係長房經管承辦，歷年既多，不無侵佔遺漏。今於乾隆間，改立少鶴公戶名完辦，凡山稅山租，嗣後兩房子孫公收公辦。故特刊明山界四址，以杜子孫盜賣盜塋之弊，為此立石永禁。

山界四址：東至大路，西至南陽祖墳山溝，南北至呂公祠山山界。

族分協裔孫天益、雲林、慶沅、瑞禎、敬周、雲豹、乾沅、敬沅公同敬立。

嘉慶十八年歲次癸酉十二月。

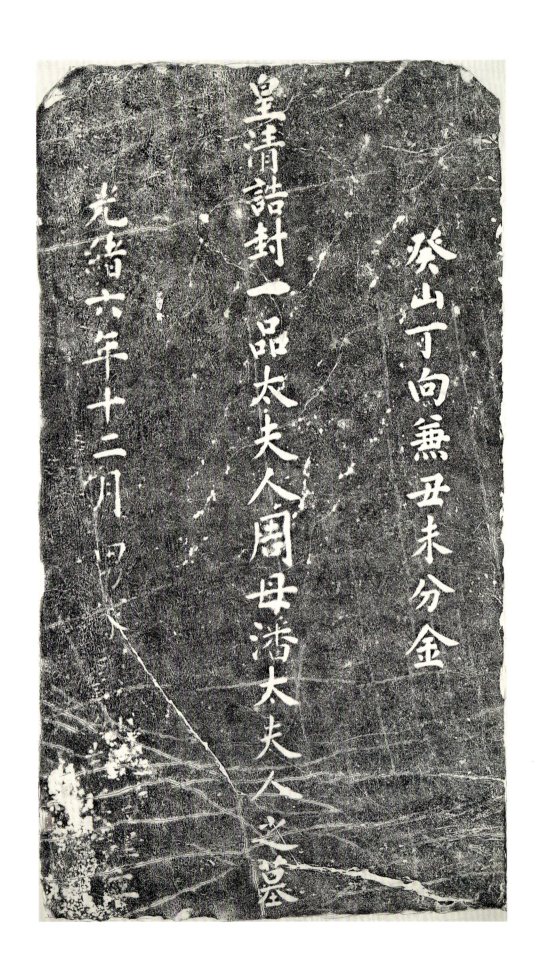

皇清誥封一品太夫人周母潘太夫人之墓

癸山丁向無丑未分金

光緒六年十二月□□

皇清誥封一品太夫人周母潘太夫人之墓

M-44

[簡稱]
周家楣母潘氏墓碑

[保存地址]
宜城街道茶東新村徐義莊祠

[尺寸]
高 143.5 釐米，寬 80 釐米，
厚 15 釐米

[備注]
2015 年 9 月 22 日，宜興市
博物館徵集後轉交宜興市文
管辦。

[刊立日期]
清光緒六年（1880）十二月

[文獻著錄]

《國山周氏世譜》卷二十三載：（周蔭南）配太學生誥贈中憲大夫運同銜福建政和知縣貤贈資政
大夫順天府府尹潘公湘女，敕封孺人，誥封一品太夫人，生於嘉慶癸亥五月初十日，卒於光緒己卯五
月二十一日，壽七十七歲，葬後五牧村癸丁兼丑未向，有碑，有壽序、祭文，有傳。

《徐舍鎮志》第二十九章載：潘氏葬於五牧後村，現其墓被毀，墓碑棄置於五西村西河埠。

[碑文]

皇清誥封一品太夫人周母潘太夫人之墓

癸山丁向兼丑未分金。

光緒六年十二月。

男家楣□□□□□謹立。

皇清誥封一品太夫人任母王太夫人墓志銘

M-45

[簡稱]
任道鎔母王氏墓誌

[尺寸]
縱 59 釐米，橫 59 釐米，
厚 17 釐米

[刊立日期]
清光緒十六年（1890）
十一月

[撰書人]
俞樾撰書并篆蓋，唐仁
齋鎸字。

[保存地址]
宜城街道東廟巷周王廟

[備注]
蓋下半部殘缺。
底分刊三石（文中以斜
線劃分），其中第二石
或因左下角殘損，於背
面重刊一遍。
誌載墓址位於荊溪山
亭區十九圖潼渚改字
民山。

[文獻著錄]

　　光緒《宜興荊谿縣新志》卷七載：任道鎔，道光己酉府學拔貢，

山東巡撫。民國《光宣宜荊續志》卷九（上）有任道鎔傳，卷一載：

任中丞道鎔墓在山亭區八圖嶺下村。

皇清誥封一品太夫人任母王太夫人墓志銘（篆蓋）

皇清誥封一品太夫人任母王太夫人墓志銘

賜進士出身前翰林院編修國史館纂修河南學政德清俞樾撰書幷篆蓋

烏乎！自吾祖之歿，至今九十有一年，海內士大夫與吾祖同輩行者，不復有其人矣。詩云："雖無老成人，尚有典刑。"其惟任太夫人乎！太夫人姓王氏，直隸人，年及笄，歸贈光祿大夫宜興任公，生筱沅中丞。贈公諱烜，字跋園，以乾隆五十九年舉于鄉，與吾祖為同歲生。余不及見公而獲與中丞交，故得稔知太夫人之為人。當太夫人之歸贈公也，公方守永平，已而遷通永道，以事去官。大吏訟其冤，仁廟召見稱旨，將復起之。會丁內艱，乃止。遂歸老於家。公既卒，有不逞者起而搆難，中丞時甫十有三歲，躬坐訟於邑令之庭，稟承太夫人意，辭氣慷慨，涕泗交頤，邑令感動，事遂得解。太夫人撫中丞而泣曰："自汝父死，吾不即死者，徒以有汝在。汝能讀書上進，吾尚可苟生人間，不然，吾從汝父地下矣。"中丞跪而受命。每夜讀，太夫人亦夜紡，雖至丙夜，不先寢，歷十餘歲，以為常。道光二十九年，中丞 ／ 充選拔貢生，朝考以教職用，選授奉賢縣學訓導。越三年，遷湖北當陽縣知縣。九閱月，又遷直隸順德府知府。太夫人喜，曰："吾歷萬苦守汝，至今日吾心稍尉矣。"又曰："汝父服官中外垂二十年，惟以勤政愛民為主，汝宜勉之。"同治六、七年間，捻賊由山東、河南擾及直隸，而順德當其衝，中丞欲命其季子奉太夫人南歸，太夫人曰："毋！吾一去，人心搖矣。汝宜死守此土，吾亦誓死從汝，無它圖也。"當是時，直隸屢被兵陷城邑甚衆，順德獨完，咸曰："太夫人之福蔭也。"中丞旋移保定府，遷河南開歸陳許道，由江臬浙藩調直隸藩司，擢山東巡撫。入覲京師，自陳母老乞歸養，上垂問母年如干，有無兄弟，然以東事重，趣之官，中丞不敢固請，奉母東行。蓋自守令至疆吏，太夫人皆從焉。每鞫獄，太夫人於屏後聽之，有不合，則俟中丞退，反復推究，務得其情，翌日再鞫而更正之。或偶用刑，累日不怡，故中丞治獄不以刑，母誡也。官江西、山東皆遇水災，太夫人每日必問："振活幾何？民命至重，汝毋倦也！"最太夫人一生，其居心慈，其賦性儉，案無兼珍之膳， ／ 笥無重錦之衣，常謂中丞曰："衣食但取飽暖，若求甘美，徒長兒孫奢侈耳。"中丞由山東調浙江，罷歸，厲吳下，太夫人年逾耄耋，神明不衰。光緒壬壬年七月戊午，以微疾卒於內寢，臨終執中丞手，呼曰："佳兒！佳兒！"微笑而逝，年八十有七。子道鎔，即中丞也。女子子一，適同邑候選州同世襲雲騎尉楊家榮。孫五人：之駒，府學生，湖南湘鄉縣知縣；之驩，山西嵐縣知縣；之駿，候選知府，早卒；之驊，直隸候補道；德淵，德峩，俱幼。曾孫七人：承弼，縣學生；承祜、承沆，府學生；承澤、承曾、承憲、承傑。孫女二，曾孫女十。其明年三月癸酉，權厝太夫人於宜興萬二區八圖遐字圩，十一月庚申，

皇清誥封一品太夫人任母王太夫人墓志銘

賜進士出身前翰林院編修　國史館纂修河南學政自德清俞樾撰書篆蓋

易乎，自吾祖與任公同輩之交，今九十有一丰矣，與吾祖同輩行者不復有其人矣。夫人姓王氏……人尚有典刑，惟任公及其子筱沅中丞生……丞，祖贈公為謹慎行者，贈光祿大夫……太夫人之遷通永道，當太夫人去官乃止，訟其冤，公方得歸……守廟名，見稱有后，不逞者起而會丁內艱，中丞意辭氣甫十有……仁家，公既卒，訟於邑，邑令之庭稟承，難太夫人撫中能下……於邪里訟，交邑從，吾不即從，遂得解，以太夫人在汝父地下能……三歲，泗交父可苟生人閒，從太夫人……而泣曰：「自汝尚進，吾尚讀」，太夫人亦送……讀書止跪而受命，安夜讀太……美中丞進，吾尚可苟生，以夜為常，道光二……夜不先寢，歷十餘歲以為常，道光二十九丰，中丞……

安葬於荆溪山亭區十九圖潼渚改字民山乙山辛向。中丞徵銘于余，余愀然曰："是與吾祖同輩行者也，

小子其敢辭？！"銘曰：

　昔也艱阻，含辛茹苦。今也華膴，一門簪組。遇有屈信，德無亨屯。貴而不驕，富而能貧。始終一節，

充選拔貢生朝考以教職用選授奉賢縣學訓導
越三年遷湖北當陽縣知縣九閱月又遷直隸順
德府知府遷太夫人喜曰吾歷萬苦守汝今日吾
心稍慰尉矣又曰吾父之服官中外垂二十年至
政慶民擾為王夫汝固勉之同治六七年中丞閱捻賊以勤
東河南撫及直隸而順德當其衝一圖也人欲命其搖
于奉太夫人及南歸太夫人曰母無吾曰母吾當是時
汝奉太守此人陷城吾亦太夫人曰汝無吾子去人當
之福蔭也中丞擢陝西府順德遷河南開歸陳許道人
直隸屢被兵調旋邑甚眾從德獨完咸曰太夫人許道
由江母老藩中司擢山東巡撫入觀
自陳泉浙重歸直藩中丞垂問山東東京師
然以東至事重養直宦上皆從不敢固請奉有無觀京師
自後守令之則夫宦人或偶用退刑累復日推獄不
屏翌日再鞫而更合正之侯人皆從勇安鞫日不恰故太
情治獄不以刑安誠也甫江西山東汝母遇水災救太
丞治獄不以刑安一日必問振潛變何民命至重汝母兼倦
太夫人生其居心慈其賦性儉棄無

福其後人。如曰不信，視此貞珉。

句吳唐仁齋鐫字。

太夫人一生其居心慈其賦性儉棄無兼珍之膳

夫人安百必其間振湣何民命至重汝母也兼珍之膳

丞治獄不以問振湣何民命至重汝母也最

憍後日再鞫而更正誠也固江西山東皆遇水災也最

屏守令之至有不合則之或偶用刑累日不怡故太

自以守令之至有不合則之或偶用刑累日不怡故太

然置趨太夫人皆從不敢固請奉母東行盖其

百陳東事重趨太夫人皆上垂問母車如干有無兄弟

由江母老气歸養之間上垂問母車如干有無兄弟

之福陰也中丞宣擢山東巡撫入觀京師

直隸福陰也中丞宣擢山東巡撫入觀京師

汝空隸屢被兵陷城邑甚眾順德獨完咸曰太夫人

予奉從太夫人曰母吾無它圖也當是時

東河南擾及南歸而順德當其衝中丞欵命其季

政慶民為王汝囝勉之同治六七年閩掄賊由山

心稍尉矣又曰汝因汝父之服官中外垂二十年惟

德府知府太夫人喜曰吾歷萬苦守汝至今曰吾勤

越三年遷湖北當陽縣知縣九閱月又遷直隸順

充選拔貢生朝考以教職用選授奉賢縣學訓導

昔無重錦之衣常謂中丞曰衣食但取飽暖若求
甘美徒長兒孫奢侈耳中丞明由山東調浙江罷歸田
屬吳下太夫人孫丰逾耄耋神明不衰光緒干王丰田
七月戊午以微疾卒丰八十有七于道中丞即中丞
也兒兒激笑而逝於內寢臨終執手呼田
榮女子子一適同邑候選湖南湘鄉縣知縣之驕尉楊山家
西嵐縣知縣之駒府學生選州同世襲雲騎尉補山
道德淵德俱幼學曾孫早卒之驛宣隸候承祜補
沈明丰三月崧澤承權厝憲承七人傑孫女縣之學生承女十
其明字圩改字民同輩行者也小子其敢辭銘銘曰
圖遲潛是與吾祖同輩山辛行于中丞荊溪山房銘于余余慢
然曰巍是與含辛茹苦令也華膴貧始終一節福其
信德無亨屯辛而不驕富而能貧
後人如曰不信視此貞珉

句吳唐仁齋鐫字

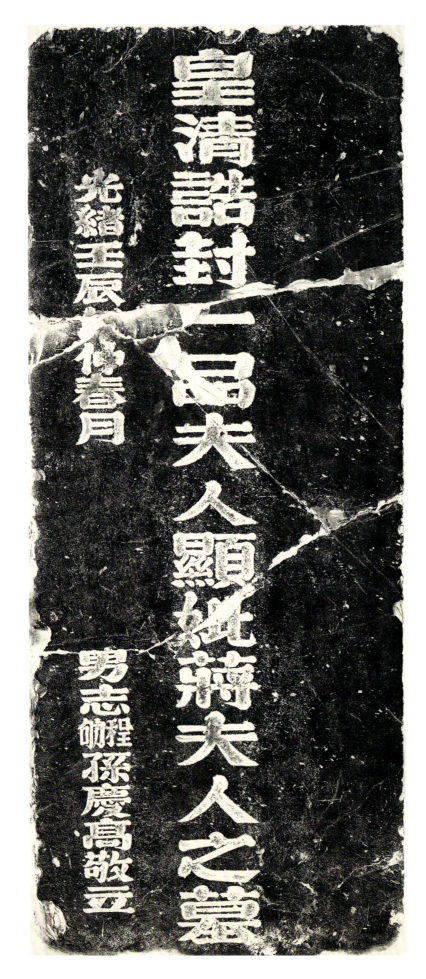

皇清誥封二品夫人顯妣蔣夫人之墓

先緒壬辰冬仲春月

男志呦程孫慶高敬立

皇清誥封一品夫人顯妣蔣夫人之墓

M-46

[簡稱]
周家楣配蔣氏墓碑

[尺寸]
縱 159 釐米，橫 63.5 釐米，
厚 8 釐米

[刊立日期]
清光緒十八年（1892）二月

[保存地址]
新街街道金雞山公墓
七區

[備注]
碑斷裂成四塊。

[文獻著錄]

　　民國《光宣宜荊續志》卷一載：周少宰家楣墓，在（宜興）雲靄村東墩上。卷九（上）有周家楣傳。

　　《國山周氏世譜》卷二十三載：（周家楣）又配在城，江西補用直隸州歷署吉水萍水新淦南豐知縣誥授資政大夫蔣公誠女，誥封一品夫人，生於道光庚戌八月十八日，卒於光緒甲申七月初三日，年三十五，（原配潘氏，繼配夏氏，又配賈氏）俱葬墩上，有傳。

[碑文]

皇清誥封一品夫人顯妣蔣夫人之墓

光緒壬辰年仲春月。

男志程、劬，孫慶高敬立。

周家楣侧室王氏高氏墓碑

M-47

[简称]
周家楣侧室王氏高氏墓碑

[保存地址]
新街街道金雞山公墓七區

[尺寸]
高 156.5 釐米，寬 65 釐米，
厚 13.5 釐米

[備注]
碑斷裂成多塊，右下角殘缺。

[刊立日期]
清光緒十九年（1893）七月
二十七日後

[文獻著錄]

　　《國山周氏世譜》卷二十三載：側室王氏，以子志程秩誥贈淑人，二十九歲寡，撫孤守節，光緒二十年奉旨旌表，崇祀節孝祠。生於咸豐戊午六月十二日，卒於光緒癸巳七月二十七日，年三十六，有傳。

　　側室高氏，以子志程秩誥贈淑人，生於咸豐辛酉十一月初三日，卒於光緒乙酉九月初三日，年二十五，俱祔葬墩上，有傳。

[碑文]

皇清旌表節孝敕封贈孺人顯庶生妣王高太孺人（之墓）

冢子男志程謹立。

宣統二年冬月合族裔孫重建

窑山高峯六十九號，昂七年湾交一千四百五十六號　平九五二厘六絲

明月始祖尊對感城壞平環升重量氼姚孔太君之墓

諱庸公

考諱

雍正元年　邑尊範公詳請重修

明始祖晉封歷城侯平燕將軍顯始祖考諱庸公妣孔太君之墓

M-48

［簡稱］
盛庸暨配孔氏墓碑

［保存地址］
芳橋街道扶風村南大河
自然村

［尺寸］
高 160 釐米，寬 41 釐米，
厚 17 釐米

［備注］
金山石。

［刊立日期］
清宣統二年（1910）十一月

［文獻著錄］

第二冊 C-43《胡玉節碑》載述"康熙（六十一）年，無賴子肩其碑"，邑令鮑楹責令重豎一事。

嘉慶《增修宜興縣舊志》：鮑楹，餘杭人，舉人，康熙六十一年任宜興知縣。

民國《光宣宜荆續志》卷十二載：明平燕將軍、歷城侯盛庸，墓在（宜興）開下舊區三十六圖大河頭村。據訪稿稱，《盛氏家譜》載：盛庸自與鐵鉉守禦東昌退駐京口，而靖難之師已入金川門，知事不可為，遂隱居宜興扶風橋，今宜興盛氏皆其後裔。按史：建文四年六月，燕王率師自瓜州渡江，盛庸以海艘迎戰，敗績。永樂元年九月，奪歷城侯盛庸爵，尋自殺。則所謂隱居宜興者，當已為盛庸子孫，以永樂之雄鷙，恐不能聽故臣高蹈也。

［碑文］

明始祖晉封歷城侯平燕將軍顯始祖考諱庸公妣孔太君之墓

雍正元年，邑尊鮑公詳請重修。

癸山丁向生字八十八號，同治七年，清丈一千四百五十六號平九分二厘八絲。

宣統二年冬月，合族裔孫重建。

元故五世祖明南京都察院右副都御史淮公集

杭氏五世祖明南京都詧院右副都御史淮公墓

M-49

［簡稱］
杭淮墓碑

［保存地址］
周鐵鎮分水村杭氏宗祠

［尺寸］
高 188 釐米（含插榫），
寬 42 釐米，厚 11 釐米

［備注］
金山石。

［刊立日期］
清

［文獻著錄］

萬曆《重修宜興縣志》卷八有其傳，卷二載：都憲坊，在百瀆；大中丞坊，在東廟巷，為杭淮立。

嘉慶《增修宜興縣舊志》卷九載：杭都憲淮墓在百瀆蔣灣鳳凰山。

《周鐵鎮志》第二十三章載：杭淮墓在杭濟墓之東，文革期間被毀，今存石墓表大半截。

［碑文］

杭氏五世祖明南京都詧院右副都御史淮公墓

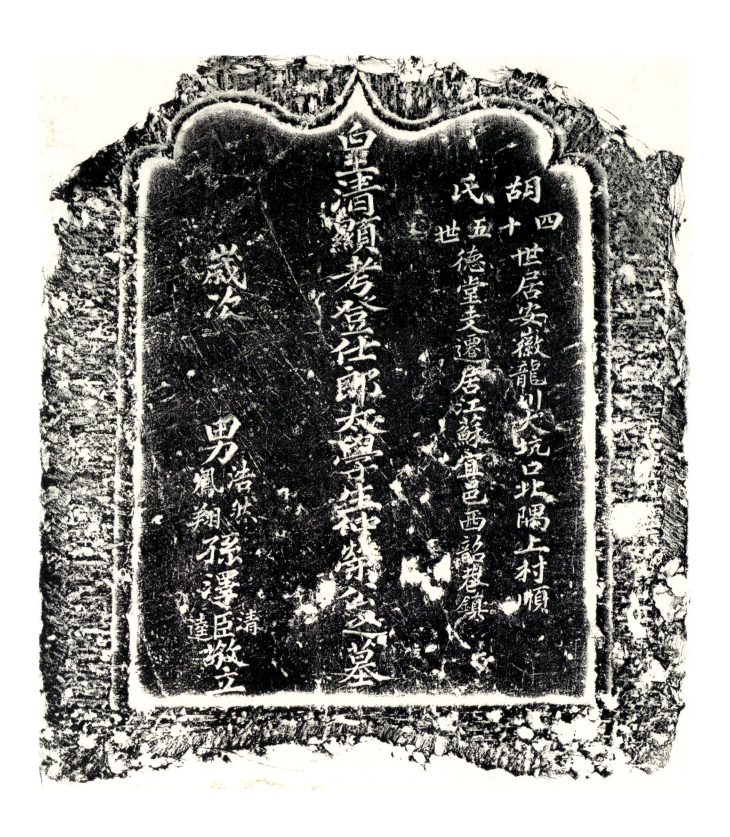

皇清顯考登仕郎太學生秎齋公之墓

四十世居安徽龍川火坑口北隅上村順
胡五世德堂支遷居江蘇宜邑西詔巷鎮
氏世

歲次

男鳳翔浩然
孫澤臣達教立
清

皇清顯考登仕郎太學生仲榮公之墓

M-50

［簡稱］
胡仲榮墓碑

［保存地址］
官林鎮韶巷村文化廣場

［尺寸］
高 64 釐米，寬 57 釐米，厚 24 釐米

［備注］
據碑亭說明，胡氏墓址位於韶巷街西庵橋近百米處，上世紀六七十年代平田時被毀。兩方墓誌移至寺塘河邊作河埠。

［刊立日期］
清

［碑文］

皇清顯考登仕郎太學生仲榮公之墓

胡氏四十五世，世居安徽龍川大坑口北隅上村順德堂支，遷居江蘇宜邑西韶巷鎮。

歲次　男浩然、鳳翔，孫澤清、臣、逵，敬立。

皇清顯妣胡母王太孺人之墓

歲次

男 鳳翔
浩燦
孫 澤臣 清遠
敬立

胡四十世居安徽龍川大坑口北隅上村順

氏五世德堂夫遷居江蘇荳邑西韶巷鎮

皇清顯妣胡母王太孺人之墓

M-51

[簡稱]
胡仲榮妻王氏墓碑

[刊立日期]
清

[尺寸]
高 59 釐米，寬 58 釐米，
厚 23 釐米

[保存地址]
官林鎮韶巷村文化廣場

[碑文]

皇清顯妣胡母王太孺人之墓

胡氏四十五世，世居安徽龍川大坑口北隅上村順德堂支，遷居江蘇宜邑西韶巷鎮。

歲次　男浩然、鳳翔、孫澤清、臣、逵敬立。

臨濟正宗金沙堂上第二世圓寂先師
上朝下顯同公覺靈之塔

M-52

［簡稱］

朝顯禪師覺靈塔

［尺寸］

六棱柱體，高 59.5 釐米，邊長
17 釐米。

［刊立日期］

清

［保存地址］

宜興市博物館

［備註］

一面光素，其餘四面浮雕四君
子圖（未拓）。

［碑文］

臨濟正宗金沙堂上第二世圓寂先師

上朝下顯同公覺靈之塔

　　徒元森、元亨、元根、元法、元海、

元忠，徒孫開寶奉祀。

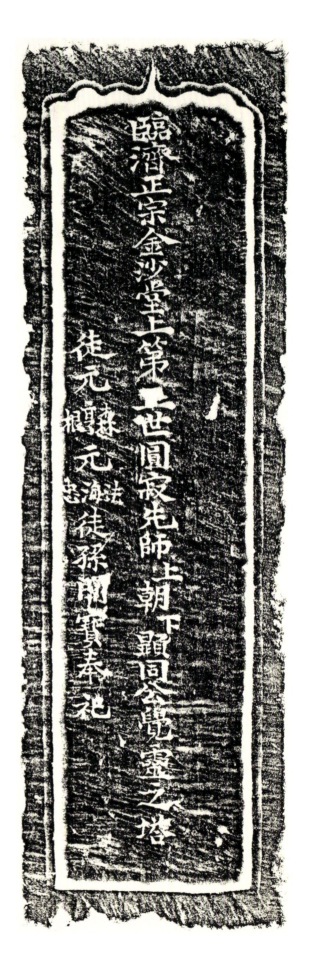

臨濟正宗朝陽堂上金沙第三代圓寂
先師上朝下福同公（覺靈之塔）

M-53

[簡稱]
朝福禪師覺靈塔

[尺寸]
六棱柱體，高 66 釐米，邊長
18 釐米。

[刊立日期]
清

[保存地址]
宜城街道東廟巷周王廟

[備注]
塔左下端殘缺。

[碑文]

臨濟正宗朝陽堂上金沙第三代圓寂先師

上朝下福同公（覺靈之塔）

徒元森……

清故誥封奉政大夫州同銜太學生宜人
顯考春亭楊公妣江太宜人之墓

M–54

[簡稱]
楊春亭暨配江氏墓碑

[尺寸]
高 151 釐米，寬 39 釐米

[刊立日期]
民國二年（1913）正月

[保存地址]
高塍鎮賦村村賦村橋（砌作踏步）

[備注]
金山石。

[碑文]

清故誥封奉政大夫州同銜太學生

顯考春亭楊公宜人（顯）妣江太宜人之墓

子午兼壬丙向丑丁。

民國二年孟春之月。

男文彪、文炳、文郁敬立。

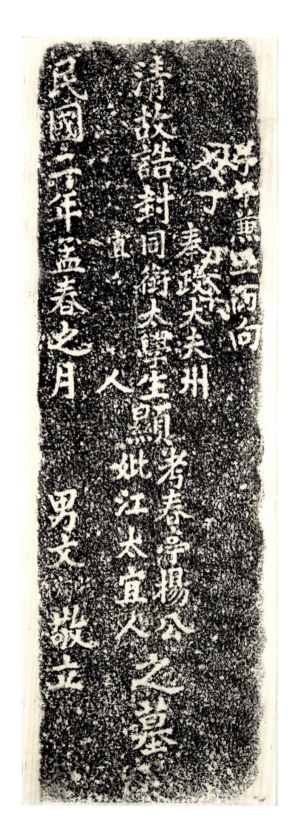

清故光禄大夫頭品頂戴四川川東道重慶關監督任君墓誌銘

M–55

[簡稱]
任錫汾墓誌

[尺寸]
縱 68.5 釐米，橫 68.5 釐米，
厚 9.5 釐米

[刊立日期]
民國八年（1919）三月初一

[撰書人]
惲彥彬撰文，呂景端書丹，
陳重威篆蓋，吴熊刻石。

[保存地址]
宜城街道東廟巷周王廟

[備注]
蓋佚。
誌載墓址位於宜興南門外東
河頭。

[文獻著錄]

　　民國《光宣宜荆續志》卷一載：任巡道錫汾墓，在（荆溪）東河頭；卷九（上）有其傳。

[碑文]

清故光禄大夫頭品頂戴四川川東道重慶關監督任君墓誌銘

同郡惲彥彬譔文

同郡呂景端書丹

同郡陳重威篆蓋

　　君姓任氏，諱錫汾，字逢辛，晚號拙叟，江蘇宜興縣人。任氏系出先賢子選子，世為江左巨閥，簪纓蟬嫣，綿葉不絕。自釣臺先生以理學名臣著聲康、雍間，世德所被，代生儁良。曾祖樹勳，祖培風，天爵人師，潛德弗曜。父溥霖，丹徒縣儒學訓導，崇祀鄉賢。三世皆以君貴，贈如君階。君胚胎前光，遠有端緒，幼遭寇亂，刻苦劬學。光緒丙子，以優行廪生領鄉薦，官中書舍人，改道貟，檠安徽、改浙江。

清故光祿大夫頭品頂戴四川川東道重慶關監替任君墓誌銘

同郡惲彥彬譔文
同郡呂景端書丹
同郡陳重咸篆蓋

君姓任氏諱錫汾字達辛晚號拙叟江蘇宜興縣人任氏系出先賢臏子選子世為江左巨閥篤
生偉良曾祖樹勳祖培德弗曜父潙霖丹徒縣儒學劉導崇鄉賢三世皆以君貴贈如君階君子
以優行廩生領鄉薦官中書令人改道員……

風采壽人師潙霖丹徒縣儒學劉導崇鄉賢三世皆以君貴贈如君階君贈如君階君中書令人改道員

（碑文漫漶，多字難辨）

銘曰
……紹典吳能刻石
精真溝迪然永瞻贍宏壤茫茫局山綱水維澐有君子際此刻詞後令聞告重

癸巳、甲午，兩權杭嘉湖道。丙申，授四川川東道，兼重慶關監督。己亥，以親老乞養歸，屢徵不復出。君之宦浙也，值中日違言，海疆多故，交涉日棘，君慎固封、守綢繆，外交從容肆應，轄境乂謐。其莅蜀也，下車之初，歲儉多盜，君寬籌振撫，嚴捕莠民，地方積患，無形而弭。渝於川東為重鎮關道，筦全省交涉，川民浮動，教案之多，恆甲他省。君平亭其間，泯卑抗之迹，極張弛之用，在官數載，民教大諴。又手訂關章，更之滇黔礦產稅率，課日贏而商不擾。夔屬雲陽縣，險灘錯峙，君削平之，置船拯溺，行旅稱便焉。自光緒初元以來，旱潦區域，歲不絕紀，東南士紳以義振號召天下，而君皆身為之先。丙子振晉，己卯振順直，戊子、己丑振江皖蘇浙，丙午、丁未振淮徐海皖北。其他各行省以歲祲見告者，無艱不任，無役不從，或躬履灾地，或募集鉅貲，胼手胝足，勞心焦思，皆所靡恤。庚子之後，聯合京外官紳，創辦濟急會。乙巳日俄之役，與上海紳商糵起紅十字會，成績昭著，保全寔多，仁聲義聞，流澈中外，非偶然也。鄉賢公為故中允吳縣馮先生桂芬請業子弟。當咸豐兵事之際，捍衛閭井，智深勇沈，中興將帥，側席敬禮。君愛鄉之心，源本庭誥，宜為水國，因潦屢飢，集緒澹菑，全活無筭。夙服膺宋單鍔氏陽羡水利之說，主上濬洮滆，下開百瀆，而尾閭於具區，利普合邑，至今遵守。君於新政燭幾獨先，光緒之季，憲政甫萌，即創立城鄉自治公所；科舉方罷，即創建學務公所、師範傳習所，又設商會，接電綫，勸樹萩，復陶業，為一鄉之導師，備後來之取法。其在詩曰："維此哲人，瞻言百里。"君之謂矣。君位不過監司，而規畫宏遠，隱然有經世善俗之量；仕不越二省，而周知郡國利病、閭閻疾苦，廓然有民物胞與之思。遂初以還，厥志不懈，海內士夫，方仰風采，龍蛇厄歲，景命不融，以民國七年舊厤丁巳十二月二十五日考終滬邸，距生於咸豐元年辛亥四月十九日，春秋六十有七。配周夫人，籩室伍氏、韋氏、金氏、李氏。子十人：長鳳苞，嗣從叔錫章後；次鳳巢；三鳳賡、四鳳飛、鳳賡、鳳飛皆嗣仲父錫榮後；五鳳賓；六鳳岡；七鳳渚；八鳳銜；九鳳九；十鳳全。女三人，適杭縣時敏、吳縣楊世鑄、閩縣王孝紓。孫三人，乾、兌、震。孫女一人。君既捐館舍，邑父老子弟以君功在桑梓，謳思不忘，臚陳事寔，上諸政府，請於本籍建立專祠，用彰崇報。稽之於古，有功則祀，隆乎禮經；徵之於今，例許褒揚，符乎令甲，惟君當之庶無愧焉。鳳苞等將以明年己未三月初一日，合窆君於宜興南門外束河頭之阡，而屬彥彬為納壙之文，彥彬何敢辭？謹詮次而為之。銘曰：

亹亹任君，孝友是基。施於有政，慈惠之師。名動當宸，英簜載持。不介而孚，不礭而治。教有所門，君牖迪之。養有所阻，君嫗煦之。世無隆污，俗無醇漓。康濟在抱，須臾勿離。有穀詒後，令聞克垂。精爽湛然，永瞻鬚眉。玄壤告扃，山綱水維。後有君子，睋此刻詞。

紹興吳熊刻石。

前宜興縣知事王公芍莊紀念亭碑記

M-56

［簡稱］
王芍莊紀念碑

［尺寸］
高 140.8 釐米，寬 66 釐米

［刊立日期］
民國十五年（1926）六月

［撰書人］
程適撰文，任洞書丹，李紹陽篆額。

［保存地址］
宜城街道東廟巷周王廟

［備註］
碑首左端縱裂。
碑首四邊剔地平雕纏枝葡萄紋，碑身四邊剔地平雕洞石、花草、雲蝠紋。

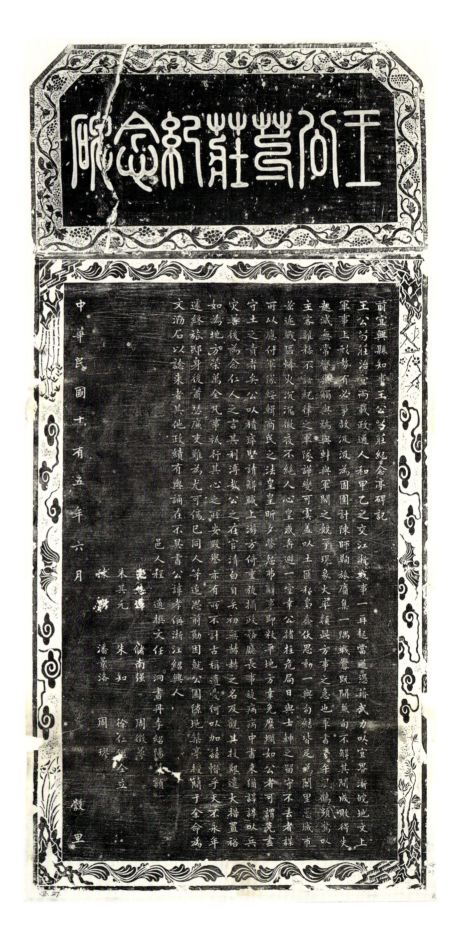

王公芍莊紀念碑（篆額）

前宜興縣知事王公芍莊紀念亭碑記

王公芍莊治宜兩載，政通人和。甲乙之交，江浙戰事一月起，當道憑藉武力，叺宜界浙皖，地文上、軍事上形勢有必爭故，汲汲為固圉計，陳師鞠旅，麕集一隅。戰釁既開，兼旬不解，其間成敗得失，起滅無常，蠻與觸與，鷸與蚌與，軍閥之競爭現象，大率類此。方事之急也，軍書旁午，風鶴頻驚，叺主客雜糅，不諳紀律之軍隊，嘩變可虞。盖叺土匪私梟，蠢伏思動，一與勾結，皆足為閭里患。城市密迩戰區，烽火沉沉，徹夜不絕，人心皇惑，奔避一空。幸公搘拄危局，日與士紳之留守不去者，謀所以應付軍隊、綏輯商民之法，皇皇昕夕，勞怨弗辭。事即牧平，地方幸免糜爛，如公者可謂克盡守土之責者矣。公以積瘁堅請解職，上游方倚重，旋攝政務廳長事。旋病，病中書来，猶諄諄叺兵灾善後為念。仁人之言，其利溥哉！公之在官清白自矢。初無赫赫之名，及觀其投艱遺大、措置裕如，為地方策萬全，凡事祇行其心之所安，毀譽亦有所不計，古稱遺愛何以加茲？憯乎天不永年，遽終旅邸。身後蕭瑟，廉吏難為，尤可傷已。同人等追思前勳，因就公園隙地築亭，授簡于余，命為文泐石，以諗来者。其他政績有輿誦在，不具書。公諱孝儁，浙江紹興人。

邑人程適撰文，任泂書丹，李紹陽篆額。史悠澤、儲南強、周徵葊、朱其元、朱知、徐仁鑑、陳明、潘景洛、周璆仝立。

中華民國十有五年六月穀旦。

仲六先生紀念碑

M-57

[簡稱]

潘仲六紀念碑

[尺寸]

高 174 釐米，寬 84.5 釐米，
厚 20 釐米

[刊立日期]

民國十七年（1928）三月

[保存地址]

新街街道陸平村潘漢年故居

[備註]

碑文隸書。
上端剔地平雕八吉紋，兩邊剔
地平雕花草紋，下端剔地平雕
蓮瓣紋。

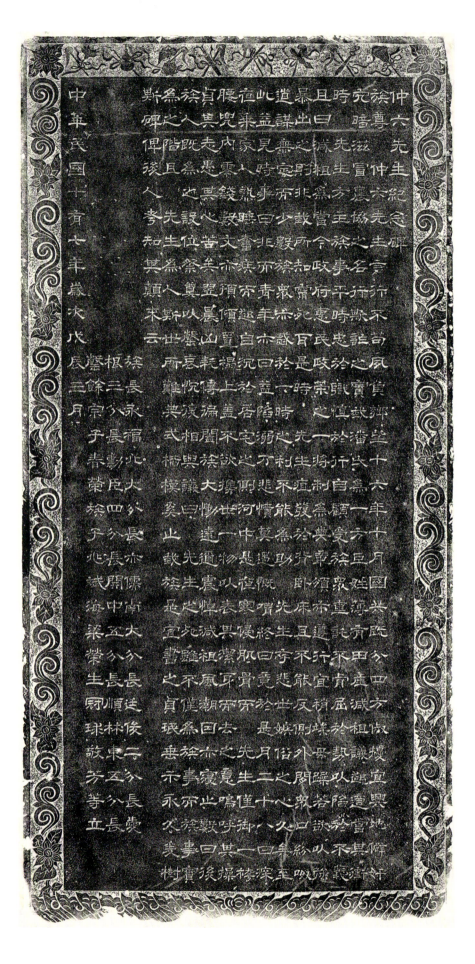

仲六先生紀念碑

　　族尊仲六先生，言行不苟，夙負鄉望。十六年十月國共既分，四方俶擾。宜興地僻，奸宄暗滋，冒農協之名，行欺詐之實。我潘氏為一方巨姓，薄有田產，減租議起，適當其衝。時先生方主族事，平時忠於職、慎於行，自顧受族眾重託，不肯屈於勢，叺陷於不義。且曰：「減租為當今政府惠民政策之一，將制為典章，頒布遵行，宜稍竢毋燥。若欲叺強暴出之，則非我所知，甯死耳。」是時，先生疽發於背，臥床且不能反側。外間眾口紛吷，道謀無定，而少數族眾，亦惑於一時之利，不能為助。先生存悲世嫉俗之心久矣，至此益見時事日非，而青年亦日益陷溺，乃悲憤莫遏，慨喟終日。竟於是月二十八日深宵，乘家人熟睡，奮疾而起，自沉於居宅之側河中。是宵寒侵肌骨，而先生僅御一袴，腰兜內零錢數文，亦預傾置榻上，蓋不欲携世一物，叺表其潔身而去之意。嗚呼！其操貞、其志愚、其心苦矣！翌晨，凶耗傳徧，闔族大慟，遠邇震悼，減租風潮，曰亦寖止。數日後，族人既為之設位祭奠，以罄哀忱。復相與議曰：「先生之死，雖不僅為族事，而族事實為之階。且先生為人，斯世所難，典式楷模，奚止我族，是宜書之貞珉，垂示永久。」爰樹斯碑，俾後人考知其顛末云。

　　族長永福，北大分長亦儒，南大分長廷俊，二分長愛根，三分長勳臣，四分長開中，五分長順林，東五分長馨餘，宗子春榮，族子兆斌、海梁、榮生、冠球、敬芳等立。

　　中華民國十有七年歲次戊辰三月。

胡公蓉蓀張太宜人合墓

M-58

[簡稱]
胡蓉蓀暨配張氏合墓

[尺寸]
扁鼓形，直徑 68 釐米，厚
21.5 釐米。

[刊立日期]
民國二十三年（1934）

[保存地址]
宜城街道東廟巷周王廟

[文獻著錄]
　　民國《光宣宜荊續志》卷八載：胡蓉蓀，（光緒間）
荊溪廩貢。宜興典吏。

[銘文]

胡公蓉蓀張太宜人合墓

甲戌年。

男志遠、志澄、志清叩立。

林泉秦公墓誌考

M-59

［簡稱］
秦伯成墓誌考

［尺寸］
高 180 釐米，寬 84 釐米，
厚 26 釐米

［刊立日期］
民國二十六年（1937）三月

［撰書人］
秦介臣誌，秦惠卿書。

［保存地址］
楊巷鎮英駐村秦家大院

［文獻著錄］

　　民國《光宣宜荊續志》

卷八載：秦介臣，恩敘，

從九品銜。

林泉秦公墓誌考

公諱伯成，行伯二，字惟立，號林泉，新市始遷祖、贅居留巷曹仰峯公之仲子也；生於明洪武三年，卒於景泰四年，壽登八十有四歳。元配黃玕楊氏，生於洪武四年，卒於景泰六年，壽登八十有五歳，與公合墓。迨清康熙年間，荆山先生倡建石牌、墓門以昭垂後嗣；茲又慮最後失傳，難以識別，因考證譜牒所繪墳圖之墓位，即勒諸貞珉，以貽子孫，世世不忘祭掃之典，立此紀念。

峕維中華民國二十六年暮春之吉敬立。

二十四世孫介臣謹誌，命子惠卿沐手敬書。

蔣公厚齋事畧紀念碑記

M-60

[簡稱]
蔣厚齋紀念碑

[撰書人]
史海撰并書

[尺寸]
高 140 釐米，寬 72 釐米

[保存地址]
官林鎮戈莊村後戈莊蔣厚齋故宅
（戈莊村老年活動中心）

[刊立日期]
民國二十七年（1938）五月
二十六日

[碑文]

蔣厚齋公事略紀念碑（隸額）

蔣公厚齋事畧紀念碑記

蔣公厚齋，克承前緒，懷抱仁慈，光明磊落，為一鄉之望，畢生之偉績懿行，裨益地方者良足多也。公馭眾以寬，接物惟厚，歲遇凶荒，必多方振恤，事屬慈善，必倡率舉行，其樂善好施，足以垂範作則者，較冲光公有過無不及也。村東南田舍之平安橋為南北通衢，因年久圮壞，清宣統二年庚戌，公出為提倡重建。地方人士如周君坤華、芮君書畊、孫君習成等，少事集腋，公則為之領袖，尤以經濟為己任，臂畫經營，躬勞督促，以底於成。迄今而車馬往來，行人稱便。復於民國初年，賁村之永安橋亦傾圯，而行者多虞，里人士謀重建，商於公，公乃慨然而以鉅資贊襄，方竣斯工焉。清季歲乙巳，變科舉為學校制，地方士紳籌設學校，惟以校舍乏相當之所，協議創建，復以經濟向隅為慮。公慨然解囊，與同志於壬子歲規畫負責，卒成校舍於官林鎮，俾青年輩之造就有所。時儲南強公篆本縣民政長，嘉公

蔣厚齋公事略紀念碑

蔣公厚齋事畧紀念碑記

蔣公厚齋克永前緒接抱仁慈此明嘉落為一鄉之望畢生之偉績慈行裨益地方者良足多也公馭眾以寬接物惟屈處遇凶歲必多方賑恤事屬慈善必倡率舉行其樂善好施足以垂範作則者較沖光公有過無不及也村東南田舍之平安橋為之領袖尤以經因年久圮壞清宣統二年庚戌公出為提倡重建地方人士如周君坤華為君書畊孫君習成等少事集腋公則為之平安橋亦傾圮而行者多虞里人士濟為己任臂畫經營劬勞替促以底於成迄今而車馬往來行人稱便復於民國初年蓉村之永安橋亦傾圮而行者多虞里人士謀重建商於公公乃慨然而以鉅資質襄方竣斯工馬清章為學校制地方士紳籌設學校惟以校舍之費惟一所協謀劍建復以經濟向隅為憲公慨然解囊與同志於壬子歲乙己變科舉為學校制地方士紳籌設學校惟以校舍之費惟之所

莘本縣政長嘉公之見義勇為愛特制俠風足尚圖額以為公紀念公之德配邵母鳳嫻姆款道洲由慈屢虔巾幗丈夫也
相夫子先意承志精明鍊達因事製造新第祇成堂構內容設備俱邵母接續指揮易質時曾遺囑云凡炎春秋祭祀之
吾有志而未建者當勉力綱繆為葦吾蔣氏宗祠毀於兵燹先人及諸父老協力寢室已建先人復納百金以克春秋祭亭之費惟
需村之西隅有古利曰吉祥菴亦邵母所建歲在庚申年穀不登米價昂騰地方資戶庚癸頻呼官林籌設平糶力難持久邵母助
有孝思堂而無門廡為懺也須措置之以妥先靈嗣於乙丑歲邵母鳩工庀村建門廡以慰夫子復於己年因祠內資產力微屢屬
所更攝邵母復將坐落道林里平田拾陸畝零助入以補充之並將東塘河平田拾捌畝歲畫分本房先祖懷培公以炎春秋祀之

米百元以補抵不足辛未夏秋閒漣雨歲歉更賑米數百斛鄉民傾以救濟太湖水患向例設救生局民費官替歲廩斛歙邵母特捐銀伍
大旱成災空前未有乃發給米延散炊者咸慶生全如鄰里宗瑩溫潤時加資病固阨施予無閒寒者衣之飢者食之救歲
人秧水火飢渴厚齋公固懷慨不倦公沒而邵母之處與公之生前無異也至待人之寬厚自奉之儉約較公猶甚逋者邵母有
感於國難方殷癈病懷痛人事滄桑盈虛消渠自容歲丁丑冬月吾邑被陷迫令應付時艱幣粟頻施不遺餘力性廩墨宛
眼殊多虎尾春水謹慎彼蒼與時俯仰而已為之奈何將已往陳跡囑記之於石以示未茲之紀念廩後起者知前
人之創業非易德性堅定言行可法鑒而戒之則葦甚曉愧不能文復不敢辭惟限於石短言長愛以俾辭鈴次之而言之工拙原
不計也　當在

後戈莊　蔣春瑞堂　蔣邵氏謹建

中華民國二十有七年歲次戊寅襄夏月之下浣六日

樂天樓主史海　撰并書

之見義勇為，爰特制"俠風足尚"區額，以為公紀念。公之德配邵母，夙嫻姆教，深明婦道，淑慎溫慧，巾幗丈夫也。相夫子先意承志，精明鍊達，因時製宜。公中道逝世，時創造新第，祇粗成堂構，內容設備，俱邵母接續指揮也。易簀時，曾遺囑云："凡吾有志而未逮者，當勉力綢繆為幸。吾蔣氏宗祠毀於兵燹，先人及諸父老協力，寢室已建，先人復納百金以充春秋祭享之費。惟有孝思堂，而無門廡為憾也，須措置之，以妥先靈。"嗣於乙丑歲，邵母鳩工庀材，建門廡以慰夫子。復於己巳年，因祠內資產力微，屢形支拙，邵母復將坐落道林里平田拾陸畝零助入以補充之，並將東塘河平田拾捌畝，畫分本房先祖懷培公，以次春秋祭祀之需。村之西隅，有古剎曰吉祥菴，亦邵母所建。歲在庚申，年穀不登，米價昂騰，地方貧戶，庚癸頻呼，官林籌設平糶，力難持久，邵母助米百石，以資周轉。歲丙寅，兵災歲歉，更賑米數百斛，鄉民賴以救濟。太湖水患，向例設救生局，民費官督，歲靡鉅欸，邵母特捐銀伍百元，以補抵不足。辛未夏秋間，潦雨弥月，禾苗淹沒，如高垟等區，種子失望。翌年春，特助輸種子百餘斛，使農民播種有方。甲戌歲，大旱成災，空前未有，乃發給銀米，拯救災黎，斷炊者咸慶生全。如鄰里宗黨，溫潤時加，貧病困阨，施予無間，寒者衣之，飢者食之，救人於水火飢渴，厚齋公固慷慨不倦。公沒，而邵母之處置與公之生前無異也，至待人之寬厚，自奉之儉約，較公猶甚。迩者邵母有感於國難方殷，瘡痍慘痛，人事滄桑，盈虛叵測，溯自客歲丁丑冬月，吾邑被陷，迄今應付時艱，幣粟頻施，不遺餘力，惟瓶罍抱慚，愧恨殊多，虎尾春氷，謹慎戰慄，惟默禱彼蒼，與時俯仰而已，為之奈何？將已往陳跡，囑晚記之於石，以示来茲之紀念。庶後起者，知前人之創業非易，德性堅定，言行可法，鑒而戒之，則幸甚。晚愧不能文，復不敢辭，惟限於石短言長，爰以俚諺銓次之，而言之工拙，所不計也。

當在中華民國二十有七年歲次戊寅季夏月之下浣六日。

後戈莊蔣春瑞堂、蔣邵氏謹建，樂天樓主史海撰并書。（印：還真、史海）

趙汪二烈士銘

趙岱宗汪欽海二烈士同服務于三區區大隊第一

中隊為國奮鬥捨身成仁英爽勇毅之氣山川草木

為之震撼趙生于魯而汪長于蘇生雖未能同時同

地死則同時而復同葬于一地二烈士忠誠愛國之

志豈冥冥中早相契合耶中華民國二十八年五月

下旬二烈士同時死難于南新衔郊外銘曰

血染原上草捨身為祖國山河同靈畬奄英□木

趙汪二烈士銘

M-61

［簡稱］
趙汪二烈士銘

［尺寸］
高 131 釐米，寬 39.5 釐米，厚 10 釐米

［刊立日期］
民國廿八年（1939）十二月二十日

［保存地址］
宜城街道東廟巷周王廟

［備注］
碑身左下角殘損。碑陽未拓。
原存和橋鎮閘口村。

［碑陽］

烈士趙岱宗、汪欽海之墓

中華民國廿八年十二月二十日立。

［碑陰］

趙汪二烈士銘

趙岱宗、汪欽海二烈士，同服務于三區區大隊第一中隊，為國奮鬥，捨身成仁，英爽勇毅之氣，山川草木為之震撼。趙生于魯，而汪長于蘇，生雖未能同時同地，死則同時，而復同葬于一地，二烈士忠誠愛國之志，豈冥冥中早相契合耶？！中華民國二十八年五月下旬，二烈士同時死難于南新街郊外。銘曰：

血染原上草，捨身為祖國。山河同震奮，英名永（不滅）。

第三戰區江南挺進第二縱隊抗戰陣亡將士紀念塔

M-62-1

[簡稱]

第三戰區江南挺進第二縱
隊抗戰陣亡將士紀念塔

[尺寸]

高 50.5 釐米，寬 86 釐米，
厚 27 釐米

[刊立日期]

民國三十一年（1942）秋

[保存地址]

張渚鎮善卷洞風景區善
權寺天王殿門口

[備注]

石下部略有損泐。

［文獻著錄］

《祝陵村志》第五章載（略）：1938 年，從淞滬戰場撤退的部隊集結江西、安徽一帶補充兵源，在安徽績溪組建陸軍江南挺進第二縱隊，1941 年 3 月調防宜興，由冷欣任司令，團長皇甫等，司令部設在善卷寺。該部隊先後參加攻克青龍山之役、徐舍流寇抗擊之役、芒溪之役、淪陷區與流寇抗擊之役，與日軍浴血奮戰，4 年中陣亡將士 1000 餘人。該部隊於 1946 年在善卷洞後洞臥龍崗（今梁祝文化博物館大門東北 20 多米處）建造陣亡將士紀念塔。其塔小巧而精致，塔身方柱形，高約 3 米，塔座為兩級台階，底座四周建有 1 米多高的圍柱，柱間鑲嵌有青石圍欄。1966 年"破四舊"中，紀念塔被"紅衛兵"搗毀，今存殘碑 3 塊。

［碑文］

第三戰區江南挺進第二縱隊抗戰陣亡將士紀念塔

天地正氣，貫日凌雲。豐功偉績，卓著奇勳。耿義成仁，光耀萬有，奠茲國殤。

浩氣長存

M–62–2

[簡稱]	[撰書人]
浩氣長存	顧祝同題

[尺寸]	[備注]
高 51 釐米，殘寬 86 釐米，厚 26 釐米	石右端殘缺，"浩"字不存。

[碑文]

（浩）氣長存

顧祝同題。（印：顧祝同印）

南天一柱

M–62–3

［碑文］

南天一柱

中華民國三十一秋，第三戰區江南挺進第二縱隊顧司令心衡，為該縱隊陣亡將士，在宜興善權洞側，築烈士墓并建塔，以紀索題於余。不禁回溯二十七年鄱陽湖劇戰以後，原挺息影鄉里，稍蘇岔息。乃自國都西移，江南為京畿近地，殘毀之餘，俶擾叢生。因奉命整編，挺二縱隊由績溪進駐蘇南，殫精竭慮，化烏合為勁旅，以熱血作干城，四年以還，前仆後继，慷慨成仁者，千數百人。嗚呼！誰無父母？誰無妻子？無涯之痛，曷其有極？今雖頑寇之末日將臨，抗戰之勝利愈近。而塵封傀儡，充斥白門；射影狐魅，殘酷尤甚。宇內滔滔，忠良渺渺，將何以撥亂反正，重復我人間生活，以慰忠魂於地下，是皆後死者之責也。陽羨古邑，山水清麗，谿壑雄奇，忠骨長埋，豐碑屹峙，徘徊墓道，俯仰其间者，感於民族絕續之關楗，國士死生之大義，影響所及，豈僅振頑立懦而已哉？！因為之銘曰：

風塵澒洞兮髦俊騁力，爭為國殤兮豨蛇是殛。群山黯黯，野水茫茫，賦大招而悽惻，馬鬣崇封，千秋萬歲，後人永式。

第三戰區第二游擊區總指揮冷欣敬撰。（印：冷欣之印）

清故光祿大夫湖南特用道朱公樾亭墓志銘

M-63

[簡稱]

朱樾亭墓誌

[尺寸]

縱 61 釐米，橫 61 釐米，厚 10 釐米

[刊立日期]

民國

[撰書人]

許松如撰文，史久紹書丹，王提
篆蓋。

[保存地址]

宜城街道東廟巷周王廟

[備注]

蓋中部縱裂，底刊分兩石，另
一石佚，此石亦碎裂成四，且
有殘缺。

清故光禄大夫湖南[承宣]未[□]越亭墓志銘

杭縣王禔篆蓋
海昌許松如譔文
陽湖吴久紹書丹

公諱祖蔭字樾亭江蘇宜興人曾祖
翰林院庶吉士巖館授王董元
史學行傾僑輩邑志列文苑傳
侯選訓導三世皆以公贈顯仕
史蔣姚氏袁本生姚氏徐氏皆
中落幼學自幼才挂泽發同慶
益循習既久譜之諳熟史治徐公循
之家姊夫也出膺民社其勉導以文藝
者為義甫陳中丞寶藏使
吴他日出膺民社有以達聾
禄露益奮發思有以達聾
邑者以為治術[□]

不尚涂飾[□]
理咸稱[□]
民[□]

至岑嶒方[□]
西隅傾視私付公[□]
隅坐倾視私付公病[□]
唯阿文襄為之動容以為如公者扶[□]
密因睆睞有神抵掌論事芒角森溢于言[□]
健與學弭益皆斤斤然第行庚辛之除以宣[□]
及渠魁三十人有奇德洽如律無隹附之編珉尤[□]
齡此抵任與教士申約章勿預詞訟官亦坐誣思不置公[□]
轉運糧餉勞薦升知州加四品衔南潯篆潯以事抵吴閶主余松如[□]
導守循決獄無留滯捕如發伏戢法者至斂迹平享又家松如于時也[□]
傳損益之典火以官民通誠懷祛隔閭主[□]
東繼攝黃安本徐公伋之治鲁省各稍稍[□]
蹟以河工寨控懸守則分發如[□]
决十餘載京[□]
以[□]
良史詔之曰古有理縣譜吾[□]
蠶于陽信司金嶽未[□]

山東縣[□]其嗣子静侍郎公[□]
[□]

瀹[□]
[□]

清故光禄大夫湖南特用道朱公樾亭墓志銘（篆蓋）

清故光禄大夫湖南特用道朱公樾亭墓志銘

海昌許松如譔文

陽湖史久紹書丹

杭縣王禔篆蓋

公諱祖蔭，字樾亭，江蘇宜興人。曾祖考諱澤勇。祖考諱麗宣，道光癸巳進士、翰林院庶吉士、散館授主事、充軍機章京、累遷工部虞衡司員外郎，記名御史，學行傾儕輩，邑志列《文苑傳》。考諱慶升，公所後也。本生考諱慶麟，增貢生，候選訓導。三世皆以公躋顯仕累贈光禄大夫。曾祖妣氏湯、氏葉，祖妣氏任、氏蔣，妣氏袁，本生妣氏任、氏徐，皆封一品夫人。公之幼也，遭本生贈公喪，家益中落，幼學自勵，才性淬發，同邑□□□□□山東陽信其嗣子靜，侍郎，公之家姊夫也，偕之衙齋，導以文藝，□賞于陽信司金穀□□□□彥以其術授之，循習既久，諳熟吏治，徐公號循良吏，詔之曰："古有《理縣譜》，吾□傳之□矣，他日出膺民社，其勉旃佐幕□聲"。以河工案保薦知縣，分發□□時陳臬者，為義甯陳中丞寶箴，使入□□決，十餘載，京控懸案，則大器之。公既稍稍襮露，益奮發思有以建豎，□□□東繼攝黃安，一本徐公□侯之治魯省各邑者以為治，而就民□□□□□傅損益之其大較以官民通誠愫、袪隔閡、不尚塗飾、循循化導為主恉。決獄無留滯□，如發伏飲法者至斂迹，平亭事理咸□物宜。俄以轉運糧餉勞薦升知州加四品銜權南漳篆，漳故多盜，又民□齟齬，比抵任，與教士申約章"勿預詞訟，官亦不歧視教民"，寖以相安。捕□盜及渠魁三十人有奇，懲治如律，無萑苻之警。几三攝邑篆，增倉儲、備饑饉、興學弭盜，皆斥俸羨為之。大府累署上考，而編氓尤謳思不置。公架度峻□，目睒睒有神，抵掌論事，芒角森溢。嘗于南皮張文襄坐中白事，抗論不少唯阿，文襄為之動容。於吾母為昪弟行，庚辛之際，以事抵吳閶，主余家。松如隅坐傾視，私忖度以為如公者，扶輿磅礴，蘊而後宣，必且有所大白于時也。西林岑宮保春萱督兩廣，奏調至粵，鈲槤萬端，倚以為重。匪陷柳州，警耗數至，岑督方臥病，公排閽入告曰："廣西為兼轄之區，亦菜梓之邦，脫有疏虞，罪……